工业和信息化部"十四五"规划教材

武器系统可靠性基础

韩晓明 李 强 等 ◎ 编著

RELIABILITY FOUNDATION OF WEAPON SYSTEM

北京理工大学出版社
BEIJING INSTITUTE OF TECHNOLOGY PRESS

内 容 简 介

本书以武器装备在研制过程中需要进行的可靠性工作内容为主线，系统阐述了可靠性的基础理论和常用技术方法。全书共 12 章，首先概述了可靠性工程的发展历程与武器装备研制各阶段的可靠性工作，然后介绍了武器装备可靠性的基本概念与参数、可靠性管理、可靠性设计与分析方法、可靠性试验与数据处理等内容。同时，为便于学习和理解，书中列举了较多的可靠性分析计算示例及相应计算表格。

本书可作为高等院校武器类专业本科生和研究生教材，也可供质量与可靠性管理人员和技术人员、从事武器装备的研制人员学习和参考。

版权专有　侵权必究

图书在版编目（CIP）数据

武器系统可靠性基础／韩晓明等编著．--北京：北京理工大学出版社，2023.8

工业和信息化部"十四五"规划教材

ISBN 978-7-5763-2849-3

Ⅰ.①武… Ⅱ.①韩… Ⅲ.①武器装备-可靠性工程-高等学校-教材 Ⅳ.①E145

中国国家版本馆 CIP 数据核字（2023）第 168207 号

责任编辑：刘　派	文案编辑：李丁一
责任校对：周瑞红	责任印制：李志强

出版发行 ／	北京理工大学出版社有限责任公司
社　　址 ／	北京市丰台区四合庄路 6 号
邮　　编 ／	100070
电　　话 ／	（010）68944439（学术售后服务热线）
网　　址 ／	http://www.bitpress.com.cn

版 印 次 ／	2023 年 8 月第 1 版第 1 次印刷
印　　刷 ／	保定市中画美凯印刷有限公司
开　　本 ／	787 mm × 1092 mm　1/16
印　　张 ／	17
字　　数 ／	417 千字
定　　价 ／	58.00 元

图书出现印装质量问题，请拨打售后服务热线，负责调换

前 言
PREFACE

在高质量装备发展中，可靠性具有十分重要的地位和作用。自20世纪50年代末我国开始可靠性工作以来，在借鉴国外可靠性工程理论与工程实践的基础上，陆续建立完善了可靠性国家标准体系及专业研究机构。随着国务院与中央军委联合颁布的《装备质量管理条例》的实施，对装备全寿命周期的可靠性等工作纳入了法治轨道。武器装备等大型系统的研制中逐渐开始全面推行可靠性工程技术，开展可靠性与性能综合设计、并行设计，将是提高武器装备通用质量特性的重要源泉。

近年来，随着机电融合、信息技术、原材料等的不断发展，武器系统向着复杂化、集成化、体系化、智能化等方向演进，使得可靠性作为武器装备性能的关键要素更显其重要性。党的二十大报告指出，实施科教兴国战略，强化现代化建设人才支撑。教育、科技、人才是全面建设社会主义现代化国家的基础性、战略性支撑。可靠性技术已经贯穿到产品的开发、研制、设计、制造、试验、使用及维修保养等各个环节。本书的目的就在于系统性地介绍武器系统在研制过程中装备通用质量特性中的可靠性，将可靠性工程理念植根于武器类专业本科教学中，以适应新工科教育的发展需求。本书以武器装备可靠性工作内容为主线，系统讲述了可靠性的基本概念与参数、可靠性管理、可靠性设计与分析、可靠性试验与数据处理的相关基础理论与技术，以及如何将这些理论和方法应用于实际工程实践中。

全书共12章。

第1章、第2章主要介绍了武器装备可靠性的基础理论体系。概述了可靠性工程发展的历程及其重要性，可靠性工程的研究内容以及产品可靠性与质量的关系。重点阐述了可靠性的定义与分类等基本概念，可靠性参数与可靠性定性与定量要求，以及可靠性工程中常用的寿命分布类型。

第3章介绍了可靠性管理的基本职能、工作原则。武器装备研制过程中应开展的可靠性工作项目，以及装备在研制过程中如何进行可靠性工作计划的制订、可靠性管理和可靠性评审，同时阐述了故障报告、分析及纠正系统的建立和运行方法。

第4章介绍了武器装备可靠性模型的建立方法，以及串联模型、并联模型、复杂模型等可靠性常用模型的可靠性框图及其数学模型的表达形式。

第 5 章介绍了可靠性分配与可靠性预计的目的、作用与注意事项。阐述了等同分配法、评分分配法、元器件计数法、应力分析法、专家评分法等可靠性分配与预计的方法与原理。

第 6 章介绍了武器装备可靠性分析中故障模式、影响可靠性分析的工作内容与实施步骤，以及如何定义故障判据和严酷度类别，重点阐述了设计 FMECA、过程（工艺）FMECA 的分析方法。

第 7 章介绍了故障树分析的目的、常用术语与符号，以及如何建立故障树，运用故障树进行定量分析与定性分析的方法。

第 8 章主要介绍了武器装备进行可靠性设计时需要考虑的可靠性设计准则。

第 9 章、第 10 章分别介绍了电子产品、机械产品的可靠性设计方法。包括电子产品进行可靠性设计时如何进行元器件的选用与控制，电子产品的降额设计、热设计、电路容差分析以及潜在电路分析；阐述了机械产品可靠性的特点、主要失效模式及其可靠性设计分析步骤，进行机械产品可靠性设计时的应力—强度设计理论以及安全系数与可靠度的关系。

第 11 章介绍了武器装备在工程研制等环节需要进行的可靠性仿真分析项目，并结合实例概述了在可靠性设计中如何运用 CAE 分析方法。

第 12 章介绍了可靠性试验的目的，如何进行环境应力筛选试验、可靠性研制试验、可靠性鉴定与验收试验、寿命试验与评价，以及如何进行可靠性数据的收集，可靠性数据分析的常用方法。

参加本书的编撰人员及分工如下：

韩晓明：第 1 章、第 2 章、第 6 章、第 7 章、第 8 章；

李强、李毅、崔旭：第 3 章、第 11 章；

王惠源、任广武：第 4 章、第 10 章；

张鹏军、闫少军：第 5 章；

曲普、景春温、李忝然：第 9 章；

景银萍、赵俊魁：第 12 章。

全书由韩晓明统稿。

本书编写过程中承蒙李良巧、李长福、徐诚、毛保全审阅了书稿并提出许多宝贵意见，谨向他们表示诚挚的谢意。

本书在编写过程中参考了很多资料，在此对原著作者表示感谢，同时也感谢北京理工大学出版社编辑的大力协助。

由于编者水平有限，书中难免有不足之处，恳请读者批评指正。

编著者

2023 年 6 月

目 录
CONTENTS

第1章 绪论 ·· 001
  1.1 概述 ·· 001
  1.2 可靠性工程 ··· 002
      1.2.1 可靠性工程的发展及其重要性 ·· 002
      1.2.2 可靠性工程的内容 ·· 006
      1.2.3 武器装备研制各阶段的可靠性工作 ·· 006
  1.3 产品可靠性与质量 ··· 007

第2章 可靠性基本概念与参数 ··· 010
  2.1 可靠性的基本概念 ··· 010
      2.1.1 可靠性定义及分类 ·· 010
      2.1.2 基本可靠性和任务可靠性 ·· 011
      2.1.3 故障及其分类 ··· 011
  2.2 可靠性的参数 ·· 012
      2.2.1 可靠度与可靠度函数 ··· 012
      2.2.2 故障密度函数 ··· 013
      2.2.3 故障率 ·· 014
      2.2.4 产品故障率浴盆曲线 ··· 014
      2.2.5 产品寿命 ·· 016
      2.2.6 常用可靠性函数之间的关系 ·· 018
  2.3 产品可靠性要求 ··· 020
      2.3.1 可靠性定性要求 ·· 020
      2.3.2 可靠性定量要求 ·· 021
  2.4 可靠性工程中常用的寿命分布 ·· 022
      2.4.1 离散型随机变量及概率分布 ·· 022

2.4.2 连续性随机变量及其分布 ·········· 023

第3章 可靠性管理 ·········· 038

3.1 概述 ·········· 038
3.1.1 可靠性管理的概念 ·········· 038
3.1.2 可靠性管理的基本职能 ·········· 039
3.1.3 可靠性工作的基本原则 ·········· 039
3.1.4 武器装备研制过程应开展的可靠性工作项目 ·········· 040

3.2 可靠性工作计划的制订 ·········· 042
3.2.1 目的与作用 ·········· 042
3.2.2 编制可靠性工作计划的一般要求 ·········· 042

3.3 装备研制过程及管理 ·········· 043
3.3.1 研制各阶段的可靠性管理 ·········· 043
3.3.2 生产阶段的可靠性管理 ·········· 045

3.4 可靠性评审 ·········· 046

3.5 故障报告、分析及纠正系统 ·········· 047
3.5.1 概述 ·········· 047
3.5.2 故障报告、分析及纠正系统的建立 ·········· 048
3.5.3 故障报告、分析及纠正系统的运行 ·········· 050

第4章 系统可靠性模型 ·········· 054

4.1 概述 ·········· 054
4.1.1 建立可靠性模型的目的 ·········· 054
4.1.2 建立可靠性模型的步骤 ·········· 055

4.2 常用可靠性模型 ·········· 059
4.2.1 串联模型 ·········· 060
4.2.2 并联模型 ·········· 061
4.2.3 旁联模型 ·········· 061
4.2.4 表决模型 ·········· 062
4.2.5 串并联模型 ·········· 062

4.3 复杂可靠性模型 ·········· 065
4.3.1 真值表法 ·········· 066
4.3.2 全概率公式法 ·········· 068
4.3.3 检出支路法 ·········· 069

第5章 可靠性分配与预计 ·········· 074

5.1 概述 ·········· 074

5.2 可靠性分配 ·········· 074
5.2.1 可靠性分配的目的 ·········· 074

  5.2.2 可靠性分配考虑的因素 ·· 074
  5.2.3 可靠性分配的原理 ·· 075
  5.2.4 可靠性分配的参数 ·· 075
  5.2.5 可靠性分配的层次 ·· 076
  5.2.6 可靠性分配的方法 ·· 076
  5.2.7 进行可靠性分配时的注意事项 ·································· 080
 5.3 可靠性预计 ··· 081
  5.3.1 可靠性预计的目的 ·· 081
  5.3.2 基本可靠性预计和任务可靠性预计 ····························· 081
  5.3.3 可靠性预计的方法 ·· 082
  5.3.4 进行可靠性预计的不同研制阶段 ································ 085
  5.3.5 进行可靠性预计时的注意事项 ·································· 086

第6章 故障模式、影响与危害性分析 ································· 099

 6.1 概述 ··· 099
 6.2 FMECA 的工作内容和实施步骤及一般流程 ························ 100
  6.2.1 FMECA 的主要工作内容和实施步骤 ·························· 100
  6.2.2 FMECA 工作的一般流程 ·· 101
 6.3 设计 FMECA ·· 106
  6.3.1 功能及硬件 FMEA ·· 106
  6.3.2 功能及硬件 FMEA 的步骤与实施 ······························· 106
  6.3.3 功能及硬件 FMEA 的实施 ·· 109
  6.3.4 危害性分析 ·· 110
 6.4 过程（工艺）FMECA ··· 113
  6.4.1 过程（工艺）FMECA 的目的 ···································· 113
  6.4.2 过程（工艺）FMECA 的步骤 ···································· 113
  6.4.3 工艺危害性分析 ··· 116
  6.4.4 工艺 FMECA 报告 ·· 118
  6.4.5 工艺 FMECA 的实施 ··· 118

第7章 故障树分析 ··· 133

 7.1 概述 ··· 133
  7.1.1 故障树中常用的术语与符号 ······································ 134
  7.1.2 FTA 的一般步骤 ··· 136
 7.2 故障树的建立 ·· 136
  7.2.1 确定顶事件 ·· 136
  7.2.2 建立故障树 ·· 137
  7.2.3 故障树的规范化、简化和模块分解 ···························· 138
 7.3 故障树的定性分析 ·· 138

7.3.1 最小割集和路集 …………………………………………………… 138
7.3.2 求最小割集的方法 ………………………………………………… 139
7.3.3 求最小路集的方法 ………………………………………………… 141
7.3.4 最小割集的定性对比 ……………………………………………… 141
7.4 故障树的定量分析 ………………………………………………………… 142
7.4.1 求顶事件发生概率 ………………………………………………… 142
7.4.2 求底事件的重要度 ………………………………………………… 144
7.4.3 逻辑图与故障树对比 ……………………………………………… 145

第 8 章 可靠性设计准则 …………………………………………………… 157

8.1 通用可靠性设计准则 ……………………………………………………… 157
8.1.1 简化设计的可靠性设计准则 ……………………………………… 157
8.1.2 冗余设计的可靠性设计准则 ……………………………………… 158
8.1.3 热设计的可靠性设计准则 ………………………………………… 158
8.2 总体可靠性设计准则 ……………………………………………………… 159
8.3 电子产品可靠性设计准则 ………………………………………………… 160
8.4 机械产品可靠性设计准则 ………………………………………………… 161

第 9 章 电子产品的可靠性设计 …………………………………………… 164

9.1 电子元器件的选用与控制 ………………………………………………… 164
9.1.1 元器件的选用原则和顺序 ………………………………………… 164
9.1.2 元器件选用与控制 ………………………………………………… 165
9.2 电子产品的降额设计 ……………………………………………………… 167
9.2.1 推荐的降额等级 …………………………………………………… 168
9.2.2 元器件降额参数 …………………………………………………… 169
9.2.3 元器件降额设计效果 ……………………………………………… 171
9.3 电子产品的热设计 ………………………………………………………… 171
9.3.1 热设计的基本原则 ………………………………………………… 172
9.3.2 热设计的方法和流程 ……………………………………………… 172
9.3.3 热设计目标的确定 ………………………………………………… 173
9.3.4 常用冷却方法的选择及设计要求 ………………………………… 174
9.3.5 功率器件的热设计 ………………………………………………… 176
9.3.6 元器件的安装 ……………………………………………………… 176
9.4 电路容差分析 ……………………………………………………………… 177
9.5 潜在电路分析 ……………………………………………………………… 178

第 10 章 机械产品的可靠性设计 …………………………………………… 182

10.1 概述 ……………………………………………………………………… 182
10.1.1 机械产品可靠性的特点 ………………………………………… 182

  10.1.2 机械产品的主要失效模式 ·· 183
  10.1.3 机械产品可靠性设计分析的主要步骤 ··· 183
 10.2 机械产品的概率计算方法 ·· 184
  10.2.1 概率设计的基本原理 ·· 184
  10.2.2 应力—强度干涉模型 ·· 186
  10.2.3 应力强度均为正态分布时的可靠度计算 ··· 187
  10.2.4 应力强度服从其他分布时的可靠度计算 ··· 188
  10.2.5 可靠度计算的工程方法 ·· 189
 10.3 安全系数与可靠度的关系 ··· 192

第 11 章 CAE 在可靠性设计中的应用 ·· 201

 11.1 概述 ··· 201
  11.1.1 CAE 分析软件 ·· 201
  11.1.2 可靠性仿真分析 ·· 201
 11.2 有限元方法 ··· 204
  11.2.1 有限元方法的基本思想 ·· 205
  11.2.2 有限元分析的基本过程 ·· 206
  11.2.3 有限元方法的应用场合 ·· 206
  11.2.4 有限元分析的注意事项 ·· 209
  11.2.5 击针有限元分析（以某击发机构为例）··· 210
 11.3 可靠性设计分析集成平台与应用 ·· 214
  11.3.1 搭建集成平台的步骤 ··· 214
  11.3.2 某转管武器可靠性设计分析平台 ·· 214

第 12 章 可靠性试验与数据分析 ·· 222

 12.1 可靠性试验 ··· 222
  12.1.1 可靠性试验的目的 ·· 222
  12.1.2 可靠性试验的分类 ·· 223
  12.1.3 环境应力筛选 ·· 224
  12.1.4 可靠性研制试验与可靠性增长试验 ··· 229
  12.1.5 可靠性鉴定试验与验收试验 ·· 231
  12.1.6 寿命试验与评价 ·· 237
 12.2 可靠性数据的收集与分析 ··· 240
  12.2.1 概述 ··· 240
  12.2.2 可靠性数据的收集 ·· 242
  12.2.3 可靠性数据的分析 ·· 247

参考文献 ··· 261

第 1 章
绪 论

1.1 概 述

可靠性是武器装备（产品）在规定条件下和规定时间内完成规定功能的能力。武器装备的可靠性与其整个寿命周期内的全部可靠性活动有关，是为了达到武器装备的可靠性要求而进行的有关可靠性设计分析、试验和生产使用一系列工作的综合作用的结果。从论证、方案阶段开始直到系统退役等整个寿命周期内，均需要开展一系列的可靠性工作。

武器装备可靠性是设计出来的、生产出来的、管理出来的。国内外开展可靠性工作的经验证明，可靠性设计对产品可靠性有重要影响。据日本电子行业的统计，产品不可靠的原因中，设计占80%，元器件占15%，制造工艺占5%。又据美国海军电子实验室统计，产品不可靠的原因中，设计占40%，元器件占30%，使用和维护占20%，制造占10%。这些统计数据表明，要提高产品的可靠性，关键在于做好产品的可靠性设计工作。在进行可靠性设计工作中，可靠性分析则是必不可少的。

将可靠性工程重点放在设计阶段，归纳起来有以下理由：

（1）设计主要决定了产品的固有可靠性。产品的固有可靠性是产品的内在特性之一。产品一旦完成设计，并按设计预定要求制造出来，其固有可靠性就被完全确定了。由于制造过程的主要任务是实现设计过程所形成的内在的可靠性，使用和维护过程是维持已获得的固有可靠性，而对产品可靠性起决定作用的是设计过程，因此，把可靠性工程重点放在设计阶段是理所当然的。

（2）现代科学技术的迅速发展，同类产品之间竞争加剧。产品被淘汰的速度日益加快，因而要求新品研制周期要短，产品质量要好。设计时如果不认真考虑可靠性要求，等到试制、试用后发现严重问题再来改进设计，这就必然会推迟产品投入市场的周期，降低竞争能力。

（3）设计阶段提高产品可靠性的措施耗资最少，效果显著。据美国诺斯洛普公司估计，在研制阶段为改善可靠性与维修性所花费的每1美元，将在以后的使用和保障费用方面可节省30美元。

综上所述，要提高产品固有的可靠性，必须从产品研制的方案论证阶段就开展可靠性工作。

在此还应强调，可靠性设计工作还必须遵循预防为主、早期投入的方针，将预防、发现和纠正可靠性设计及元器件、材料和工艺方面的缺陷作为工作重点，采用成熟的设计和行之有效的可靠性分析、试验技术，以保证和提高武器装备的固有可靠性。

1.2　可靠性工程

可靠性工程是一门新兴的工程学科。产品的可靠性已成为衡量产品质量的重要指标之一。近年来，世界发达国家把可靠性技术和全面质量管理紧密地结合起来，大大提高了产品的可靠性水平。

1.2.1　可靠性工程的发展及其重要性

1.2.1.1　可靠性工程的发展

1. 起源阶段（20世纪40年代、50年代）

可靠性工程的诞生可以追溯到20世纪40年代（第二次世界大战期间）。当时，由于战争的需要，迫切要求对飞机、火箭及电子设备的可靠性进行研究。最早提出可靠性理论的是德国的科技人员，德国在v-1火箭的研制中，提出了火箭系统的可靠性等于所有元器件可靠度乘积的理论，即把小样本问题转化为大样本问题进行研究。20世纪50年代初期，美国为了军事发展的需要，投入了大量的人力、物力对可靠性进行研究。美国先后成立了电子设备可靠性专门委员会（SCREE）、电子设备可靠性顾问委员会（AGREE）等研究可靠性问题的专门机构。1957年6月4日，美国电子设备可靠性顾问委员会发布了《军用电子设备可靠性报告》，这就是著名的《AGREE报告》。《AGREE报告》提出了可靠性是可建立的、可分配的及可验证的，从而为可靠性学科的发展提出了初步框架，成为美国可靠性工程学发展的奠基性文件。

20世纪50年代，苏联为了保证人造地球卫星发射与飞行的可靠性，开始了可靠性研究工作。同时，为了解决作战导弹可靠性的要求，一些国家也先后开展了可靠性的研究与应用。也就在这一时期，日本企业家认识到，要在国际市场的竞争中取胜，必须进行可靠性的研究。1958年日本科学技术联盟成立了可靠性研究委员会，专门对可靠性问题进行研究。

2. 全面发展阶段（20世纪60年代）

20世纪60年代是可靠性工程全面发展的阶段，也是美国武器系统研制全面贯彻可靠性大纲的年代。在这10年中，美国先后研制出F-111A战斗机、F-15A战斗机、M1坦克、民兵导弹、水星和阿波罗宇宙飞船等装备。这些新一代装备对可靠性提出了严格要求。因此，1957年，《AGREE报告》提出的一套可靠性设计、试验及管理方法被美国国防部及航空航天局（NASA）接受，在新研制的装备中得到广泛应用并迅速发展，形成一套完善的可靠性设计、试验和管理标准，如MIL-HDBK-217、MIL-STD-781和MIL-STD-785。在新一代装备的研制中，都不同程度地制定了较为完善的可靠性大纲，规定了定量的可靠性要求，进行了可靠性分配及预计、故障模式及影响分析（FMEA）和故障树分析（FTA）；采用了冗余设计，开展了可靠性鉴定试验、验收试验，进行了可靠性评审等，使得这些装备的可靠性大幅提高，例如，20世纪50年代的先驱者号卫星发射11次只有3次成功，而20世纪60年代的阿波罗登月舱，除了阿波罗13以外，每次发射都成功在月球上着陆并安全返回。20世纪60年代，法国、日本及苏联等国家也陆续开展了可靠性研究。

3. 成熟阶段（20世纪70年代）

20世纪70年代是可靠性发展步入成熟的阶段。在这10年中，尽管美国等西方国家遭遇了经济困难，军费紧缩，但是可靠性作为降低武器系统寿命周期费用的一种有效工具却得到了进一步发展。美国在这个阶段的主要特点是建立了集中统一的可靠性管理机构，负责组织、协调国防部范围内的可靠性政策、标准和重大研究课题；成立了全国性的数据交换网，加强政府机构与工业部门之间的技术信息交流；制定出一套较为完善的可靠性设计、试验及管理的方法及程序。为解决复杂武器系统投入使用后出现的战备完好性低和使用保障费用高的问题，美国军方从型号项目论证开始就强调可靠性设计，通过加强元器件控制，采用更严格的降额设计及热设计，强调环境应力筛选、可靠性增长试验和综合环境应力的可靠性试验，推行可靠性奖惩等一系列措施来提高武器装备的可靠性。美国空军的F-16A战斗机、海军的F/A-18A战斗机、陆军的M1主战坦克和英国皇家空军的"隼"式教练攻击机的研制体现了20世纪70年代可靠性发展的上述特点。

4. 拓展阶段（20世纪80年代）

20世纪80年代以来，可靠性工程朝更深、更广的方向发展。在发展策略上，可靠性和维修性成为提高武器装备战斗力的重要工具，很多国家将可靠性放在了与武器装备性能、费用和进度同等重要的地位；在管理上，加强集中统一管理，强调可靠性及维修性管理应当制度化。为此，美国国防部于1980年首次颁布可靠性及维修性指令DODD5000.40《可靠性及维修性》；在技术上，深入开展软件可靠性、机械可靠性、光电器件可靠性和微电子器件可靠性等的研究，全面推广计算机辅助设计（CAD）技术在可靠性领域的应用，积极采用模块化、综合化、容错设计、光导纤维和超高速集成电路等新技术来全面提高现代武器系统的可靠性。1985年，美国空军推行了"可靠性及维修性2000年行动计划"（R&.M2000），提出"可靠性翻一番，维修性减半"的目标。该计划从管理入手，依靠政策和命令来促进空军领导机构对可靠性工作的重视，加速观念转变，使可靠性工作在空军部队制度化，以最终实现提高武器装备作战能力、改善生存性、减少空军部队部署的运输量、降低维修保障人力要求和使用保障费用等5项目标。经过近6年的努力，在1991年的海湾战争中，美国空军的"可靠性及维修性2000年行动计划"见到成效，F-16C/D战斗机及F-15E战斗机的战备完好性（能够执行任务率）都超过了95%。

在半个世纪中，可靠性大致经历了如下重大的变化和发展：

（1）从重视武器装备性能、轻视可靠性，转变为树立可靠性与性能、费用及进度同等重要的观念，实现了观念转变。

（2）从分散的部门管理、部门负责到统一领导，成立由军方首长、企业领导直接领导的可靠性机构，完善了管理体系。

（3）从电子管的失效机理研究到开发超高速集成电路，使电子元器件可靠性每年平均以20%的速度提高。

（4）从电子设备的可靠性研究开始，发展到重视机械设备、光电设备及其他非电子设备的可靠性研究，全面提高武器装备的可靠性。

（5）从重视硬件可靠性研究到重视软件可靠性研究，确保大型复杂系统的可靠性。

（6）从宏观统计估算到微观分析计算，更准确地确定产品的故障模式、可靠性及寿命。

(7) 从手工定性的可靠性分析设计到计算机辅助可靠性分析设计,达到提高分析设计精度、缩短分析设计时间的目的。

(8) 从重视可靠性统计试验到强调可靠性工程试验,通过环境应力筛选及可靠性增长试验来暴露产品故障,进而提高产品的可靠性。

(9) 从单个可靠性参数指标发展到多个参数和指标,建立完善的可靠性参数和指标体系。

(10) 从固有值作为武器系统的可靠性指标到强调以使用值作为指标,确保投入使用的武器装备具有规定的可靠性水平。

1.2.1.2 可靠性研究的重要性

武器装备的可靠性历来为设计研制部门和使用部门所重视。追求高可靠高质量是设计研制部门和使用部门一个永恒的主题。结合当前我国武器装备可靠性现状,可从以下几点理解开展可靠性工作的重要性和紧迫性。

1. 武器装备的可靠性是发挥作战效能的关键

武器装备是一种特殊用途的产品,直接为战争服务。武器装备是在作战中使用的,必须发挥最大效能。效能是武器装备的可靠性、可用性和性能的综合反映。如果装备不可靠,再好的性能也不可能发挥出来,后果是将影响作战成败和作战人员的安全。

随着科学技术的迅速发展,武器装备复杂程度日益增加。例如,现代战斗机与早期战斗机相比,增加了以计算机为中心的火控系统、导航系统、自动灭火系统、燃油管理系统,以及红外、微光、激光和热成像等观瞄装置,这就要增加数以千万计的接点和焊点、元器件和零件。而其中任何一个发生失效,都可能使战斗机不能完成规定的任务。由可靠性知识可知,两个可靠度为 0.9 的零件组成的串联部件,其可靠度为 0.81;由 4 个零件组成的串联部件,其可靠度仅为 0.66;由 10 个组成的串联部件,其可靠度只有 0.35。由此可见,系统越复杂,所带来的可靠性问题必然越多。

同时,武器装备使用环境日趋严酷,武器能否经得起恶劣使用环境考验而正常工作,是研制人员遇到的重大课题。武器既要在 50 ℃ 高温环境下工作,还要在 -40 ℃ 低温下工作;既要在高原低气压和风沙中工作,又要在海上和沼泽地工作,等等。然而,高温会引起热老化,使绝缘失效;低温会引起零件体积缩小,使结构损坏,运动件磨损加剧;沙尘会引起堵塞;潮湿会引起电腐蚀,使机械强度降低等。例如轻武器在可靠性试验中易发生以下故障:在扬尘试验中出现卡弹、在低温试验(-50 ℃)中发生闭锁不到位等,高射速武器(多为转管武器)还易发生供弹卡顿、迟发火、早发火等故障。武器装备只要某个部件有弱点,武器装备的可靠性就会降低。同一装置在实验室条件下,单位时间内失效数若为 1,则在野外地面上使用失效数则为 2,军舰上使用失效数则为 10,飞机上使用失效数则为 20。以往研制的武器装备定型时几进几出靶场,往往都是可靠性问题,而出现可靠性问题相当多是由使用环境条件恶劣所导致。

2. 提高可靠性是武器装备竞争的动力

产品竞争是经济发展的必然趋势,可靠性已经成为竞争的一种有效武器。现在大型设备已经用可靠性指标作为投标和签订合同的主要指标。用户不仅考虑一次购入成本,还要考虑今后的使用和维修成本,即从全寿命成本来权衡产品的优劣。可靠性高的产品才能立足于市场。只有掌握了自己产品可靠性的企业,才能在竞争中取胜。国防科研相关部门已经明确规定:凡新研制的武器装备都必须有寿命和可靠性指标的要求;型号研制费由使用部门管理;通过招标签订合同来开展武器的研制。使用部门对可靠性问题越来越重视,提出的要求越来越多。这就从客观上迫使军工企业要加速可靠性的研究工作,迅速组织力量开展可靠性研究。

3. 可靠性是缩短武器装备研制周期的需要

现代社会中科学技术的迅速发展,同类武器之间竞争加剧。武器被淘汰的速度也加快了,这就要求新武器研制周期要短。设计时如果不详细考虑可靠性维修性要求,等到试制、试用后发现严重问题,再来改进设计,这就必然会推迟武器投入战场的周期,降低竞争能力。可靠性问题已成为武器研制工作中的一个突出问题,不抓好研制过程中的可靠性工作,想要缩短研制周期是困难的。总之,随着武器装备复杂程度的增加,对其可靠性将提出更高要求。为了满足这些要求,仅仅用提高安全系数的方法来获得可靠性是不够的,必须采用新技术、新材料、新工艺,并利用可靠性技术才能保证武器装备的可靠使用。

4. 提高武器装备的可靠性,经济效益显著

开展可靠性工作必然要投入必要的人力和物力,还要耗费大量的时间,这是否值得?这方面,国外开展可靠性研究工作过程的教训是可供借鉴的。美国开展可靠性研究的初期,也有人怀疑,甚至称可靠性为"富人科学"或"奢侈科学"。每当经费缩减时,就把可靠性研究项目砍掉。然而,人们从大量的不可靠武器装备造成的恶果中得到极深的教训,认为不搞可靠性不行。另外,人们还从武器装备需要昂贵的维修费认识到可靠性工程是一门减少全寿命周期费用的最有效和最经济的科学。据国外有关部门统计,武器装备的研制费、采购费、维修保障费之比为1:3:6,可见维修保障费已达到惊人的地步。有些国家甚至出现研制得起、买不起,而买得起、维修保障不起的局面。上述原因使研制人员的设计思想发生变化,即从单纯的性能设计转变至效能(性能、可信性、可用性)设计。据统计,在研制阶段为改善可靠性与维修性所花的每一美元,将在以后使用中和后勤支援中节省30美元,也就是30:1的经济效益。可靠性与费用关系的典型曲线如图1-1所示。

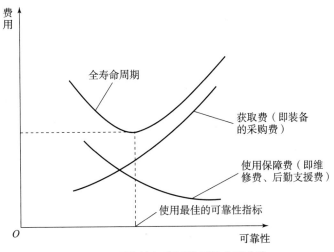

图1-1 可靠性与费用关系的典型曲线

可靠性经济效益不仅孕育于未来，大量的回报将在使用后的那些年代里以降低后勤保障费的形式得到，而且在研制中可以直接减少样机研制的次数。减少一轮样机，不仅节省了大量资金，而且节省了时间。而民品可靠性的经济效益更是显而易见的，增强市场竞争能力，增加产量，减少"三包"费用和赔偿费用都是直接的效益。

1.2.2 可靠性工程的内容

可靠性是衡量产品保持其功能的能力。研究可靠性实际上是从研究故障着手的。通过分析产品缺陷或故障的发生和发展规律，进而解决缺陷或故障的预防和纠正，从而使缺陷或故障不发生或尽可能少发生。

实践证明，可靠性工程与系统整个寿命周期内的全部可靠性活动有关。从方案论证开始到系统报废为止的整个寿命周期内，都要有计划地开展一系列的可靠性工作。

产品可靠性工程包含以下 3 部分：

1. 可靠性管理

国家军用标准 GJB 450B《装备可靠性工作通用要求》中规定的可靠性管理内容包括：制订可靠性计划；制订可靠性工作计划；对承制方、转承制方和供应方的监督和控制；开展可靠性评审；建立故障报告、分析和纠正措施系统；建立故障审查组织；进行可靠性增长管理，进行可靠性设计核查。

2. 可靠性设计与分析

GJB 450B 中规定的预防故障的可靠性设计与分析技术有 17 种：建立可靠性模型，可靠性分配，可靠性预计，故障模式、影响及危害性分析，故障树分析，潜在分析，电路容差分析，可靠性设计准则的制定与符合性检查，元器件、标准件和原材料选择与控制，确定可靠性关键产品，确定功能测试、包装、贮存、装卸、运输和维修对产品可靠性的影响，振动仿真分析，温度仿真分析，电应力仿真分析，耐久性分析，软件可靠性需求分析与设计，可靠性关键产品工艺分析与控制。

3. 可靠性试验

GJB 450B 中规定的可靠性试验有 6 种：环境应力筛选；可靠性研制试验；可靠性鉴定试验；可靠性验收试验；寿命试验；软件可靠性试验。

1.2.3 武器装备研制各阶段的可靠性工作

可靠性工作应该贯穿产品寿命的全过程，可靠性工作与产品的设计、制造、使用、维护、管理、人员因素和环境状况密切相关。设计、制造决定了产品的"固有可靠性"，使用、维护则能保持"使用可靠性"。因此，为提高产品的可靠性，需采取综合性措施。

武器装备研制分为论证阶段、方案阶段、工程研制阶段、设计定型阶段和生产定型阶段共 5 个阶段，可靠性工作应融入 5 个阶段。

1. 论证阶段

根据武器装备的使命、对象确定其特点和使用要求，同时提出可靠性的初步要求。

根据武器装备的特点与使用要求确定其寿命剖面和任务剖面，环境剖面包括在寿命、任务剖面中，它是确定可靠性要求、可靠性指标验证方法，可靠性设计准则，进行可靠性设计评审及确定制造过程的可靠性保证工艺等的依据。

在形成初步技术指标与可靠性要求后，需进行可靠性指标及实现的可行性论证，包括对可靠性指标要求的必要性、可行性和完整性进行论证。

针对论证所确定的可靠性指标，应制订出初步验证方法及要求。

2. 方案阶段

按国家军用标准 GJB 450B《装备可靠性工作通用要求》，产品设计师必须提出产品的故障报告、分析与纠正措施，其目的是及时发现故障和故障原因，经过认真分析制订和实施有效的纠正措施，防止再出现故障，以改善和提高产品的可靠性。此项工作应贯穿于产品的全寿命周期中。

方案阶段一般都要根据方案研制原理样机，通过原理样机的试验摸底，掌握方案的可靠性水平，发现薄弱环节，为工程研制提供依据；同时，对论证阶段提出的初步可靠性要求进行补充完善，制订型号研制的初步可靠性工作计划。

3. 工程研制阶段

工程研制阶段主要进行技术设计，为设计定型做准备。对于大型复杂装备，为了减小研制与生产的风险，通常增加样机的研制与性能试验、环境适应性试验及可靠性摸底试验，以验证工程设计的可靠性。

4. 设计定型阶段

武器装备设计定型阶段是验证装备可靠性是否达到任务书规定的可靠性定性和定量要求。

5. 生产定型阶段

生产定型阶段是验证交付的批生产产品是否满足规定的可靠性要求。

1.3 产品可靠性与质量

产品的质量是需要管理的。回顾百年质量管理的历史，人们对产品质量的认识和理解也在不断深入，从最初的"符合性质量"发展到"适用性质量"，2000年后又从"适用性质量"发展到"满意性质量"，即以顾客为关注焦点的质量。顾客满意的质量，也就是 ISO 9000 所定义的"客体的一组固有特性满足要求的程度"。固有是指产品本来就有的，尤其是那些永久性的特性。

为了更直观地理解产品的质量，我们可以按产品寿命周期的不同阶段来讨论产品的质量及管理，即把产品寿命周期分成三个阶段：产品研发阶段、量产的生产制造阶段和使用至报废退役阶段。三个阶段分别对应研发过程的设计质量、生产过程的产品质量和顾客使用产品过程中表现出来的使用质量，如图 1-2 所示。

把产品寿命周期作为横坐标，用时间 t 表示，以产品的合格水平作为纵坐标，于是就有 $t=0$ 的质量、$t>0$ 的质量和 $t<0$ 的质量。在传统质量管理中，$t=0$ 的质量一般都用合格品率进行度量，用百分比表示。合格品率越高，说明内部质量损失越小。因此，传统质量管理关注的焦点是降低不合格品率。而要降低不合格品率，质量管理工作的重点是提高制造过程的一致性和稳定性。

$t<0$ 的质量体现在按照设计与开发时确认的或产品研制时的设计定型，以及对所确定的制造与验收规范进行的严格质量管理。对产品制造阶段的质量管理体现在出厂前进行严格检验，质量检验的结果，即合格品率。质量管理一开始就是从"符合性质量"开始的，质量管理关注的焦点一直是产品的合格品率，合格品率的提高就意味着产品的不良质量成本会直接降低，企业可以获得更多的短期利益。为了提高产品制造过程的合格品率，质量管理工作的重点应紧紧围绕如何保持生产过程的一致性和稳定性。

$t>0$ 的质量体现在产品在用户使用过程中其合格水平的保持能力，其本质就是产品的可靠性，即合格产品在规定的条件下、在规定的时间内完成规定功能的能力。通俗地说，就是产品在用户使用过程中无故障或保持正常工作不发生故障的时间，或故障发生的可能性。因此，可靠性关注的是产品合格水平随着时间的保持能力，在图 1-2 中，A 产品显然比 B 产品的合格水平保持能力更强，也就是 A 产品比 B 产品更可靠。

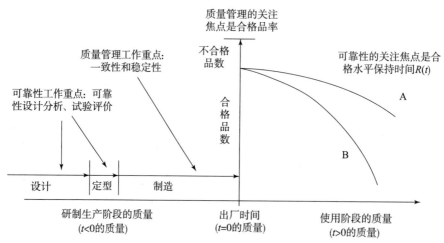

图 1-2　质量与可靠性关系曲线

可靠性研究的主要问题就是为什么出厂合格的产品会随着使用时间的增加而变成不合格，也就是为什么会发生故障。究其根源是出厂时判定产品是否合格的合格判据出了问题，而合格判据正是研发阶段结束时形成的制造与验收规范中所确认或规定的要求，因此要改变合格判据，就必须在产品研发设计时事先考虑到产品使用过程中承受的应力及各种随机性和强度本身的随机性及其随时间的退化性，如材料及元器件等本身抗损坏的强度的随机性，使用环境及承载应力的随机性，还要考虑使用人员各种可能的误操作。在设计时就要预先充分考虑上述各种可能引起故障的因素，采取预防措施，从而改变制造与验收规范，就可避免或减少使用中发生的故障，这就是预防的质量。所以提高 $t<0$ 的设计质量必须从产品开发时就考虑所开发产品在 $t>0$ 用户使用中合格水平保持能力着眼，从可能引起的故障或缺陷入手。可靠性工程经历了半个多世纪的发展，形成了比较完整的可靠性设计与分析、试验与评价及监督和控制的多种技术与方法。

质量管理常用百分比来表示，如合格品率为 95% 的产品肯定比合格品率为 90% 的产品要好，95% 的水平肯定比 90% 的水平高。可靠性常用时间表示，如汽车平均故障间隔里程（MMBF）从 10 000 km 里提高到 20 000 km 时，说明产品可靠性提高了，即产品 $t>0$ 的质量提高了。

  为了进一步说明质量管理及可靠性的关系，再看一个实例。如设计一根车轴，设计结果是(10 ± 0.01)mm。若制造过程结束时，其检验实际尺寸为(10 ± 0.1)mm，说明该轴为不合格品，就必须按照不合格品管理，不是报废就是返工；若检验实际尺寸为(10 ± 0.01)mm，则说明车轴是合格品；若检验结果是(10 ± 0.001)mm，可以称为精品。但是该车轴装配到汽车上后行驶1万公里就断了，这就是典型的可靠性问题，也即典型的$t>0$的质量问题，说明该轴在设计时没有进行可靠性设计与分析，试验与评价进行得很不充分，导致这种设计缺陷居然没有在研发过程中暴露出来。

  由此可见，$t<0$的质量是多么重要，它决定了$t=0$的质量和$t>0$的质量。$t<0$的制造过程质量管理决定着$t=0$的质量，可以减少企业的内部质量损失，可以给企业带来直接的效益；而$t<0$的研发过程的设计质量，即可靠性设计分析、试验与评价、监督与控制等工作直接决定着$t>0$的质量。合格产品的合格水平保持能力，即可靠性，是用户最关心的质量，是企业减少外部质量损失和售后服务成本，将企业的产值最大限度地变成企业的利润，也是取得用户满意的最重要的条件。

  总而言之，质量是一个含义广泛的概念，可靠性、维修性等质量特性的若干重要特性，是质量特性中性能和功能得以发挥的基础和前提，若产品不可靠，再好的性能也无法发挥。传统质量管理关注的焦点是$t=0$时刻的合格品率，为了提高合格品率，质量管理工作重点是保证制造过程的一致性和稳定性。可靠性关注的焦点是合格的产品在$t>0$后为什么会变成不合格，即为什么会发生故障，而工作的重点是研发过程中的质量设计，在研发设计时就事先考虑产品在未来用户使用过程中可能发生的故障或缺陷，并在设计时采取预防措施加以解决。

第 2 章
可靠性基本概念与参数

2.1 可靠性的基本概念

2.1.1 可靠性定义及分类

可靠性的定义是产品在规定的条件下和规定的时间内完成规定功能的能力。可靠性的概率度量称为可靠度。

定义中的产品是一个非限定性的术语，泛指任何元器件、零部件、组件、设备、分系统或系统，也可以指硬件、软件或两者的结合。产品按发生故障后是否能维修，分为可修复产品和不可修复产品（也称为一次性使用产品）。可修复产品是指发生故障后可以通过修复性维修恢复到规定状态并值得修复的产品，否则称为不可修复产品，如汽车、坦克、飞机等为可修复产品，而弹药等为不可修复产品。

理解可靠性定义要抓住 3 个规定。

1. 规定条件

规定条件包括使用时的环境条件和工作条件。产品可靠性与其工作的条件密切相关。同一个产品在不同的条件下表现出的可靠性水平有很大差别，一辆汽车在水泥路面上行驶和在砂石路面上行驶同样的里程，显然在后一种情况下汽车发生故障的可能性要大于前一种情况。也就是说，使用条件越恶劣，产品可靠性水平越低。

2. 规定时间

规定时间是指产品的工作期限，可以用时间单位表示，也可以用周期、次数、里程或其他单位表示。工作时间越长，产品的可靠性越低，产品的可靠性随着使用时间的延长肯定会逐渐降低。

3. 规定功能

规定功能是指产品规格说明书规定的正常工作的性能指标，规定功能是用于判断产品是否发生故障的标准。在评价产品可靠性时一定要给出故障的判据。在工程实践中，产品发生的异常算得上是一个困扰可靠性评价的重要问题，所以必须具体明确地规定功能和性能。

因此，在规定产品可靠性指标要求时，一定要对规定条件、规定时间和规定功能予以详细具体的描述和规定，如果规定不明确、不具体，仅仅给出一个可靠性指标要求是难以验证的，或在验证中产品研制方和订购方会因各自利益和对定义的理解不同而产生争议。

在理解规定条件时，一定要了解寿命剖面和任务剖面。

寿命剖面是指产品从制造到寿命终结或退出使用这段时间内所经历的全部事件和环境的时序描述，它包括一个或几个任务剖面。任务剖面是指产品在完成规定任务这段时间内所经历的事件和环境的时序描述，其中包括任务完成或致命性故障的判定准则。

能力是产品本身的固有特性，是指产品在规定条件下和规定时间内完成规定功能的水平。由于产品在规定条件下和规定时间内完成规定功能的能力不是一个确定值，而是一个随机变量，所以在定量表述时，要用概率来度量。

上述传统的可靠性定义，强调的是完成规定功能（完成任务）的能力。然而，在进行可靠性设计时需综合权衡完成规定功能和减少用户费用两个方面。例如：可靠性设计中常采用冗余技术来提高整个系统完成任务的概率，但是，冗余技术将使系统复杂化，因而增加故障发生的概率，导致增加维修费用（包括人力、备件等费用），也就是增加了用户的费用。因而，就提出了基本可靠性、任务可靠性和工作可靠性的概念。

2.1.2　基本可靠性和任务可靠性

1. 基本可靠性

基本可靠性即产品在规定的条件下无故障的持续时间或概率。基本可靠性与规定的条件有关，即与产品所处的环境条件、应力条件、寿命周期有关。

2. 任务可靠性

任务可靠性即产品在规定的任务剖面内完成规定功能的能力。任务可靠性是衡量产品完成规定任务的能力，反映产品在规定的维护修理使用条件下，在执行任务期间某一时刻处于良好状态的能力。

2.1.3　故障及其分类

故障（失效）在可靠性工程中是一个极为重要的概念。要评价产品可靠性，就要明确故障的定义及其分类。

1. 故障的定义

故障是对于可修复产品而言的，即不能执行规定功能的状态，通常指功能故障。失效是对于不可修复产品而言的，指产品丧失完成规定功能的能力事件。故障与失效的区别：故障是指产品不能执行规定功能的一种状态；失效是一种事件，故障可能在失效前就存在。

2. 故障的形式

故障模式是指故障的表现形式，如短路、开路、断裂、过度耗损、漏油等。故障机理是指引起故障的物理的、化学的和生物的或其他方面的过程，如轴的断裂是材料强度的物理特性不够所导致的。故障原因是指引起故障的设计、制造、使用和维修等有关的因素。

3. 故障的分类

故障的分类有多种，不同的分类就是要从不同的方面来揭示故障的不同侧面的规律，以便为预防故障、发现故障、分析故障、纠正故障和评价产品可靠性提供支持。

（1）单点故障是指会引起系统故障，而且没有冗余或替代的操作程序作为补救的产品故障。例如，一旦发动机发生故障，汽车就不能行驶了，因为它没有冗余，这就是单点故障；而飞机发动机有冗余，发生故障时就不能称为单点故障。这样说只是为了理解单点故障的含义，而绝不是说飞机发动机的可靠性不重要。

（2）间歇故障是指产品发生故障后，不经修理而在有限时间内或适当条件下能够自行恢复功能的故障。

（3）渐变故障是指产品性能随时间的推移逐渐变化而产生的故障。这种故障一般可以通过事前的检测或监控来预测，有时可通过预防性维修加以避免。机械产品的渐变故障有很多种，如磨损故障、腐蚀故障、疲劳断裂故障等。

（4）独立故障与从属故障：独立故障是指不是由于另一产品故障引起的故障，也称原发故障。从属故障是指由于另一产品故障引起的故障，也称诱发故障。例如，自行车车轮的辐条断了是独立故障，而车轮因辐条断了而产生车圈变形，则车圈故障是从属故障。

（5）系统性故障与偶然故障：系统性故障是指由某一固有因素引起、以特定形式出现的故障。它只能通过修改设计、制造工艺、操作程序或其他关联因素来消除。偶然故障是指产品由于偶然因素引起的故障，只能通过概率或统计方法来预测。

（6）早期故障和耗损故障：早期故障是指产品在寿命的早期由于设计、制造、装配的缺陷等原因发生的故障，其故障率随着寿命单位数的增加而降低。耗损故障是指产品由于疲劳、磨损、老化等原因引起的故障，其故障率随寿命单位数的增加而增加。

（7）关联故障与非关联故障：非关联故障是指已经证实未按规定的条件使用而引起的故障，否则即称为关联故障。关联故障在可靠性试验与评价中经常用到，即关联故障才能作为评价产品可靠性的故障。

（8）责任故障与非责任故障：非责任故障是指非关联故障或事先已经规定不属于某个特定组织提供的产品的故障，否则称为责任故障。

（9）灾难故障与严重故障：灾难故障是指导致人员伤亡、系统毁坏、重大财产损失的故障，也称灾难性故障。严重故障是指导致产品不能完成规定任务使命的故障，也称致命性故障。

2.2 可靠性的参数

2.2.1 可靠度与可靠度函数

可靠度即产品在规定的条件下和规定的时间 t 内完成规定功能的概率，记为 $R(t)$。

设 T 是产品在规定条件下的寿命，由可靠度定义可得：

$$R(t) = P(T > t) \quad (2-1)$$

式中：$R(t)$ 为可靠度函数；T 为产品发生故障（失效）的时间；t 为规定的时间。

$R(t)$ 随时间 t 变化的趋势如图 2-1 所示。

由概率论的性质可知：

(1) $R(0) = 1$。

(2) $\lim_{t \to \infty} R(t) = 0$。

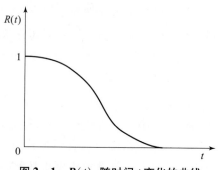

图 2-1　$R(t)$ 随时间 t 变化的曲线

(3) $R(t)$ 是 t 的非增函数。

产品在规定的条件下和规定的时间 t 内不能完成规定功能的概率称为产品的累积故障分布函数或不可靠度函数,记为 $F(t)$。设产品的寿命为 T,则有

$$F(t) = P(T \leq t) \tag{2-2}$$

由于产品可靠度 $R(t)$ 与累积故障分布函数 $F(t)$ 二者是对立事件,所以下式成立,即

$$R(t) + F(t) = 1 \tag{2-3}$$

假如在 $t = 0$ 时有 N 件产品开始工作,而到时刻 t 有 $r(t)$ 个产品发生故障,仍有 $N - r(t)$ 个产品继续工作,由概率论可知,可靠度 $R(t)$ 的估计值可表示为

$$\hat{R}(t) = \frac{N - r(t)}{N} \tag{2-4}$$

即在规定的时间内,产品的可靠度估计值 $\hat{R}(t)$ 等于在时刻 t 能正常工作的产品数与 $t = 0$ 时参加试验(使用)的产品数 N 之比,它是产品在规定时间 t 内能工作的频率。

同理,累计故障分布函数的估计值可表示为

$$\hat{F}(t) = \frac{r(t)}{N} \tag{2-5}$$

即在规定时间 t 内,产品的累积故障分布函数的估计值 $\hat{F}(t)$ 等于在时间 t 前发生故障的产品数与开始时间 $t = 0$ 参加试验(使用)的产品数 N 之比,即产品在规定时间内发生故障的频率。

2.2.2 故障密度函数

在可靠度函数或累积故障分布函数中,不易看出产品发生故障随时间发生变化的速度,为此引入故障密度函数。

在规定条件下使用的产品,在时间 t 后单位时间内发生故障的概率,称为产品在时间 t 的故障密度函数,记为 $f(t)$,即

$$f(t) = \lim_{\Delta t \to 0} \frac{P(t < T \leq t + \Delta t)}{\Delta t} \tag{2-6}$$

式中,$P(t < T \leq t + \Delta t)$ 表示产品在 $(t, t + \Delta t]$ 内发生故障的概率。其物理意义是:产品在时间 t 后一个单位时间内发生故障的概率。

由概率论可知:

$$f(t) = \lim_{\Delta t \to 0} \frac{P(T \leq t + \Delta t) - P(T \leq t)}{\Delta t} = \lim_{\Delta t \to 0} \frac{F(t + \Delta t) - F(t)}{\Delta t} = F'(t) \tag{2-7}$$

$f(t)$ 具有以下性质:

(1) $f(t)$ 归一性:$\int_0^{+\infty} f(t) \mathrm{d}t = 1$。

(2) 非负性:$f(t) \geq 0$。

假设 $t = 0$ 时有 N 个产品投入使用,在 $(t, t + \Delta t)$ 内有 $\Delta r(t)$ 个产品发生了故障。那么 $f(t)$ 的频率估计值可以表示为

$$\hat{f} = \frac{r(t + \Delta t) - r(t)}{N} \times \frac{1}{\Delta t} = \frac{\Delta r(t)}{N} \times \frac{1}{\Delta t} \tag{2-8}$$

因此,掌握了故障密度函数能够预测下一次故障发生的大概时间,可以起到预警作用,

以便提早采取预警措施；能够计算未来一段时间内的故障次数，便于提前准备好备件等资源。

2.2.3 故障率

已工作到时间 t 的产品，在时间 t 后单位时间内发生故障的概率，称为产品在时间 t 的故障率函数，简称为故障率，记为 $\lambda(t)$，即

$$\lambda(t) = \lim_{\Delta t \to 0} \frac{P\{t < T \leq t + \Delta t \mid T > t\}}{\Delta t} \tag{2-9}$$

该概念表示，如果产品工作到时间 t 还没有发生故障，即正常工作，那么该产品在以后单位时间内发生故障的概率即故障率。

由条件概率公式可推得

$$P\{t < T \leq t + \Delta t \mid T > t\} = \frac{P\{t < T \leq t + \Delta t, T > t\}}{P\{T > t\}} = \frac{P\{t < T \leq t + \Delta t\}}{P\{T > t\}}$$

$$= \frac{P\{T \leq t + \Delta t\} - P\{T \leq t\}}{1 - P\{T \leq t\}} = \frac{F(t + \Delta t) - F(t)}{1 - F(t)} \tag{2-10}$$

$$\lambda(t) = \lim_{\Delta t \to 0} \frac{F(t + \Delta t) - F(t)}{\Delta t} \times \frac{1}{1 - F(t)} = \frac{F'(t)}{1 - F(t)} = \frac{f(t)}{1 - F(t)} \tag{2-11}$$

$$\lambda(t) = \frac{f(t)}{1 - F(t)} = \frac{f(t)}{R(t)} \tag{2-12}$$

在实践中，故障率是产品的一个重要参数。故障率越小，其可靠性越高；反之，故障率越大，可靠性就越差。例如电子产品就是按故障率大小来评价其质量等级的，常见电子产品等级如表 2-1 所示。

表 2-1 常见电子产品故障率等级表

等级	电子产品故障率水平
亚5级（Y）	$1 \times 10^{-5}/h \leq \lambda \leq 3 \times 10^{-5}/h$
5级（W）	$0.1 \times 10^{-5}/h \leq \lambda \leq 1 \times 10^{-5}/h$
6级（W）	$0.1 \times 10^{-6}/h \leq \lambda \leq 1 \times 10^{-6}/h$
7级（W）	$0.1 \times 10^{-7}/h \leq \lambda \leq 1 \times 10^{-7}/h$
8级（W）	$0.1 \times 10^{-8}/h \leq \lambda \leq 1 \times 10^{-8}/h$
9级（W）	$0.1 \times 10^{-9}/h \leq \lambda \leq 1 \times 10^{-9}/h$
10级（W）	$0.1 \times 10^{-10}/h \leq \lambda \leq 1 \times 10^{-10}/h$

2.2.4 产品故障率浴盆曲线

大多数产品的故障率随时间的变化曲线形似浴盆，如图 2-2 中曲线（1）所示，故将故障率曲线称为浴盆曲线。虽然产品的故障机理不同，但产品的故障率随时间的变化大致可以分为以下 3 个阶段。

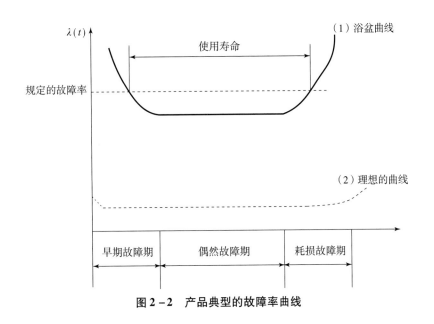

图 2-2 产品典型的故障率曲线

1. 早期故障期

在产品投入使用的初期,产品的故障率较高,且具有迅速下降的特征。这一阶段产品的故障主要是设计与制造中的缺陷,如设计不当、材料缺陷、加工缺陷、安装调整不当等。产品投入使用后故障很容易较快地暴露出来,可以通过加强质量管理及采用环境应力筛选等方法来减少或消除早期故障。

2. 偶然故障期

在产品投入使用一段时间后,产品的故障率可降到一个较低的水平,且基本处于平稳状态,可以近似认为故障率为常数,这一阶段就是偶然故障期。在这个阶段产品的故障主要是由偶然因素引起的,偶然故障期是产品的主要工作期间。

3. 耗损故障期

在产品投入使用相当长的时间后就会进入耗损故障期,其特点是产品的故障率随时间迅速上升,很快出现产品故障大量增加直至最后报废。这一阶段产品的故障主要是由老化、疲劳、磨损、腐蚀等耗损性因素引起的。通过对产品试验数据进行分析,可以确定耗损阶段的起始点,在耗损起始点到来之前停止使用并进行预防性维修,这样可以延长产品的使用寿命。

特别指出,并非所有产品的故障率曲线都会有明显的三个阶段。高质量等级的电子产品,其故障率曲线在其寿命期内基本是一条平稳的直线;而质量低劣的产品可能存在大量的早期故障或很快进入耗损故障期。

产品故障率表现出的三段式的浴盆曲线并不是用户希望的,也是用户不满意或抱怨的根源。因此,可靠性工作说到底就是为了改变这条浴盆曲线,即尽量减少并消除早期故障;尽量延长偶然故障期并尽量降低偶然故障率;同时通过完善预防性维修,尽量延缓故障率的增加,把图 2-2 中的浴盆曲线(1)改造成一条近似直线形状且故障率尽量低的理想曲线(2)。可靠性工程的所有方法都是围绕改造浴盆曲线形成的。

（1）采取各种措施，如环境应力筛选以降低早期故障率，使产品到用户手中即进入偶然故障期。

（2）采取预防性维修或使用长寿命的元器件和零部件以及各种耐久性设计，使耗损故障期尽量延后。

（3）应用各种可靠性设计分析技术使产品的偶然故障率尽可能降低，这是可靠性工作的重点。

2.2.5 产品寿命

产品从开始工作到发生故障前的一段时间 T 称为产品寿命。由于产品发生故障是随机的，所以产品寿命 T 是一个随机变量。不同的产品、不同的工作条件，寿命 T 取值的统计规律一般是不同的。

在研究产品可靠性时，人们常常将产品分为可修复产品和不可修复产品。可修复产品是指产品出现故障后，可通过修复性维修恢复其到规定状态的产品；若产品不可修复或不值得修复，则称其为不可修复产品。对于这两种不同类型的产品，寿命的含义也略有不同。对不可修复产品，寿命是指其首次故障前的工作时间；而对可修复产品，寿命则是指产品两次相邻故障之间的工作时间。可修复产品和不可修复产品的寿命如图2-3所示。

产品寿命中所说的时间是广义时间，其单位称为寿命单位。根据产品寿命度量不同，有不同的寿命单位，如 h、km、摩托小时、飞行小时等。

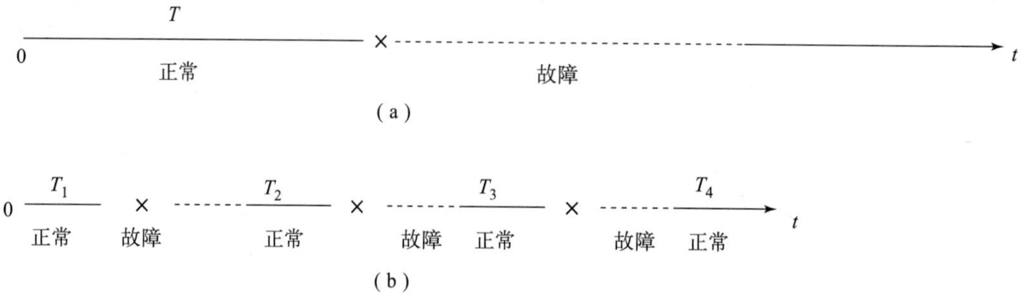

图2-3 可修复产品和不可修复产品的状态描述
（a）不可修复产品状态描述；（b）可修复产品状态描述

1. 平均寿命

平均寿命就是产品寿命的平均值或寿命的数学期望，通常记为 θ。不可修复产品的平均寿命又称为平均故障前时间，记为 MTTF。可修复产品的平均寿命又称为平均故障间隔时间，记为 MTBF。平均寿命一般通过寿命试验用所获得的数据来估计。

MTTF 的估计值为

$$\text{MTTF} = \frac{1}{n} \sum_{i=1}^{n} t_i \qquad (2-13)$$

式中：n 为测试的产品总数；t_i 为第 i 个产品故障前的工作时间。

MTBF 的估计值为

$$\text{MTBF} = \frac{1}{N} \sum_{i=1}^{n} \sum_{j=1}^{n_i} t_{ij} \qquad (2-14)$$

式中：n 为测试的产品总数；N 为测试产品的所有故障数，$N = \sum_{i=1}^{n} n_i$；n_i 为第 i 个测试产品的故障数；t_{ij} 为第 i 个产品的第 $j-1$ 次故障到第 j 次故障的工作时间。

因此，MTTF 和 MTBF 的估计值可以表示为

$$\hat{\theta} = \frac{1}{N} \sum_{i=1}^{N} t_i \quad (2-15)$$

其含义为：平均寿命是所有产品试验的总工作时间与在此期间的故障总次数之比。

如果仅考虑首次故障前的一段工作时间，那么二者就没有区别了，所以将二者统称为平均寿命，记为 θ。若产品的故障密度函数 $f(t)$ 已知，由概率论中数学期望的定义，有

$$\theta = \int_0^{+\infty} t f(t) \, \mathrm{d}t \quad (2-16)$$

进一步推导，得

$$\theta = \int_0^{+\infty} t f(t) \, \mathrm{d}t = \int_0^{+\infty} t \mathrm{d}F(t) = -\int_0^{+\infty} t \mathrm{d}R(t) = -tR(t)\big|_0^{+\infty} + \int_0^{+\infty} R(t) \, \mathrm{d}t = \int_0^{+\infty} R(t) \, \mathrm{d}t \quad (2-17)$$

由此可见，在一般情况下，将可靠度函数在（0，$+\infty$）区间上进行积分，便可以得到产品总体的平均寿命。

平均寿命是标志一个产品平均能工作多长时间的量，不少产品用平均寿命作为可靠性参数，如车辆的平均故障间隔里程，雷达、指挥仪及各种电子设备的平均故障间隔时间，枪、炮的平均故障间隔发数等。科研人员可以从这个参数比较直观地了解一种产品的可靠性水平，也容易比较不同产品可靠性水平的高低。

但是，平均寿命只能反映某型产品寿命的平均值，并不代表该产品都能工作到这一时间。对于不同分布的产品，虽然平均寿命相同，但其可靠度变化是不同的。即使是同一分布的产品，如都是正态分布，当均值相同而方差不同时，可靠度变化规律也不同。在可靠性工程中，除用到平均寿命外，还将用到可靠寿命、特征寿命和中位寿命。

2. 可靠寿命

若已知可靠度 $R(t)$ 的表达式，则给定一个可靠度，即可求出对应这个可靠度的工作时间。

可靠寿命是指给定的可靠度所对应的寿命单位数。

若给定的可靠度为 r，产品可靠度为 r 时所对应的时间 t，称为产品的可靠寿命，其满足

$$R(t_r) = r \quad (2-18)$$

特别指出，当 $r = 0.5$ 时，$t_{0.5}$ 称为产品的中位寿命，中位寿命反映了产品好坏各占一半时所对应的工作时间。当 $r = \mathrm{e}^{-1}$ 时，$t_{\mathrm{e}^{-1}}$ 称为产品的特征寿命，如图 2-4 所示。

从图 2-4 可以看出，产品工作到可靠寿命 t_r 时，有 $100(1-r)\%$ 产品已经发生故障；产品工作到中位寿命 $t_{0.5}$ 时，大约有一半产品发生故障；产品工作到特征寿命 $t_{\mathrm{e}^{-1}}$ 时，有 63.2% 产品发生故障（在指数寿命分布下）。

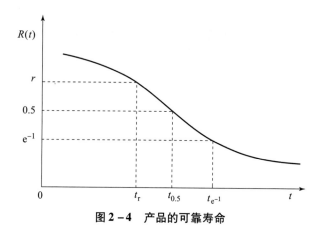

图 2-4　产品的可靠寿命

3. 使用寿命

产品使用到无论从技术上还是经济上考虑都不宜再使用，而必须大修或报废时的寿命单位数称为使用寿命。度量使用寿命时需要规定允许的故障率，允许故障率越高，使用寿命就越长。如果没有允许故障率的要求和规定，可修复产品的使用寿命是难以评定的。

2.2.6　常用可靠性函数之间的关系

1. $F(t)$、$R(t)$、$f(t)$ 的关系

$R(t) = 1 - F(t) = 1 - \int_0^t f(t)\mathrm{d}t = \int_t^{+\infty} f(t)\mathrm{d}t$，即故障分布函数 $F(t)$ 的几何意义是在区间 $[0, t)$ 上故障密度 $f(t)$ 曲线下的面积，可靠度函数 $R(t)$ 的几何意义是在区间 $(t, +\infty)$ 上故障密度曲线下的面积，如图 2-5 所示。

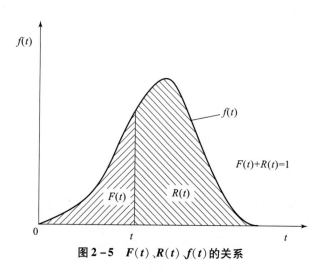

图 2-5　$F(t)$、$R(t)$、$f(t)$ 的关系

2. $\lambda(t)$ 与 $F(t)$、$R(t)$、$f(t)$ 的关系

由式 $\lambda(t) = \dfrac{f(t)}{R(t)}$ 可得

$$\int_0^t \lambda(t)\mathrm{d}t = \int_0^t \frac{f(t)}{R(t)}\mathrm{d}t \qquad (2-19)$$

$$\int_0^t \lambda(t)\mathrm{d}t = -\int_0^t R(t)\mathrm{d}R(t) = -\ln R(t)\big|_0^t \qquad (2-20)$$

$$\int_0^t \lambda(t)\mathrm{d}t = -\ln R(t) \qquad (2-21)$$

$$R(t) = \exp\left[-\int_0^t \lambda(t)\mathrm{d}t\right] \qquad (2-22)$$

同理可得

$$f(t) = [1 - R(t)]' = \lambda(t)\exp\left[-\int_0^t \lambda(t)\mathrm{d}t\right] \qquad (2-23)$$

3. 常用可靠性函数相互关系

常用可靠度函数 $R(t)$、不可靠度函数（累积故障分布函数）$F(t)$、故障密度函数 $f(t)$、故障率函数 $\lambda(t)$、平均寿命 θ、可靠寿命 t_r、中位寿命 $t_{0.5}$、特征寿命 t_{e-1} 的定量描述方式如表 2-2 所示。

表 2-2 常用可靠性函数的定量描述方式

函数	数学表达式	估计值
不可靠度函数（累计故障分布函数）$F(t)$	$F(t) = P(T \le t)$	$\hat{F}(t) = \dfrac{r(t)}{N}$
可靠度函数 $R(t)$	$R(t) = P(T > t)$	$\hat{R}(t) = \dfrac{N - r(t)}{N}$
故障密度函数 $f(t)$	$f(t) = \lim\limits_{\Delta t \to 0} \dfrac{P(t < T \le t + \Delta t)}{\Delta t}$	$\hat{f}(t) = \dfrac{\Delta r(t)}{N \cdot \Delta t}$
故障率函数 $\lambda(t)$	$\lambda(t) = \lim\limits_{\Delta t \to 0} \dfrac{P(T \le t + \Delta t \mid T > t)}{\Delta t}$	$\hat{\lambda}(t) = \dfrac{\Delta r(t)}{[N - r(t)] \cdot \Delta t}$
平均寿命 θ	$\theta = \int_0^{+\infty} tf(t)\mathrm{d}t$	$\hat{\theta} = \dfrac{1}{n}\sum\limits_{i=1}^{n} t_i$
可靠寿命 t_r	$R(t_r) = r$	
中位寿命 $t_{0.5}$	$R(t_{0.5}) = 0.5$	
特征寿命 t_{e-1}	$R(t_{e-1}) = 0.5$	

常用可靠度函数的相互关系如表 2-3 所示。

表 2-3 常用可靠度函数的相互关系

函数	$R(t)$	$F(t)$	$f(t)$	$\lambda(t)$
$R(t)$		$1 - F(t)$	$\int_t^{+\infty} f(t)\mathrm{d}t$	$\exp\left[-\int_0^t \lambda(t)\mathrm{d}t\right]$
$F(t)$	$1 - R(t)$		$\int_0^t f(t)\mathrm{d}t$	$1 - \exp\left[-\int_0^t \lambda(t)\mathrm{d}t\right]$

续表

函数	$R(t)$	$F(t)$	$f(t)$	$\lambda(t)$
$f(t)$	$-R'(t)$	$F'(t)$		$\lambda(t)\exp\left[-\int_0^t \lambda(t)\mathrm{d}t\right]$
$\lambda(t)$	$-\dfrac{R'(t)}{R(t)}$	$\dfrac{F'(t)}{1-F(t)}$	$\dfrac{f(t)}{\int_t^{+\infty} f(t)\mathrm{d}t}$	
θ	$\int_0^{+\infty} R(t)\mathrm{d}t$	$\int_0^{+\infty}[1-F(t)]\mathrm{d}t$	$\int_0^{+\infty} tf(t)\mathrm{d}t$	$\int_0^{+\infty}\exp\left[-\int_0^t \lambda(t)\mathrm{d}t\right]\mathrm{d}t$

2.3 产品可靠性要求

产品可靠性要求是开展可靠性设计、分析和试验工作的依据，也是产品研发结束前定型阶段或设计与开发确认阶段对产品进行考核与验证的依据。根据"需要"和"可能"的原则，科学、合理地确订可靠性要求是产品研发过程中开展一系列可靠性工作的前提。产品研发中有了可靠性要求，研发中的可靠性工作才有目标，才有"动力"；研发结束前要进行可靠性考核，这样可靠性工作才会有"压力"。可靠性要求分为可靠性定性要求和可靠性定量要求。

2.3.1 可靠性定性要求

可靠性定性要求是从产品使用要求出发，为了保证产品的可靠性对产品设计提出的技术要求和设计要求，也是产品研发中制订可靠性设计准则的基本依据之一。

可靠性定性要求包括简化设计、冗余设计、降额设计、采用成熟技术设计、环境适应性设计、人—机可靠性设计等。表 2-4 为可靠性定性要求名称和目的。

表 2-4 可靠性定性要求名称和目的

要求名称	目的
制订和贯彻可靠性设计准则	将可靠性定性要求转换为设计条件，为设计人员规定专门的技术要求和设计准则
简化设计	减少复杂性，提高可靠性
降额设计	降低元器件和零部件工作时的故障率
冗余设计	提高安全性和关键任务的可靠性
元器件、零部件选择与控制	正确选择元器件、零部件并从设计上加以控制，减少故障率
确定关键件和重要件	明确可靠性设计和控制的重点，提高关键件和重要件的可靠性
环境保护设计	采取减轻环境影响的措施，减缓强度的衰减以提高可靠性

2.3.2 可靠性定量要求

可靠性定量要求是产品可靠性水平的度量。可靠性定量要求由可靠性参数及其指标（量值）两部分组成。装备可靠性定量要求的确定可参照 GJB 1909A – 2009《装备可靠性维修性保障性要求论证》。

1. 可靠性参数选取

装备可靠性参数分为可靠性使用参数和可靠性合同参数。可靠性使用参数是直接反映对装备使用需求的参数；可靠性合同参数是在研制总要求和研制任务书中表述订购方对装备可靠性要求的参数，是研制方在研制与生产过程中能够控制的参数。这两类参数的区别如表2 – 5 所示。

表 2 – 5 可靠性使用参数与可靠性合同参数的区别

可靠性使用参数	可靠性合同参数
描述产品在计划环境中使用时的可靠性水平	用于度量和评价产品研制的可靠性工作水平
根据使用需求导出	根据使用参数转换
典型参数 基本可靠性参数，如平均维修间隔时间（MTBM） 任务可靠性参数，如任务成功概率（MCSP）	典型参数 基本可靠性参数，如 MTBF、平均失效前时间（MTTF） 任务可靠性参数，如平均故障间隔时间（MTBCF）

2. 可靠性指标确定

对选择的可靠性参数赋予量值称为可靠性指标。可靠性使用参数的量值称为可靠性使用指标，可用目标值和门限值表示。可靠性合同参数的量值称为可靠性合同指标，可用规定值和最低可接受值表示。目标值和门限值、规定值和最低可接受值的定义如下？

（1）目标值。期望装备达到的使用指标。目标值能满足装备的使用要求，是确定最低可接受值的依据，也是现场验证的依据。

（2）门限值。装备必须达到的使用指标。门限值能满足装备的使用需求，是确定最低可接受值的依据，也是现场验证的依据。

（3）规定值。研制总要求和研制任务书中规定的期望装备达到的合同指标。规定值是研制方进行可靠性设计的依据。

（4）最低可接受值。研制总要求和研制任务书中规定的装备必须达到的合同目标。最低可接受值是可靠性验证的依据。

研制方更关注的是合同指标中的规定值和最低可接受值，尤其关注最低可接受值。若研制总要求和研制任务书中只规定了一个指标，即认为是最低可接受值，因为最低可接受值将在可靠性统计试验中作为检验下限 θ_1 进行验证。可靠性指标为什么不能像性能指标一样只用一个值表示？这是因为性能指标是一种确定性的概念，而可靠性指标是要对属于不确定性的故障这种随机事件进行度量，它是一个统计量。

正是由于可靠性指标有这一特点，所以在确定可靠性指标时还应特别注意下列问题。

（1）应明确产品的寿命剖面和任务剖面。如前所述，寿命剖面是指产品在从交付到寿命终结或退出使用这段时间内所经历的全部事件和环境的时序描述；任务剖面是指产品在完成规定任务这段时间内所经历的事件和环境的时序描述。它们表述了可靠性定义中的规定条件和规定时间。

（2）应明确故障判据。产品基本可靠性和任务可靠性的故障判据是可靠性定义中规定的功能的具体化。故障判据很重要，没有具体的判据，在评估产品是否达到可靠性指标要求时将会遇到很多争议。

（3）应明确可靠性指标的验证方法，如置信度要求等。

2.4 可靠性工程中常用的寿命分布

寿命分布是可靠性工程应用和可靠性研究的基础。因为对一批产品来讲，其中每一个产品故障前的工作时间有长有短，参差不齐，具有随机性。可靠性函数与寿命分布函数有着密切的关系，常用寿命分布函数（或故障分布函数）来描述某种产品的寿命。

某些产品以工作次数、循环周期数等作为其寿命单位，如开关的开关次数，这时可用离散型随机变量的概率分布来描述其寿命分布的规律，如二项分布、泊松分布和超几何分布等。多数产品寿命需要用到连续随机变量的概率分布，常用的有指数分布、正态分布、威布尔分布等。

2.4.1 离散型随机变量及概率分布

2.4.1.1 二项分布

二项分布的随机变量通常取整数序列。多次独立试验中任意一次试验的结果不是成功就是失败，且对于每次试验来说，出现某种结果的概率是不变的。设成功的概率为 p，失败的概率则为 $1-p$。$P(x)$ 表示的是在 n 个产品中有 x 个好产品和 $n-x$ 个坏产品的概率。$p^x(1-p)^{n-x}$ 表示一次出现 x 个好产品和 $n-x$ 个坏产品的概率，而 C_n^x 表示共有多少次这样的事件，则二项分布的表达式为

$$P(x) = C_n^x p^x (1-p)^{n-x}; 0 \leq p \leq 1, x = 0,1,2,\cdots,n \tag{2-24}$$

二项分布的故障密度函数如图 2-6 所示，它的累积故障分布函数为

$$F(r) = \sum_{x=0}^{r} C_n^x p^x (1-p)^{n-x} \tag{2-25}$$

上式表示在 n 次试验中成功次数小于等于 r 的概率。

数学期望为

$$E(X) = np \tag{2-26}$$

方差为

$$D(X) = np(1-p) \tag{2-27}$$

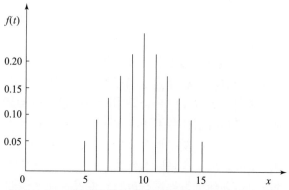

图 2-6 二项分布的故障密度函数（$p=0.5, n=20$）

2.4.1.2 泊松分布

泊松分布适合于描述产品在时间 $(0,t)$ 内受到外界冲击的次数。这类随机现象一般有以下 3 个特点。

(1) 在 $(a,a+t)$ 时间内，产品受到 k 次冲击的概率与时间起点 a 无关，仅与时间长短 t 有关。

(2) 在两段不相重叠的 (a_1,a_2) 和 (b_1,b_2) 内，电子器件受到的冲击次数 k_1 和 k_2 是相互独立的。

(3) 在很短时间内，产品最多只受到 1 次冲击。

设 X 是产品在时间 $(0,t]$ 内受到外界冲击的次数，则产品受到冲击次数的概率分布就可以用泊松分布来表述，即

$$P(X=k) = \frac{\lambda^k}{k!}e^{-\lambda}, k=0,1,2,3,\cdots \qquad (2-28)$$

式中：λ 为单位时间内受冲击的次数；k 为受到冲击的次数。

泊松分布故障密度函数如图 2-7 所示，泊松分布的均值和方差都是由 λ 决定的。

数学期望为

$$E(X) = \lambda \qquad (2-29)$$

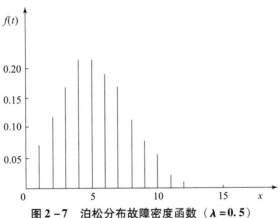

图 2-7　泊松分布故障密度函数（$\lambda=0.5$）

方差为

$$D(X) = \lambda \qquad (2-30)$$

2.4.2 连续性随机变量及其分布

2.4.2.1 指数分布

若随机变量 X 具有概率密度，即

$$f(t) = \lambda e^{-\lambda t}; \lambda>0, t \geq 0 \qquad (2-31)$$

则称 X 服从参数 λ 的指数分布。指数分布是可靠性分析中最常用的寿命分布。

常用的连续型统计分布如表 2-6 所示。

表 2-6 常用的连续型统计分布

分布形式	故障密度函数 $F(x)$	可靠度函数 $R(x)$	故障率函数 $\lambda(x)$
正态分布	$\dfrac{1}{\sigma\sqrt{2\pi}}e^{-(x-\mu)^2/2\sigma^2}$	$\dfrac{1}{\sigma\sqrt{2\pi}}\int_x^\infty e^{-(x-\mu)^2/2\sigma^2}d\tau$	$\dfrac{e^{-(x-\mu)^2/2\sigma^2}}{\int_x^\infty e^{-(x-t)^2/2\sigma^2}dt}$
对数正态分布	$\dfrac{1}{x\sigma\sqrt{2\pi}}e^{-\dfrac{(\ln x-\mu)^2}{2\sigma^2}}$	$\dfrac{1}{\sigma\sqrt{2\pi}}\int_x^\infty \dfrac{1}{t}e^{-\dfrac{(\ln t-\mu)^2}{2\sigma^2}}dt$	$\dfrac{\dfrac{1}{x}e^{-(\ln t-\mu)^2/(2\sigma^2)}}{\int_x^\infty \dfrac{1}{t}e^{-(\ln t-\mu)^2/(2\sigma^2)}dt}$
指数分布	$\lambda e^{-\lambda x}$	$e^{-\lambda x}$	λ
威布尔分布 $\gamma=0$	$\dfrac{m}{\eta}\left(\dfrac{x}{\eta}\right)^{m-1}e^{-\left(\dfrac{x}{\eta}\right)^m}$	$e^{-\left(\dfrac{x}{\eta}\right)^m}$	$\dfrac{m}{\eta}\left(\dfrac{x}{\eta}\right)^{m-1}$

在可靠性分析中，可由式（2-31）推出以下各量。

累计故障分布函数为
$$F(t) = 1 - e^{-\lambda t}; \lambda > 0, t \geq 0 \tag{2-32}$$

可靠度函数为
$$R(t) = e^{-\lambda t}; \lambda > 0, t \geq 0 \tag{2-33}$$

故障率函数为
$$\lambda(t) = \lambda; \lambda > 0, t \geq 0 \tag{2-34}$$

平均寿命为
$$\theta = \frac{1}{\lambda} \tag{2-35}$$

可靠寿命为
$$t_r = -\frac{\ln r}{\lambda} \tag{2-36}$$

特征寿命为
$$t_{e^{-1}} = \frac{1}{\lambda} \tag{2-37}$$

当产品寿命服从指数分布时，故障率是常数，其平均寿命和特征寿命均相等，都是故障率的倒数。

2.4.2.2 正态分布

正态分布（Normal Distribution）又称高斯分布（Gaussian Distribution），是一种双参数分布。

正态分布的故障密度函数为
$$f(t) = \frac{1}{\sigma\sqrt{2\pi}} \exp\left[-\frac{1}{2}\left(\frac{t-\mu}{\sigma}\right)^2\right], -\infty \leq t \leq +\infty \tag{2-38}$$

式中：μ 为均值；σ 为标准差。

图 2-8 给出了正态分布的故障密度函数曲线。

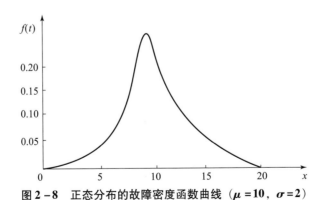

图 2-8 正态分布的故障密度函数曲线（$\mu = 10$，$\sigma = 2$）

对任意正态分布随机变量 T，均值为 μ，方差为 σ，则它的累积分布函数用标准正态分布的累积分布函数可以表示为

$$F(t) = P(T \leqslant t) = P\left(z \leqslant \frac{t-\mu}{\sigma}\right) = \phi\left(\frac{t-\mu}{\sigma}\right) \tag{2-39}$$

$$F(t) = \int_0^t \frac{1}{\sigma\sqrt{2\pi}} e^{-\frac{1}{2}\left(\frac{\tau-\mu}{\sigma}\right)^2} d\tau \tag{2-40}$$

因此，$F(t)$ 的绝大部分函数值可以通过查阅任意 t 值下的标准正态分布表得到。

数学期望为

$$E(T) = \mu \tag{2-41}$$

方差为

$$D(T) = \sigma^2 \tag{2-42}$$

标准正态分布的故障密度函数的定义式为

$$\phi(t) = \frac{1}{\sqrt{2\pi}} e^{-\frac{t^2}{2}} \tag{2-43}$$

标准正态分布的累积分布函数的定义式为

$$\varPhi(t) = \int_0^t \frac{1}{\sqrt{2\pi}} e^{-\frac{\tau^2}{2}} d\tau \tag{2-44}$$

故障率函数 $\lambda(t)$ 相当于随 t 单调递增的正态分布。正态分布累积分布函数、正态分布故障率函数分别如图 2-9 和图 2-10 所示。

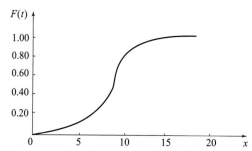

图 2-9　正态分布累积分布函数（$\mu=10$，$\sigma=2$）

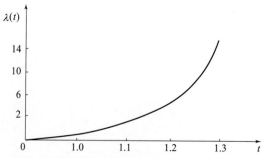

图 2-10　正态分布故障率函数（$\mu=1$，$\sigma=0.2$）

2.4.2.3　对数正态分布

若随机变量 T 取对数 $\ln T$ 后，服从正态分布，则 T 服从对数正态分布。对数正态分布的

故障密度函数为

$$f(t) = \frac{1}{\sigma t \sqrt{2\pi}} \exp\left[-\frac{1}{2}\left(\frac{\ln t - \mu}{\sigma}\right)^2\right], 0 \leqslant t < +\infty \tag{2-45}$$

式中，μ 和 σ 分别为故障时间对数的均值参数和标准差参数，$\sigma > 0$。

对数正态分布故障密度函数如图 2-11 所示。

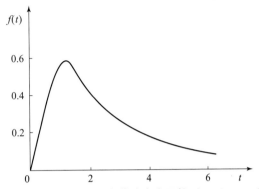

图 2-11　对数正态分布故障密度函数（$\mu=0$，$\sigma=1$）

如果随机变量 X 定义为 $X = \ln T$，当 T 服从对数正态分布且参数为 μ 和 σ 时，X 服从均值为 μ、标准差为 σ 的正态分布。这一对应关系经常用来通过计算标准正态分布来得到对数正态分布的函数值。

对数正态分布的均值和方差如下：

数学期望为

$$E(T) = e^{\mu + \frac{1}{2}\sigma^2} \tag{2-46}$$

方差为

$$D(T) = e^{2\mu + \sigma^2}(e^{\sigma^2} - 1) \tag{2-47}$$

对数正态分布的累积分布函数的定义式为

$$F(t) = \int_0^t \frac{1}{\sigma \tau \sqrt{2\pi}} e^{-\frac{1}{2}\left(\frac{\ln \tau - \mu}{\sigma}\right)^2} d\tau \tag{2-48}$$

其与标准正态分布的关系为

$$F(t) = P(T \leqslant t) = P\left(z \leqslant \frac{\ln t - \mu}{\sigma}\right) = \Phi\left(\frac{\ln t - \mu}{\sigma}\right) \tag{2-49}$$

可靠度函数的定义式为

$$R(t) = P(T > t) = P\left(z > \frac{\ln t - \mu}{\sigma}\right) = 1 - \Phi\left(\frac{\ln t - \mu}{\sigma}\right) \tag{2-50}$$

因此，故障率函数的定义式为

$$\lambda(t) = \frac{f(t)}{R(t)} = \frac{\phi\left(\frac{\ln t - \mu}{\sigma}\right)}{t\sigma\left[1 - \Phi\left(\frac{\ln t - \mu}{\sigma}\right)\right]} \tag{2-51}$$

式中，ϕ 和 Φ 分别是标准正态分布的故障密度函数和累积分布函数。

对数正态分布累积分布函数和故障率函数分别如图 2-12、图 2-13 所示。

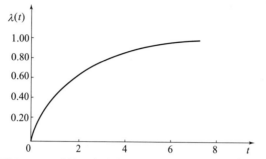

图 2-12 对数正态分布累积分布函数 ($\mu=0$, $\sigma=1$)

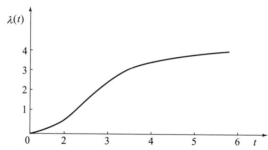

图 2-13 对数正态分布故障率函数 ($\mu=1$, $\sigma=0.2$)

2.4.2.4 威布尔分布

威布尔分布是由瑞典科学家威布尔（Weibull）独立提出的。在可靠性工程中，威布尔分布是一种较复杂的分布，由于威布尔分布对于各种类型的实验数据拟合的能力很强，所以使用非常广泛。

设连续性随机变量 T 的故障密度为

$$f(t) = \frac{m}{\eta}\left(\frac{t-\gamma_0}{\eta}\right)^{m-1}\exp\left[-\left(\frac{t-\gamma_0}{\eta}\right)^m\right]; t \geq \gamma_0, m, \eta > 0 \quad (2-52)$$

式中，m、η 和 γ_0 分别为形状参数、尺度参数和位置参数。服从参数 m、η 和 γ_0 的威布尔分布，随机变量 T 的分布函数为

$$F(t) = 1 - \exp\left[-\left(\frac{t-\gamma_0}{\eta}\right)^m\right] \quad (2-53)$$

在工程实践中，更常用到的是两参数威布尔分布，即位置参数 $\gamma_0 = 0$ 的威布尔分布，记为 $T \sim W(m,\eta)$。此时，随机变量 T 的故障密度为

$$f(t) = \frac{m}{\eta}\left(\frac{t}{\eta}\right)^{m-1}\exp\left[-\left(\frac{t}{\eta}\right)^m\right]; t \geq 0, m, \eta > 0 \quad (2-54)$$

分布函数为

$$F(t) = 1 - \exp\left[-\left(\frac{t}{\eta}\right)^m\right] \quad (2-55)$$

将 $\gamma_0 \neq 0$ 的威布尔分布称为三参数威布尔分布。通常所说的威布尔分布一般是指两参数威布尔分布，如不作特别说明，下面提到的威布尔分布均指的是两参数威布尔分布。威布

尔分布的故障密度函数如图 2-14 所示。

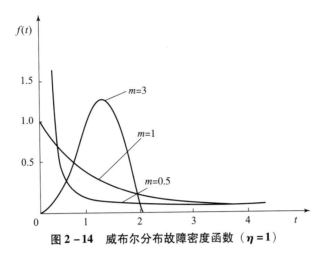

图 2-14 威布尔分布故障密度函数（$\eta=1$）

设随机变量 $T \sim W(m,\eta)$，则 T 的均值为

$$E(T) = \eta\Gamma\left(1 + \frac{1}{m}\right) \tag{2-56}$$

T 的方差为

$$D(T) = \eta^2\left\{\Gamma\left(1 + \frac{2}{m}\right) - \left[\Gamma\left(1 + \frac{1}{m}\right)\right]^2\right\} \tag{2-57}$$

可靠度函数为

$$R(t) = 1 - F(t) = \exp\left[-\left(\frac{t}{\eta}\right)^m\right] \tag{2-58}$$

威布尔分布可靠度函数如图 2-15 所示。

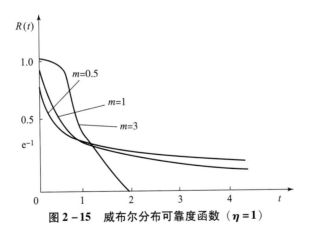

图 2-15 威布尔分布可靠度函数（$\eta=1$）

故障率函数为

$$\lambda(t) = \frac{f(t)}{R(t)} = \frac{m}{\eta}\left(\frac{t}{\eta}\right)^{m-1} \tag{2-59}$$

选用不同的形状参数 m，威布尔分布可用于描述早期故障期、偶然故障期和耗损故障期

三种故障规律：$m > 1$ 时，故障率呈上升趋势，可用于描述耗损故障，特别是当 $m \approx 3$ 时，威布尔分布与正态分布相近；当 $m = 1$ 时，威布尔分布退化成指数分布，故障率恒定，可用于描述偶然故障；当 $m < 1$ 时，故障率呈下降趋势，可用于描述早期故障，如图 2-16 所示。可见，威布尔分布对各种故障类型数据的拟合能力很强。威布尔分布的公式如表 2-7 所示。

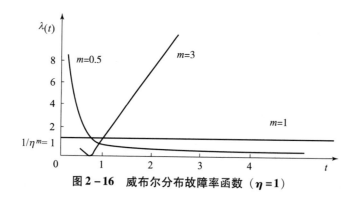

图 2-16 威布尔分布故障率函数（$\eta = 1$）

表 2-7 威布尔分布的公式

两参数公式	三参数公式
概率密度函数 $f(t) = \dfrac{m}{\eta}\left(\dfrac{t}{\eta}\right)^{m-1} \exp\left[-\left(\dfrac{t}{\eta}\right)^m\right]$	概率密度函数 $f(t) = \dfrac{m}{\eta}\left(\dfrac{t-\gamma}{\eta}\right)^{m-1} \exp\left[-\left(\dfrac{t-\gamma}{\eta}\right)^m\right]$
分布（故障概率）函数 $F(t) = 1 - \exp\left[-\left(\dfrac{t}{\eta}\right)^m\right]$	分布（故障概率）函数 $F(t) = 1 - \exp\left[-\left(\dfrac{t-\gamma}{\eta}\right)^m\right]$
可靠度函数 $R(t) = \exp\left[-\left(\dfrac{t}{\eta}\right)^m\right]$	可靠度函数 $R(t) = \exp\left[-\left(\dfrac{t-\gamma}{\eta}\right)^m\right]$
故障率函数 $\lambda(t) = \dfrac{m}{\eta}\left(\dfrac{t}{\eta}\right)^{m-1}$	故障率函数 $\lambda(t) = \dfrac{m}{\eta}\left(\dfrac{t-\gamma}{\eta}\right)^{m-1}$
符号含义	t 为随机变量，$t \geq 0$（两参数），$t \geq \gamma$（三参数） m 为形状参数，无量纲，$m > 0$ η 为尺度参数，其单位同 t，$\eta > 0$ γ 为位置参数，其单位同 t，$\gamma > 0$

2.4.2.5 伽马分布

伽马分布故障密度函数为

$$f(t) = \frac{1}{\beta^\alpha \Gamma(\alpha)} t^{\alpha-1} e^{-\frac{t}{\beta}}, t \geq 0 \qquad (2-60)$$

式中：α 为形状参数；β 为尺度参数。

分布函数为
$$F(t) = 1 - \frac{1}{\beta^\alpha \Gamma(\alpha)} \int_t^{+\infty} t^{\alpha-1} e^{-\frac{t}{\beta}} dt, t \geq 0 \quad (2-61)$$

均值为
$$E(T) = \alpha\beta \quad (2-62)$$

方差为
$$D(t) = \alpha\beta^2 \quad (2-63)$$

工程实践中经常用伽马分布描述机械磨损之类的故障。

【示例2-1】

检验轴承的可靠性

抽取50个轴承为样本,考察其在稳定载荷条件下的运行情况,检验结果记录于表2-8,请据此检验这批轴承的可靠性。

表2-8 检验结果

时间/h	失效率/个	累积失效数 N_f/个	仍正常工作数 N_s/个
0	0	0	50
10	4	4	46
25	2	6	44
50	3	9	41
100	7	16	34
150	5	21	29
250	3	24	26
350	2	26	24
400	2	28	22
500	0	28	22
600	0	28	22
700	0	28	22
1 000	0	28	22
1200	1	29	21
2 000	1	30	20
3 000	1	31	19

解:

记样本零件总数为 N_0,到某时刻 t 累积失效数为 $N_f(t)$,仍正常工作数为 $N_s(t)$。

定义存活频率为

$$\bar{R}(t) = \frac{N_s(t)}{N_0}$$

则

$$\bar{R}(100) = \frac{N_s(100)}{N_0} = \frac{34}{50} = 0.68, \bar{R}(400) = \frac{N_s(400)}{N_0} = \frac{22}{50} = 0.44$$

定义累积失效频率为

$$\bar{F}(t) = \frac{N_f(t)}{N_0} = \frac{N_0 - N_s(t)}{N_0} = 1 - \frac{N_s(t)}{N_0} = 1 - \bar{R}(t)$$

则

$$\bar{F}(100) = \frac{N_f(100)}{N_0} = \frac{16}{50} = 0.32$$

$$\bar{F}(400) = \frac{N_f(400)}{N_0} = \frac{28}{50} = 0.56$$

当 $N_0 \to \infty$ 时,

$$\lim_{N_0 \to \infty} \bar{R}(t) = R(t), \lim_{N_0 \to \infty} \bar{F}(t) = F(t)$$

【示例 2-2】

计算某种零件的失效率

有 1 000 个相同的某种零件,已知其工作到第 3 年年末、第 4 年年末、第 5 年年末时失效零件数分别为 10 个、30 个、60 个,试计算这批零件在第 3 年年末、第 4 年年末时的失效率。

解:

根据下式,时间以年为单位,则 $\Delta t = 1$ 年。

$$\bar{\lambda}(t) = \frac{n_f(t + \Delta t) - n_f(t)}{n_s(t) \cdot \Delta t} = \frac{n_f(t + \Delta t) - n_f(t)}{(N_0 - n_f(t)) \cdot \Delta t} = \frac{\Delta n_f(t)}{n_s(t) \cdot \Delta t}$$

$$\bar{\lambda}(3) = \frac{n_f(t + \Delta t) - n_f(t)}{(N_0 - n_f(t)) \cdot \Delta t} = \frac{\Delta n_f(t)}{n_s(t) \cdot \Delta t} = \frac{30 - 10}{(1\,000 - 10) \times 1} = 2.02\%$$

$$\bar{\lambda}(4) = \frac{n_f(t + \Delta t) - n_f(t)}{(N_0 - n_f(t)) \cdot \Delta t} = \frac{\Delta n_f(t)}{n_s(t) \cdot \Delta t} = \frac{60 - 30}{(1\,000 - 30) \times 1} = 3.09\%$$

【示例 2-3】

计算某种产品的失效率和失效概率密度

对 100 个某种产品进行寿命试验,在 $t = 100$ h 以前没有失效,而在 100~105 h 有 1 个失效，到 1 000 h 前共有 51 个失效，1000 ~ 1 005 h 有 1 个失效，分别求出 100 h 和 1 000 h 时的产品失效率和失效概率密度。

解：

$t = 100$ h 时，据题意有

$$N_0 = 100, n_s = 100$$

$$\Delta n_f(100) = 1, \Delta t = 105 - 100 = 5(\text{h})$$

$$\bar{\lambda}(100) = \frac{\Delta n_f(100)}{n_s(100) \cdot \Delta t} = \frac{1}{100 \times 5} = 0.2\%$$

$$\bar{F}(100) = \frac{1}{n} \cdot \frac{n_f(100)}{\Delta t} = \frac{1}{100} \times \frac{1}{5} = 0.2\%$$

$t = 1 000$ h 时，据题意有

$$N_0 = 100, n_s(1\,000) = 100 - 51 = 49$$

$$\Delta n_f(100) = 1, \Delta t = 105 - 100 = 5(\text{h})$$

$$\bar{\lambda}(100) = \frac{\Delta n_f(1\,000)}{n_s(1\,000) \cdot \Delta t} = \frac{1}{49 \times 5} = 0.4\%$$

$$\bar{F}(100) = \frac{1}{n} \cdot \frac{n_f(1\,000)}{\Delta t} = \frac{1}{100} \times \frac{1}{5} = 0.2\%$$

【示例 2–4】

计算某种产品的故障率

在 $t = 0$ 时，有 100 个产品开始工作，工作 100 h 时，发现 2 个产品发生故障；继续工作 10 h，又有一个产品发生故障。求 $\hat{f}(100)$ 和 $\hat{\lambda}(100)$ 故障率为多少？再假设工作到 1 000 h 时，有 10 个产品发生故障，工作到 1 010 h 时，总共发生故障的产品有 11 个，求 $\hat{f}(1\,000)$ 和 $\hat{\lambda}(1\,000)$ 故障率为多少？

$$\hat{f}(100) = \frac{\Delta r(100)}{N} \times \frac{1}{\Delta t} = \frac{1}{100} \times \frac{1}{10} = \frac{1}{1\,000} = 0.1\%$$

$$\hat{\lambda}(100) = \frac{\Delta r(100)}{N - r(100)} \times \frac{1}{\Delta t} = \frac{1}{100 - 2} \times \frac{1}{10} = \frac{1}{980} = 0.102\%$$

$$\hat{f}(1\,000) = \frac{\Delta r(1\,000)}{N} \times \frac{1}{\Delta t} = \frac{11 - 10}{100} \times \frac{1}{10} = \frac{1}{1\,000} = 0.1\%$$

$$\hat{\lambda}(1\,000) = \frac{\Delta r(1\,000)}{N - r(1\,000)} \times \frac{1}{\Delta t} = \frac{11 - 10}{100 - 10} \times \frac{1}{10} = \frac{1}{900} = 0.11\%$$

【示例 2-5】

某火炮可靠性参数

火炮可靠性指标常用可靠度、故障频率、平均无故障射击发数来表示。

1. 可靠度

火炮可靠度是火炮的一种能力,这种能力以概率表示。

2. 故障频率

火炮在规定条件下和规定射击发数内,发生故障次数与累积射击发数之比称为火炮故障频率。当试验次数无限多时,故频率就趋于一个不稳定值,这个值就是故障概率。

3. 平均无故障射击发数

试验中,在累积射击发数内所发生故障的总次数除以累积射击发数为火炮累积故障率。火炮累积故障率的倒数为平均无故障射击发数,用 MRBF 表示,也称平均故障间隔发数。平均致命故障间隔发数,用 MRBCF 表示。

火炮的电气部分平均故障间隔时间用 MTBF 表示;平均致命故障间隔时间用 MTBCF 表示。

火炮的底盘部分平均故障间隔里程用 MMBF 表示;平均致命故障间隔里程用 MMBCF 表示。

4. 寿命

在研究产品可靠性时,有时会更关心产品的寿命特征量,如平均寿命、可靠寿命、使用寿命等。火炮寿命一般用射击发数来表示。

火炮的寿命主要指使用寿命。火炮的使用寿命判据是主要零部件失效或火炮射击精度下降到超过规定精度要求。

【示例 2-6】

国内外火炮可靠性指标比较

目前,美国、俄罗斯、瑞士等国家的火炮可靠性指标已达到了较高的水平,平均无故障射击发数值显著地增加了。表 2-9 是各类自动炮可靠性有关指标的比较。从表 2-9 中可以看出,我国与上述国家存在较大差距。从这一比较中也能说明加强火炮可靠性研究的重要性。

表 2-9 各类自动炮可靠性有关指标的比较

火炮自动机名称	国别	口径/mm	射速/(发·min^{-1})	寿命/发	MTBF/发
XX 式 57 高炮	中国	57	120		200
XX 式 25 舰炮	中国	25	450		400
XX 式 30 舰炮	中国	30	1 000		400
XX 式 25 高炮	中国	25	800	6 000	333
XX 式车载 25 炮	中国	25	变射频	6 000	200
XX 型 23 航炮	中国	23	800	6 000	666
XX 型 23 航炮	中国	23	1 150	6 000	666
XX 型 23 航炮	中国	23	3 400	4 000	500
XX 型 23 航炮	中国	23	6 000	15 000	2 000
XX 型 30 航炮	中国	30	850	2 000	500
XX 型 30 航炮	中国	30	1 350	2 000	500
M242 型自动炮	美国	25	变射频	13 000	25 000
KDB 型自动炮	瑞士	35	550		2 500
630 型自动炮	俄罗斯	30	6 000	10 000	>20 000

【示例 2-7】

某轮式车辆可靠性指标

某轮式车辆可靠性指标如表 2-10~表 2-12 所示。

表 2-10 某轮式车辆可靠性指标

序号	部件	指标名称	指标参数
1	整车	可达可用度	≥81%
2	底盘	平均故障间隔里程	≥1 300 km
3	传动系统主要部件	耐久性：首次大修前工作里程	≥30 000 km
4	行动系统主要部件	耐久性：首次大修前工作里程	≥15 000 km
5	轮胎	寿命	≥150 000 km
6	轮胎	单个轮胎总成平均更换时间	≤35 min

表 2–11 某车辆可靠性分配结果

总成名称	评分因子					评分 ω_i	可靠性分配结果		
	复杂程度因素	技术成熟水平因素	工作时间因素	故障后果因素	环境条件因素		评分系数 c_i	故障率	MTBF /km
底盘系统	8	6	8	5	8	15 360	0.574 506 284	0.002 872 531	348.125
信息系统	3	2	8	7	7	2 352	0.087 971 275	0.000 439 856	2 273.469
作业系统	5	4	7	8	6	6 720	0.251 346 499	0.001 256 732	795.714
某系统	4	2	6	8	6	2 304	0.086 175 943	0.000 430 880	2 320.833
合计						26 736	1		

表 2–12 某车辆可靠性预计表

编号	系统	分系统	主要设备名称	预计故障率
1	底盘系统	动力及辅助系统	发动机（集成发电机）	0.000 1
2			冷却系统	0.000 166 67
3			空气供给系统	0.000 166 67
4			排气系统	0.000 166 67
5		传动系统	侧减速器	0.000 1
6			电机减速器	0.000 2
7			行动系统	0.000 8
8		操纵系统	电液控制系统	0.000 2
9			机械制动系统	0.000 231 75
10			油门踏板	0.000 174
11		防护系统	控制系统	0.000 143
13		电源管理系统	高压电源管理系统	0.000 1
14			低压电源管理系统	0.000 1
15			感知系统	0.000 12
		底盘系统合计		0.002 768 8
16	信息系统	多平台信息网	车载终端	0.000 189 228
17			整车控制器	0.000 346 71
18		综合电子信息系统	主控计算机	0.000 623 854
19			主显示器	0.000 105 902
20			副显示器	0.000 599 292
21			显控一体机	0.000 107 904
		信息系统合计		6.5763E−05

续表

编号	系统	分系统	主要设备名称	预计故障率
22	系统	作业系统	作业装置	6.63717E-06
23			驱动电机	6.63717E-06
24			柱塞变量泵	0.000132743
25			齿轮泵	0.000132743
26			PVG-4 多路阀	0.000331859
27			大臂举升液压缸Ⅰ	5.30974E-05
28			大臂举升液压缸Ⅱ	5.30974E-05
29			伸缩臂液压缸	5.30974E-05
30			角度调整油缸	5.30974E-05
31			开合液压缸	5.30974E-05
32			作业系统控制器	5.30974E-05
33			驱动电机控制器	5.30974E-05
		作业系统合计		0.000982301
34		某系统	×××	0.000 133 333
35			×××	2.46667E-05
36			××	2.93333E-05
37			××	2.93333E-05
38			控制系统	0.000 012 4
39		某系统合计		0.000 229 067
	整车合计			0.002 789 822

第 3 章

可 靠 性 管 理

3.1 概 述

3.1.1 可靠性管理的概念

可靠性管理是指为确定和满足产品可靠性要求进行的一系列组织、计划、协调、监督等工作。为了保证产品可靠性要求的实现，对产品实行全寿命周期管理至关重要。可靠性管理是发展高可靠性产品的基本保证，也是一项对产品质量建设及其效能发挥有着全局性影响的工作。

可靠性管理包括时间、对象、内容、组织机构 4 个维度，如图 3 – 1 所示。

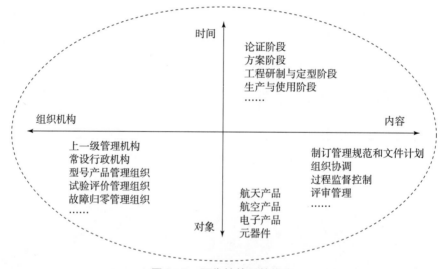

图 3 – 1 可靠性管理的维度

1. 时间

可靠性管理的时间阶段。可靠性管理覆盖产品的整个寿命周期，包括论证阶段、方案阶段、工程研制与定型阶段、生产阶段与使用阶段等。

2. 对象

可靠性管理的对象包括航天产品、航空产品、电子产品、特定型号产品、元器件的可靠性管理等。

3. 内容

可靠性管理的实施内容，包括制订可靠性管理规范和文件、制订可靠性工作计划，进行可靠性活动的组织协调，实施可靠性过程监督、控制和评审等。

3.1.2 可靠性管理的基本职能

可靠性管理的基本职能是通过制订计划，建立或明确可靠性工作的组织机构和职责，对整个产品寿命期中的各项可靠性活动进行监督、控制和指导，以尽可能少的经费投入实现规定的可靠性要求。

1. 计划

计划，即对产品全寿命周期的可靠性工作进行全面规划，确订可靠性工作目标，以及为达到此目标而采取的方针、方法、准则和需求的资源，以解决可靠性工作做什么、谁来做、何时做、如何做等问题。计划包括可靠性工作计划等。

2. 组织

组织，即建立由各级工程管理部门、技术部门和人员组成的可靠性管理组织机构，明确组织机构中科研计划、质量管理、技术培训等部门，以及各成员之间的关系和权限，逐级落实可靠性管理和技术责任制。

3. 协调

为了实现管理的目标以达到规定的可靠性要求，可靠性管理组织应依据计划的方针、方法、准则、程序和资源，协调各部门以及各成员的工作，保证可靠性工作的有序开展。

4. 监督与控制

监督与控制，即对各项可靠性工作的完成情况进行检查，并将检查结果与预定要求进行比较，若偏差较大，则应采取控制措施。

3.1.3 可靠性工作的基本原则

开展可靠性工作的目标是保证研发的产品或改进的产品达到规定的可靠性定性、定量要求，以满足用户对产品的可用性、任务成功性和安全性的要求，降低对维修和保障资源的要求，减少寿命周期费用，最终使用户满意。为此，必须系统地开展可靠性工作。可靠性工作的基本原则如下：

（1）产品研发必须有可靠性、维修性、测试性、保障性、安全性等定性、定量要求，这些要求应合理、科学，并且可实现。

（2）可靠性工作必须遵循预防为主、早期投入的方针。应把预防、发现和纠正设计、制造中的缺陷和故障以及消除单点故障作为可靠性工作的重点。

（3）必须把可靠性工作纳入产品设计和开发的策划中，统一规划，协调进行。并行工程是实现综合协调的有效工程途径。

（4）必须遵循采用成熟设计的可靠性设计原则，控制未经充分验证的新技术在产品开发中所占的比例，一般不应超过30%，否则技术风险很大。应认真分析和借鉴已有相似的产品在研制过程中的经验和教训以及使用可靠性方面的缺陷，尽早采取有效的预防和改进措施以提高其可靠性。

(5) 软件的开发必须符合软件工程的要求，对关键软件应有可靠性要求并规定验证方法，应在有资质的软件测评机构进行测评。

(6) 应采用有效的方法和控制程序，以减少制造过程对可靠性带来的不良影响，如采用统计过程控制、过程故障模式以及影响分析和环境应力筛选等方法来保证可靠性设计的实现。

(7) 尽可能通过规范化工程途径，运用有关标准、规范、手册或有效的工程经验，开展各项可靠性工作，并将实施效果形成报告。

(8) 必须加强对设计开发过程和生产制造过程中可靠性工作的监督与控制。设置可靠性评审点，严格进行可靠性评审，以便尽早发现设计和工艺过程的薄弱环节。

(9) 应充分重视产品在用户使用过程中的可靠性，并对其使用可靠性进行评估。及时、完整、准确记录发生故障的信息和维修方面的信息，及时反馈，形成闭环管理，实现持续的改进。

(10) 在新产品开发过程中选择可靠性工作项目，应根据产品的特点、复杂和关键的程度、新技术的含量、费用、进度等因素，选择效费比高的工作项目。

3.1.4 武器装备研制过程应开展的可靠性工作项目

可靠性工作涉及产品寿命周期各阶段和系统各层次，包括要求确定、监督与控制、设计与分析、试验与评价以及使用阶段的评估与改进等各项可靠性活动。表 3-1 是 GJB 450B《装备可靠性工作通用要求》给出的可靠性工作项目应用矩阵，明确了产品寿命周期各阶段应开展的可靠性工作项目。

表 3-1 可靠性工作项目应用矩阵表

序号	工作项目编号	工作项目名称	论证立项	工程研制	鉴定定型	生产与使用
1	101	确定可靠性要求	√	√	×	×
2	102	确定可靠性工作项目要求	√	√	×	×
3	201	制订可靠性计划	√	√	△	△
4	202	制订可靠性工作计划	△	√	△	△
5	203	对承制方、转承制方和供应方的监督和控制	△	√	√	√
6	204	可靠性评审	√	√	√	√
7	205	建立故障报告、分析和纠正措施系统	×	√	√	√
8	206	建立故障审查组织	×	√	√	√
9	207	可靠性增长管理	×	√	√	○
10	208	可靠性设计核查	×	√	√	○
11	301	建立可靠性模型	△	√	√	○
12	302	可靠性分配	△	√	√	○

续表

序号	工作项目编号	工作项目名称	论证立项	工程研制	鉴定定型	生产与使用
13	303	可靠性预计	△	√	√	○
14	304	故障模式、影响及危害性分析	△	√	√	△
15	305	故障树分析	×	√	√	△
16	306	潜在分析	×	√	√	○
17	307	电路容差分析	×	√	√	○
18	308	可靠性设计准则的制订和符合性检查	△	√	√	○
19	309	元器件、标准件和原材料的选择与控制	×	√	√	√
20	310	确定可靠性关键产品	×	√	√	○
21	311	确定功能测试、包装、存贮、装卸、运输和维修对产品可靠性的影响	×	√	√	○
22	312	振动仿真分析	×	√	√	○
23	313	温度仿真分析	×	√	√	○
24	314	电应力仿真分析	×	√	√	○
25	315	耐久性分析	×	√	√	○
26	316	软件可靠性需求分析与设计	△	√	√	○
27	317	可靠性关键产品工艺分析与控制	△	√	√	√
28	401	环境应力筛选	×	√	√	√
29	402	可靠性研制试验	×	√	√	○
30	403	可靠性鉴定试验	×	×	√	√
31	404	可靠性验收试验	×	×	△	√
32	405	可靠性分析评价	×	×	√	√
33	406	寿命试验	×	△	√	△
34	407	软件可靠性测试	×	△	√	○
35	501	使用可靠性信息收集	×	×	×	√
36	502	使用可靠性评估	×	×	×	√
37	503	使用可靠性改进	×	×	×	√

注："√"表示该阶段使用的工作项目；"△"表示该阶段可选用的工作项目；"○"表示该阶段产品设计更改时使用的工作项目；"×"表示该阶段不适用的工作项目。

3.2　可靠性工作计划的制订

3.2.1　目的与作用

承研单位制订可靠性工作计划的目的：通过制订和实施可靠性工作计划，确保装备满足合同规定的可靠性要求。

可靠性工作计划的作用：

（1）有利于从组织、人员、经费以及进度安排等方面保证可靠性要求的落实和管理。

（2）反映承研单位对可靠性要求的保证能力及其对可靠性工作的重视程度。

（3）便于评价承研单位实施控制可靠性工作的组织、资源分配、进度安排和程序是否合理。

3.2.2　编制可靠性工作计划的一般要求

1. 制订可靠性工作计划的原则

（1）可靠性工作计划应覆盖产品的整个寿命周期。

（2）尽可能制订、实施各工作项目的日程表，以便审查计划的进展情况。

（3）预算执行各项任务所需的设备、经费、时间，明确负责人的职责和权限。

（4）应有定期检查计划执行情况的要求，必要时对计划进行补充和修正。

2. 制订可靠性工作计划应考虑的因素

可靠性工作计划是产品研制、生产计划的一部分，其内容应统一、协调。制订可靠性工作计划应考虑的因素：

（1）产品可靠性水平的高低。产品可靠性要求越高，工作安排应越细，可靠性工作项目越多。

（2）应针对产品研制的不同阶段，制订不同的工作项目。

（3）应统筹考虑产品研制的其他要求，如资金和进度等。

3. 计划的评审

应对可靠性计划和可靠性工作计划进行评审，可靠性工作计划还应得到订购方的认可。随着武器装备研制工作的进展，应结合研制节点对可靠性工作计划的执行情况进行检查和评审，以确定可靠性工作的有效性，及时发现问题并加以纠正。

4. 计划的监控

为保证计划目标的实现和各项可靠性工作按要求进行，必须对可靠性活动进行连续的跟踪与监督，及时了解计划的进展情况和出现的问题，给予及时指导和协调。应设立一系列监控点，对计划的进展情况进行评价和监控。可靠性计划一旦通过评审或确认后，订购方和承研单位的可靠性管理机构必须运用调查、报告、检查评审和考核等手段，对计划实施全过程的监督与控制，发现问题，要修改完善计划。

5. 动态管理

随着研制工作的进展，可靠性计划和可靠性工作计划是需要不断调整和完善的，计划的修改必须履行一定的报批手续，可靠性工作计划的修改还需要经订购方认可。

3.3 装备研制过程及管理

3.3.1 研制各阶段的可靠性管理

1. 论证阶段的可靠性管理

（1）使用方在进行装备战术技术指标论证的同时，还应进行可靠性指标的论证。

（2）任务招标单位应对国内外同类装备的可靠性水平进行分析，以便根据新的需求提出既先进又可行的指标。

（3）提出装备的寿命剖面、任务剖面及其他约束条件，以及对这些指标的考核或验证方案的设想。

（4）对可靠性经费需求进行风险分析。

（5）在进行战术技术指标评审的同时，应对可靠性指标进行评审，最后纳入研制总要求中。

2. 方案阶段的可靠性管理

（1）确订可靠性定性、定量要求及相应的考核或验证方法，并对其实施评审。

（2）制订可靠性工作计划。

（3）制订产品专用的可靠性规范、指南等技术文件。

（4）建立故障报告、分析和纠正措施系统。

（5）对产品的可靠性进行初步分析，并与费用、进度等因素进行综合权衡，确定达到定性、定量要求必须采取的技术方案。

（6）在方案评审时，应将可靠性作为重点内容之一进行评审。

（7）预算可靠性经费。

3. 工程研制阶段的可靠性管理

在工程研制阶段，研制单位应实施可靠性工作计划，开展可靠性设计、分析和试验工作。完成试制任务后，对其可靠性进行验证。阶段评审时应包括对实施可靠性工作计划的评审。具体应进行以下管理工作：

（1）装备结构设计的管理。根据基本方案进行具体的结构设计，并贯彻可靠性要求，对性能、可靠性、费用进行权衡。在某些情况下，可适当降低性能的要求以保证可靠性要求的实现。

（2）进行可靠性的进一步分配。由系统分配至分系统、设备的指标分配至元器件与工艺，然后，再分配至每一个大类，即每一个元器件、结构件以及导线、焊点、紧固点。不但要分配失效率，而且要分配生产制造过程中的不良率。

同时，还要进行部门的分配。从总体部门分配至设计、工艺、供应等各部门，直至每个工序和工位。分配的基本方法是"现场统计加修正"：现场统计是指将相似设备的制造和使用过程所积累的数据作为分配的基础；加修正是根据改进的可靠性进行必要的修正和协调，使分配更趋合理。

（3）组织进行初样机的可靠性设计。在初样机的结构方案确定后，组织设计人员及可靠性工程师进行各项具体设计。可靠性设计的主要工作如下。

①确定可靠性定量、定性要求及验证方案。
②进行初样机可靠性建模与预计。
③进行故障模式影响分析和故障树分析。
④制订和贯彻可靠性设计准则。
⑤制订和实施元器件大纲。
⑥进行与软件有关的可靠性设计。
⑦进行保障性安全性分析与设计。
⑧正确处理可靠性设计与试验的关系。
⑨建立并深化故障报告、分析与纠正措施系统。

（4）制订保障计划和保障方案。应按 GJB 3872《装备综合保障通用要求》，依据保障方案和产品设计进展，制订保障计划。保障方案和保障计划的制订与完善为保障资源的协调与匹配提供了保证。

（5）进行可靠性分析。根据实际条件，采用有关方案进行可靠性预计及安全性分析，同时进行 FMECA 及 FTA 等分析，检查是否能达到设计目标，及时发现设计中的薄弱环节。最终的可靠性预计值必须大于或等于统计试验方案的上限值，保证在进行可靠性鉴定试验时以大概率通过。

（6）进行可靠性设计评审。可靠性设计评审主要包括可靠性设计的先进性、经济性、可行性和可检验性，指出存在问题，提出建议，并形成设计评审报告。设计评审报告应包括以下工作：

①所采用的可靠性设计技术与实施方法是否已将可靠性设计指标设计到产品中，并可通过工艺实践能将其制造出来。
②可靠性薄弱环节及其控制措施的有效性。
③所采用的材料、结构和工艺能否能保证产品的可靠性要求。
④技术性能与可靠性是否同时得到了优化，是否达到满足设计指标的程度。

可靠性评审组还应对元器件的选择与降额应用、热设计、电磁兼容设计、漂移设计、"三防"设计、抗振设计、冗余设计、潜在电路分析、结构设计、机械概率设计、人机工程设计、失效安全设计、安全性设计、工艺设计等进行评审，以发现薄弱环节并进行改进。从工程的实际情况来看，元器件的选择与降额应用、工艺设计、电磁兼容设计及安全性设计是突出的薄弱环节，必须加强。

另外，对原理图、结构图、印制电路板图、可靠性预计与分析报告、新采用的元器件认定报告、关键电路、结构、工艺试验报告以及各项具体的可靠性设计文件要进行评审和会签，及时发现并纠正设计缺陷。

4. 设计定型阶段的可靠性管理

在设计定型阶段主要考核型号武器的可靠性是否达到《研制任务书》和合同的要求。定型试验大纲要包括可靠性鉴定试验项目。组织定型评审时，对可靠性是否满足《研制任务书》和合同要求等进行评审。最后,将可靠性鉴定试验结果和可靠性工作计划的实施情况反映在定型文件中。

在设计定型阶段,还应进行以下管理工作:

(1) 组织样机的元器件、组件、设备筛选。对于高可靠性产品以及重要的产品,对样机的元器件、组件、设备进行可靠性筛选,为制定正式的产品筛选条件提供依据。必须强调指出的是,进行筛选试验的样机,今后在生产中也必须进行同样的筛选,否则可靠性鉴定试验的结论是无效的。

(2) 组织样机的系统联试和现场试用。在环境试验和可靠性鉴定合格的条件下,组织样机的现场试用以及保障性鉴定试验,验证样机的匹配性及协调性。根据现场暴露的缺陷以及用户意见进一步改进设计与工艺。

(3) 组织设计定型的可靠性设计评审。根据可靠性设计报告、性能测试报告、环境试验报告、可靠性增长试验报告、可靠性鉴定试验报告、电磁兼容试验报告、原材料及元器件认定试验报告、现场和用户试用报告以及设计、工艺文件,组织进行设计定型的可靠性评审,进一步完善设计及相应的文件,为批量试制生产做好准备。

(4) 根据 GB 1362 A《军工产品定型程序和要求》,在设计定型时,应在设计定型审查会议上提供可靠性分析评价报告。

5. 生产定型阶段的可靠性管理

在生产定型阶段主要鉴定或评审批量生产条件下产品可靠性保证措施的有效性,以及技术状态的更改对其影响的研究和评审。此阶段的主要工作如下。

(1) 按合同规定的方法验证产品在批量生产条件下保证产品可靠性措施的有效性。

(2) 在生产过程中,加强质量控制;采取波动小的工艺技术;加强生产过程中环境应力筛选;当对零部件、工艺装备等技术状态更改时,必须分析其对可靠性的影响,并履行有关审批手续。

(3) 继续加强对转承研单位和供应方的监控以及外协件的入库检验。

(4) 在试生产、试验过程中,应使故障报告、分析和纠正措施系统(FRACAS)正常运行,促使产品可靠性继续增长。

3.3.2 生产阶段的可靠性管理

生产阶段的可靠性管理任务是进行生产过程的质量控制,确保生产出来的产品达到预期的可靠性水平。此阶段的主要工作如下。

(1) 在生产过程中加强质量控制;采用成熟的工艺技术,加强生产过程对零部件、加工工序、工艺装备等的质量管理;当技术状态更改时,必须分析其对产品可靠性的影响,并履行有关的审批手续。

(2) 继续加强对转承研单位和供应方的监督及外协件的进厂复验。

(3) 确保在试生产、试用、批生产过程中 FRACAS 系统正常运行,促使产品的可靠性继续增长。

(4) 对保障资源的生产和配套性进行管理。

3.4　可靠性评审

可靠性评审是可靠性管理的一项重要工作。可靠性评审是一种运用及早告警的原理和同行专家评议的原则，充分利用专家群体的智慧和经验弥补开发团队和个人可能的不足和局限，对产品研发过程中的可靠性设计、制造、试验等各项工作进行监控的管理手段。在产品设计开发的策划或产品可靠性保证大纲中应事先规定若干关键的评审控制点，组织非直接参加研发的同行专家和有关部分的代表，对设计、制造和试验中的可靠性工作进行详细的审查，以便及时发现潜在的设计缺陷或薄弱环节，提高设计的成熟度，降低决策的风险。

可靠性评审的作用如下：

（1）评价产品设计是否满足规定的可靠性、维修性、安全性等要求，是否符合可靠性设计准则、规范及有关标准的要求。

（2）发现和确定薄弱环节和可靠性风险较高的部位，提出改进意见。

（3）全面检查产品可靠性，保证大纲实施的效果。

（4）减少设计更改，缩短开发周期，减少寿命周期费用。

可靠性评审不能改变"谁设计谁负责"和"谁总抓谁负责"的技术责任制度，更不能代替设计师决策。

可靠性评审过程是一种有计划、有组织、有结论的评审程序，评审的结论具有严肃性和权威性，被评审者应给予充分的关注和重视。对可能整改的一定要及时给予改进，制订具体改进措施；对于因条件受限的暂时不能实施的改进或认为不采纳的建议等必须做出说明。质量与可靠性管理部门应对评审结论的执行情况全过程进行跟踪和监督。

可靠性评审一定要强调评审的有效性，一定要克服评审"走过场"，严防"认认真真走过场"。评审有效性的标志是薄弱环节或设计缺陷是否被发现，是否针对发现的问题提出并实施了改进措施。提高评审有效性，可从以下几个方面着手：

（1）评审会前被评审者应充分准备详细的评审资料，防止以保密为借口不提供设计真实数据。

（2）评审前要根据评审的内容认真制订评审提纲和具体要求，防止泛泛而论。

（3）参加评审的专家应具有相关专业丰富的工程实践经验，并敢于直言；评审组应注意吸收不同观点的专家参加；评审组长不仅要有丰富的经验，还要有广博的知识，同时具有主持评审的组织能力。

（4）评审专家要有充分的时间阅读评审资料。评审资料要在评审会前送给专家审阅，保证专家能够有足够的时间审查、复算。

（5）让专家有充分的时间发表意见和讨论，与被评审者就技术问题进行质疑和讨论。

（6）评审结论应客观公正，所提建议应注意针对性和可操作性。

（7）对评审结论和建议一定要跟踪监督。

3.5 故障报告、分析及纠正系统

3.5.1 概述

武器系统如果在研制阶段早期发现故障不仅是正常的,这对及早暴露设计和工艺的内在缺陷、改进设计和工艺、加强制造过程的质量控制以及实现可靠性增长是极为有利的,同时也会减少损失,缩短研制周期。

可靠性信息系统是指以装备为受控对象,以系统论和控制论为指导,由一定的组织、人员、设备和软件组成的,按照规定的程序和要求,从事可靠性信息工作,以支持和控制可靠性工程活动有效运行的系统。可靠性信息所具有的特征决定了它是一个多层次、多环节、多专业的相互关联的复杂系统。

建立故障报告、分析和纠正系统(FRACAS)的目的是及时报告产品的故障,分析故障原因,制订和实施有效的纠正措施,以防止故障再现,改善产品的可靠性和维修性。建立该系统是促进产品可靠性增长、提高产品质量的重要手段。

可靠性管理是通过制订目标、组织实施、督促检查,根据检查取得的信息及时给出处理决策以控制和提高产品可靠性,完成管理上的一个个循环。要实现上述目的,首先必须使可靠性信息流通形成闭环。在研制过程中,可靠性信息闭环管理的有效方法是建立建立故障报告、分析和纠正系统。一切可靠性活动都是围绕故障展开的,都是为了防止、消除和控制故障的发生,所以,对研制、制造、试验过程中出现的故障,一定要充分利用故障信息去分析、评估。建立故障报告、分析和纠正系统应按规定的程序进行,使可靠性信息形成闭环。

故障报告、分析及纠正系统主要用于产品的研制阶段,也适用于生产阶段和使用阶段。因为在研制阶段采取纠正措施时选择的灵活性最大,最易于实施,效果也最明显。在生产阶段和使用阶段也可以采取纠正措施,但将会受到很大的限制。因此,承制单位应及早建立该系统。

建立故障报告、分析和纠正系统的主要任务就是对可靠性信息系统的建立和运行的管理,其主要的工作内容如下:

(1) 制订必要的规章制度和有关规定。为保证可靠性信息系统正常的运行,要制定信息工作的政策、法规、标准和规范,以及信息组织的管理章程和有关的工作细则等,使信息工作制度化和规范化。

(2) 进行信息工作技术的基础建设。为开展可靠性工作的需要应进行必要的技术设计,制定信息代码系统,编制配套的计算机数据库和分析软件,开展信息分析处理、传递和应用等信息技术和方法的研究工作。

(3) 进行信息需求的分析。对信息的实际需求是开展信息工作的依据。各级信息组织和信息用户都应进行信息需求分析,明确信息收集的内容和工作重点,以节约人力和财力,提高信息工作的实际效益。

(4) 实施信息的闭环管理。对信息实施闭环管理是开展可靠性信息工作的基本原则。信息的闭环管理有两层含义:一是信息流程要闭环;二是信息系统要与有关的工程系统相结合,不断地利用信息解决实际问题,形成闭环控制。因此,要依据对信息的需求,对信息流程的每个环节进行有效管理,并对信息的应用效果进行不间断的跟踪。

(5) 信息员的技术培训。信息工作人员的素质是搞好信息工作的关键。要有计划地开展技术培训工作,建立一支从事可靠性信息工作的专业队伍。

(6) 考核和评定信息系统的有效性。对信息系统应进行定期的考核和评估,以提高信息系统运行的有效性。

3.5.2 故障报告、分析及纠正系统的建立

3.5.2.1 制订故障报告闭环系统的计划

制订故障报告闭环系统的计划包括以下内容:
(1) 故障报告、故障分析和纠正措施反馈的程序。
(2) 故障信息传递和故障件处理的流程图。
(3) 故障分析和纠正措施实施状态的跟踪与监控的程序。
(4) 故障审查组织的职权和其办事机构的职责等内容。

该计划应有如何实现故障报告闭环系统的初步方案,具体内容如下:
(1) 应有一套用来控制故障报告、故障分析和纠正措施反馈的程序。
(2) 应有反映故障发生、分析和纠正整个过程的流程图,图 3-2 为故障报告闭环分析和纠正措施系统流程。

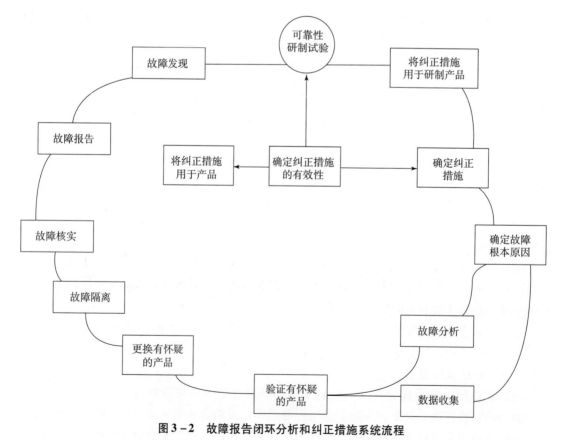

图 3-2 故障报告闭环分析和纠正措施系统流程

(3) 应有故障信息和故障件在承研单位内部流通的程序。

(4) 应有故障报告、故障分析和纠正措施报告的格式，表格的形式应考虑填写简便，有利于故障信息的追溯和便于所需信息的提取。

3.5.2.2 建立故障报告闭环系统

故障报告闭环系统应保证对合同规定层次的产品在研制阶段和生产阶段所发生的故障进行及时报告、分析和纠正。承研单位应将所承制的产品在研制阶段以及生产阶段发生的故障信息汇总到信息系统中，以利于跟踪故障和纳入相应的故障文件。承研单位应利用现有的信息收集、分析和纠正系统，只有该系统不能满足订购方的要求时才进行修改。

故障报告闭环系统应尽早地建立和运用，因为在设计进展期间选择方案时，根据已知的故障原因，可以进行较大的设计更改。在生产阶段或使用阶段虽然也能采取纠正措施，但方案选择受到限制，实施也更困难。故障原因弄清得越早，切实的纠正措施采取得越及时，承研单位与使用方取得的收益就越快、越大。对于那些需要做较多工作的故障，及早采取纠正措施还有利于提前摸清什么措施更为有效。对可能发生的故障，应进行早期调查分析，采取纠正措施，避免使问题积压起来。

3.5.2.3 成立的故障审查组织

为了审查重大故障、故障趋势及纠正措施，承研单位可成立专门的故障审查组织，也可由能完成故障审查任务的机构负责此项工作。故障审查机构与质量保证部门的工作应协调一致。

1. 故障审查组织的组成

故障审查组织由承研单位的设计、生产、可靠性、维修性、安全性和质量保证等方面的代表组成，订购方可派代表参加。故障审查组织的办事机构由质量保证部门或其他技术部门承担。

2. 故障审查组织的职权

(1) 召开会议，审查产品研制阶段以及生产阶段出现的故障信息，包括承研单位和订购方反馈的故障信息，分析、评审有关产品的故障趋势和纠正措施的实施效果。

(2) 对重大的故障、频繁出现的故障，以及可靠性关键件和重要件的故障应及时开会分析，提出纠正意见。

(3) 有权要求承研单位对所承制的产品进行故障调查和分析，并评审其纠正措施。

(4) 对悬而未决的问题有权追查，并提出处理意见，必要时向有关领导部门报告。

3. 故障审查组织办事机构的职责

(1) 负责处理故障审查组织的日常事务工作。

(2) 负责对合同规定层次产品的故障报告进行收集、分类，并按规定程序传递及组织归档。

(3) 负责检查故障分析和纠正措施的进展情况。

(4) 负责提出故障趋势的意见。

(5) 负责提供故障审查组织召开审查会议需要的有关资料，并对会议记录进行归档。

3.5.2.4 故障文件的编制

对所有故障（故障原因）的调查和分析、采取的纠正措施及效果、故障审查活动等均应记录并保存，将这些记录编制成有统一编号的故障文件，以便检索、查阅和订购方在合同期内审查。故障文件除故障报告、故障分析报告和纠正措施实施报告外，还应编制故障概要或状态报告。

3.5.3 故障报告、分析及纠正系统的运行

3.5.3.1 故障报告、分析及纠正系统运行程序

如图 3-3 所示，整个运行程序围绕故障展开，包括故障发生、报告、核实、分析、纠正和闭环管理、归档等过程。

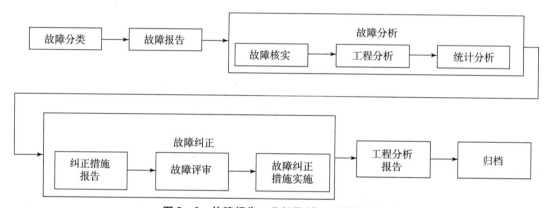

图 3-3 故障报告、分析及纠正系统程序图

3.5.3.2 故障报告

故障信息首先通过故障报告系统来建立。在研制和生产、试验过程中发生的所有硬件和软件故障，均应按规定的格式和要求进行记录，在规定的时间内向规定的管理部门进行报告。

合同规定层次产品所发生的故障都应及时报告。故障报告内容应包括识别故障件的信息、故障现象、试验条件、机内检测（BIT）指示、发生故障的产品工作时间、故障观测者、故障发生时机以及观测故障时的环境条件等。故障报告内容应准确填写。

任何情况下武器系统发生故障后，现场指挥人员和技术负责人、操作员都要向相应的管理部门报告，即使当场很快排除了也要报告。理由和目的很简单，这并不是为了追查责任，是为了使有关人员了解情况，改进设计和工艺，以提高武器系统的可靠性。故障管理的一项重要任务就是要建立一个故障报告系统，并要有一系列制度予以保证。故障报告系统控制的范围是整个武器系统研制、生产、使用各阶段和所有与之有关的单位，包括外购、外协件的研制和生产单位，要构成一个故障信息网。故障报告系统必须是一个强制性系统，可靠性管理机构对该系统指挥有困难时，可以通过行政管理系统以行政命令的方式强制进行。

故障报告系统应注意的问题如下：

（1）要充分利用武器系统研制、生产、使用过程中的已有信息渠道。

（2）故障信息员要选择责任心强及熟悉武器系统、分系统、设备和软件的人或熟悉技术工作的人担任，以使故障报告准确、及时、有效。

（3）故障报告要具有可追踪性。

3.5.3.3 故障核实

对报告的故障内容都应按发生故障时的实际情况进行核实。故障核实可通过重现故障模式或依靠故障证据（漏泄残余、损坏的硬件和机内检测指示等）来完成。对缺乏证据的情况应给予说明。

3.5.3.4 故障分析

对报告的故障应进行必要的分析，以确定故障原因。故障报告闭环系统应对故障调查和分析提供有关的文件资料。故障分析应从需要的硬件或软件产品层次进行，可采用试验、分解以及X射线、显微镜分析和应用研究等方法进行故障调查和分析。

故障分析的目的就是确定故障原因和机理，为制订纠正措施提供依据。故障分析首先应由专业人员审查故障信息，然后制订分析流程图，确定跟踪和监控故障分析工作的方法，以保证按时完成分析工作。

出现故障后，要求查明原因予以排除。排除故障是武器系统设计人员、工艺人员和工人的工作，他们在故障排除、设备正常运行后任务就完成了。但可靠性工作人员的任务并未结束，要对故障进行分析，分析的前提是对故障加以核实和确认。对有的故障还要求复现，以确定故障现象发生的条件。故障分析的方法主要有两种：

1. 工程分析

故障核实后，对故障产品或元器件进行测试、检查，必要时应解剖产品或元器件，进行理化分析，以弄清故障机理。有的元器件或产品还要送失效分析中心做出准确结论。故障分析后要有分析报告并归档备查。

2. 统计分析

对于研制、生产和使用阶段每个阶段的故障应进行统计，找出规律和发现薄弱环节以便改进设计和工艺；与此同时得出一个阶段的可靠性定量估计值，并且与前阶段比较得出可靠性增长情况的定量结论。

统计分析的结果要有报告并归档备查。

故障分析应按下述程序进行：

（1）故障调查与核实。应调查和核实故障产品的工作状态和环境情况，试验程序、方法和设备是否包含导致故障发生的因素。必要时，应做故障复现试验，以证实故障状态的各种数据。

（2）工程分析是故障核实后对故障产品进行测试、试验、观察和分析，确定故障部位，并弄清故障产生的机理。

（3）统计分析是收集同类产品的生产数量、试验和使用时间、已产生的故障数，估算该类故障出现的频率。

故障分析可采用工程或实验室的分析方法，具体内容如下：
(1) 设计师与可靠性工程师之间的技术讨论。
(2) 进行故障环境的调查。
(3) 进行 X 射线和显微镜分析等。
(4) 对某些特殊情况，采用实验室分析方法。
(5) 可与同类故障信息进行比较分析。
(6) 其他分析。

3.5.3.5 纠正措施

故障分析得出结论后，要采取措施予以纠正。故障纠正措施是可靠性工作机构提出由产品设计和工艺人员及工人实施的。这时可靠性管理机构要与研制生产计划部门和物资供应部门合作，应由责任单位制订纠正措施，编制相应的文件予以实施，防止或减少同类故障的再次发生。纠正措施应按工程更改程序的有关规定进行。

分析结果应反馈给专业技术人员，使他们可以采取适当的措施来解决，例如制造中实行新的控制方法、更改设计、更改工艺或材料、更换元器件等。实行纠正措施以后应加以监督，保证纠正措施能排除故障而且不产生新的问题。

通过故障分析查明故障原因和责任，以便有针对性地采取纠正措施。纠正措施要经过分析、计算和必要的试验验证，并经评审通过后方可付诸实施。

故障纠正活动完成后，应编写故障分析报告，汇集故障分析和纠正过程中形成的各种数据和资料，并归档。

3.5.3.6 故障闭环管理

对报告的每个故障应根据标准的要求及时地予以分析，采取纠正措施，使其取得效果，并使难处理的或尚未解决的故障减少到最低程度。在纠正措施实施并证实有效或对不采取纠正措施的故障说明理由以后，可以认为故障报告的工作已经完成。对悬而未决的问题应当及时审查，确定其终止日期，以确保及时结束故障报告工作。对未能采取纠正措施的情况，经故障审查组织核准后作为遗留问题，立案备查。

3.5.3.7 故障件的识别和控制

对所有的故障件应给出明显标记以便识别和控制，确保按要求进行处置。为便于进行故障调查和分析，必要时应对现场加以保护。故障调查和分析完成后，典型的、重要的故障件应妥善保管。

3.5.3.8 故障信息管理

故障信息应保证完整性和准确性。对所有报告的故障信息应统一管理和保存，保存时可采用文字档案和数据库的方式。

3.5.3.9 故障（问题）归零管理

我国军工行业在实施 FRACAS 的过程中提出了"质量问题双五条归零"的管理要求。

"质量问题双五条归零"是对产品研发过程的故障处理解决提供的一种简明直观的便于操作的管理方法。归零是指对产品发生的质量问题和故障从技术上的五个方面和管理上的五个方面逐项落实,并形成归零报告或相关文件。技术归零五条和管理归零五条统称"质量问题双五条归零"。

1. 技术归零五条

技术归零包括定位准确、机理清楚、问题复现、措施有效、举一反三。

(1) 定位准确。确定质量问题和故障发生的准确部位。

(2) 机理清楚。通过理论分析或试验手段,确定质量问题和故障发生的根本原因。

(3) 问题复现。通过试验或其他验证手段,确认质量问题和故障发生的现象,验证定位的正确性和机理分析的正确性。

(4) 措施有效。针对发生的质量问题和故障,采取纠正措施,经过验证,确保质量问题和故障得到解决。

(5) 举一反三。把发生质量问题和故障的信息反馈给相关部门,检查有无可能发生类似故障模式或机理的质量问题,并及时采取预防措施。

2. 管理归零五条

管理归零包括过程清楚、责任明确、措施落实、严肃处理、完善制度。

(1) 过程清楚。查明质量问题与故障发生和发展的全过程,从中找出管理上的薄弱环节或漏洞。

(2) 责任明确。依据规定的质量职责,分清造成质量问题的责任单位和责任人,并分清责任的主次大小。

(3) 措施落实。针对管理上的薄弱环节或漏洞,制订并落实有效的纠正措施和预防措施。

(4) 严肃处理。对于由管理原因造成的质量问题和故障应严肃对待,从中吸取教训,以达到警示和改进管理工作的目的。对重复性和人为质量问题的责任单位和责任人,应根据情节和后果,按规定给予批评教育或处罚。

(5) 完善制度。针对管理上的薄弱环节或漏洞,健全和完善规章制度,并予以落实,从制度上避免质量问题和类似故障的发生。

产品发生故障和质量问题有可能是技术原因引起的,也有可能是管理原因导致的,还有可能两方面原因并存。对于两方面原因并存情况的质量问题和故障,既要从技术方面归零,又要从管理方面归零。

第 4 章
系统可靠性模型

4.1 概 述

4.1.1 建立可靠性模型的目的

系统是由相互作用相互依赖的若干组成部分结合而成、具有特定功能的有机整体。本章使用的系统、单元是一种相对概念，可以按产品层次划分为零部件、组件、设备、分系统、系统、装备中任何相对的两层。系统包含单元，产品可以是任何层次的，也可以视为系统或单元。

系统的各种特性可以采用多种模型来描述。例如，原理图反映了系统及其组成单元之间的物理上的连接与组合关系，功能框图及功能流程图反映了系统及其组成单元之间的功能关系，可靠性模型则描述了系统及其组成单元之间的故障逻辑关系。

可靠性模型是对系统及其组成单元之间的可靠性/故障逻辑关系的描述。可靠性模型包括可靠性框图及其相应的数学模型。根据用途，可靠性模型可分为基本可靠性模型和任务可靠性模型。建立可靠性模型的主要目的如下：

（1）明确各单元之间的可靠性逻辑关系及其数学模型。
（2）利用模型进行可靠性定量分配和预计，发现设计中的薄弱环节，以改进设计。
（3）对不同的设计方案进行比较，为设计决策提供依据。

在建立可靠性模型时，应根据建模目的的不同，正确地区分基本可靠性模型与任务可靠性模型。

4.1.1.1 基本可靠性模型

基本可靠性模型包括一个可靠性框图和一个相应的可靠性数学模型。

基本可靠性模型是一个串联模型，包括那些冗余或代替工作模式的单元都按串联处理，用以估计产品及其组成单元引起的维修及后勤保障要求。基本可靠性模型的详细程序应该达到产品规定的分析层次，以获得可以利用的信息；失效率数据对该层次产品设计能够作为考虑维修和后勤保障要求的依据。

4.1.1.2 任务可靠性模型

任务可靠性模型包括一个可靠性框图和一个相应的数学模型。

任务可靠性模型应能描述在完成任务过程中产品各单元的预定用途。预定用于冗余或代替工作模式的单元应该在模型中反映为并联结构,或适用于特定任务阶段及任务范围的类似结构。任务可靠性模型的结构比较复杂,用以估计产品在执行任务过程中完成规定功能的概率。任务可靠性模型中所用产品单元的名称和标识应该与基本可靠性模型中所用的一致。

4.1.2 建立可靠性模型的步骤

建立系统任务可靠性模型的步骤如表 4-1 所示。

表 4-1 建立系统任务可靠性模型的步骤

建模步骤			说明
1. 规定产品定义	(1) 确定任务和功能	功能分析	产品可能具有多项功能并用于完成多项任务,每一项任务所需要的功能可能不同,应进行功能分析并针对每项任务建立可靠性模型
	(2) 确定工作模式		确定特定任务或功能下产品的工作模式以及是否存在替代工作模式。例如,通常超高频发射机可以用于替代甚高频发射机发射信息,这是一种替代工作模式。如果某项任务需要甚高频与超高频发射机同时工作,则不存在替代工作模式
	(3) 规定性能参数及范围	故障定义	规定产品及其分系统的性能参数及容许上下限。如输出功率、信道容量的上下限
	(4) 确定物理界限与功能接口		确定所分析产品的物理界限和功能界限。如尺寸、质量、材料性能极限、安全规定、人的因素限制、与其他产品的连接关系等物理界限及功能接口
	(5) 确定故障判据		应确定和列出构成任务失败的所有判别条件。例如"发射机的输出功率小于 200 kW"。故障判据是建立可靠性模型的重要基础,必须预先予以确定和明确
	(6) 确定寿命剖面及任务剖面	时间及环境条件分析	从寿命剖面及任务剖面中可以获得在完成任务过程中产品可能经历的所有事件的发生时序、持续时间、工作模式和环境条件。当产品具有多任务且任务分为多阶段时,应采用多种多阶段任务剖面进行描述
2. 建立可靠性框图	(7) 明确建模任务并确定限制条件		包括产品标识、建模任务说明及有关限制条件
	(8) 建立系统可靠性框图		依照产品定义,采用方框图的形式直观地表示出在执行任务时所有单元之间的相互依赖关系。在建立方框图时,应明确每个方框的顺序并标志方框。每个方框应只代表一个功能单元
	(9) 确定未列入模型的单元		给出没有包含在可靠性方框图中的所有硬件和功能清单,并予以说明
3. 建立可靠性数学模型	(10) 系统可靠性数学模型		对已建好的可靠性框图建立相应的数学模型,表示产品及其组成单元之间的可靠性数量关系

由表 4-1 所描述的建立系统任务可靠性模型的步骤可知，对系统的构成、原理、功能、接口等各方面深入的分析是建立正确的系统任务可靠性模型的前导工作。前导工作的主要任务就是进行系统的功能分析。本节将从功能的分解与分类、功能框图与功能流程图、时间分析和任务定义及故障判据 4 个方面分析系统功能。

4.1.2.1　功能的分解与分类

系统往往具有多重任务与多种功能。一个系统及其功能是由许多分系统及功能实现的。通过自上而下的功能分解过程，可以得到系统功能的层次结构，功能的逐层分解可以细分到能够获得明确的技术要求的最低层次（如零部件）为止。图 4-1 是某系统的功能分解示意图。进行系统功能分解可以使系统的功能层次更加清晰，同时也产生了许多低层次功能的接口问题。对系统功能的层次性以及功能接口的分析，是建立可靠性模型的重要一步。

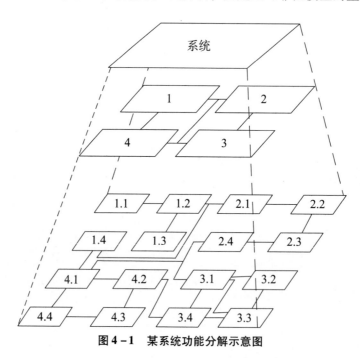

图 4-1　某系统功能分解示意图

在系统功能分解的基础上，可以按照给定的任务对系统的功能进行整理。系统功能的分类如表 4-2 所示。

表 4-2　系统功能分类表

分类		定义	说明及示例
按重要程度分	基本功能	（1）起主要的必不可少的作用 （2）担任主要的任务，实现其工作目的 （3）它的作用改变时，就会产生整体性的变化	如：手表的基本功能是走时；变速机构的基本功能是改变速度
	辅助功能	针对某种特定的构思所必需的功能，或辅助实现基本功能所需要的功能。相对基本功能辅助功能是次要的或从属的	如手表的辅助功能：防磁、防水、防震

续表

分类		定义	说明及示例
按用户要求分	必要功能	对于用户的任务需求是必要的和不可缺少的	（1）基本功能都是必要功能，如手表的走时 （2）辅助功能也可能是必要功能，按用户任务需求而定，如手表的防磁、防水、防震
	不必要功能	对于用户的任务需求是可有可无的	

功能分类的目的是整理出产品的基本功能和必要功能，为后续的功能分析工作（如功能框图/功能流程图的绘制、任务定义及故障判据等）奠定基础。

4.1.2.2 功能框图与功能流程图

在系统功能分解的过程中，对于暴露出来的较低层次功能间的接口与关联关系，可以用功能框图或功能流程图加以描述。

功能框图是在对系统各层次功能进行静态分组的基础上，描述系统的功能和各子功能之间的相互关系，以及系统的数据（信息）流程和系统内部的各接口。功能流程图表明系统所有功能间的顺序（时序）关系。功能流程图是动态的，它描述了系统各功能之间的时序相关性，即每一个功能（用一个方框表示）都在前一功能发生之后发生。当然，某些功能可能是并行或采用交替的方式执行。功能框图与功能流程图的逐级细化过程是与系统的功能分解相协调的。

功能框图所描述的系统功能关系是静态的（不随时间而变），故而可以认为系统级功能以及其子功能具有唯一的时间基准，所有功能的执行时间一样长。因此，对功能随时间而变的系统采用功能框图的形式进行描述就显得力不从心，应该采用功能流程图的形式。因为复杂系统一般具有两个特点：①系统具有多功能，各功能的执行时机是有时序的且执行时间长短不一；②在系统工作的过程中，系统的结构是可以随时间而变化的。

以某型自行火炮为例建立可靠性框图。某型自行火炮系统构成如图 4-2 所示。

通过结合某自行火炮系统常见故障，剔除故障率极低的因素，构建自行火炮基本可靠性框图，如图 4-3 所示。

4.1.2.3 任务定义及故障判据

在进行系统功能分解、建立功能框图或功能流程图、确立时间基准的基础上，要建立系统的任务可靠性框图和基本可靠性框图，必须明确地给出系统的任务定义及故障判据，并把这些内容作为系统可靠性定量分析计算的依据和判断。

产品或产品的一部分不能或将不能完成预定功能的事件或状态，称为故障。对于具体的产品应结合产品的功能以及装备的性质与使用范畴，给出产品故障的判别标准，即故障判据。故障判据是判断产品是否构成故障的界限值，一般应根据产品规定性能参数和允许极限来确定，并与定购方给定的故障判据相一致。具体产品的故障判据与产品的使用环境、任务要求等密切相关。例如某台发动机的润滑油消耗量偏大，对于短程飞机或中程飞机来说，可

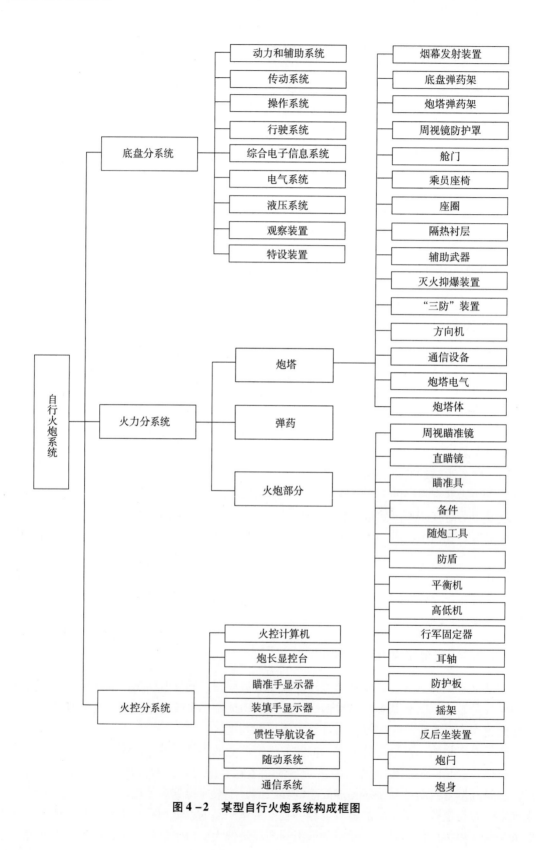

图 4-2 某型自行火炮系统构成框图

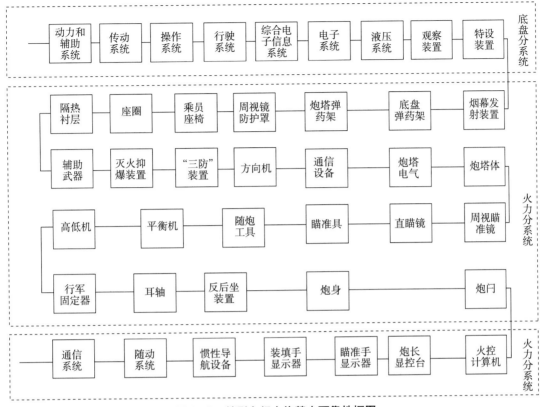

图 4-3 某型自行火炮基本可靠性框图

能不算故障，但对于远程飞机来说，同样的润滑油消耗率就可能把润滑油耗光，并因此产生故障。

一般建立系统的基本可靠性模型时任务的定义为：系统在运行过程中不产生非计划的维修及保障需求。相应地，其故障判据为：任何导致维修及保障需求的非人为事件，都是故障事件。

多任务、多功能的系统建立任务可靠性模型时，必须先明确所分析的任务是什么。对于任务的完成来说，涉及系统的哪些功能，其中哪些功能是必要的，哪些功能是不必要的，以此而形成系统的故障判据。影响系统完成全部必要功能的所有软、硬件故障都计为故障事件。

4.2 常用可靠性模型

建立产品可靠性模型的目的是定量分配、预计和评价产品的可靠性，可靠性建模要考虑系统的可靠性问题，首先应该明确系统的结构。

常用的可靠性模型包括串联模型、并联模型、表决模型、桥联模型和旁联模型。这些模型又可以划分为工作储备模型、非工作储备模型和非储备模型3类，如图4-4所示。

工程中常用而且最简单的可靠性模型是串联模型和并联模型。

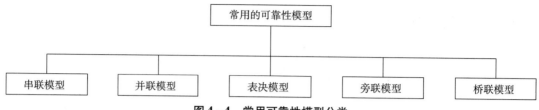

图 4-4　常用可靠性模型分类

4.2.1　串联模型

组成产品的所有单元中任一单元发生故障，均会导致整个产品故障的模型称为串联模型。串联模型既可用于基本可靠性建模，也可用于任务可靠性建模。串联模型的可靠性框图如图 4-5 所示。

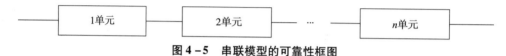

图 4-5　串联模型的可靠性框图

串联模型的数学模型为

$$R_s(t) = \prod_{i=1}^{n} R_i(i) \tag{4-1}$$

式中：$R_s(t)$ 为产品 t 时间的可靠度；$R_i(t)$ 为第 i 个单元 t 时间的可靠度。

若串联模型中各单元独立且寿命服从指数分布，则可靠度为

$$R_i(t) = e^{-\lambda_i t} \tag{4-2}$$

整个产品也服从指数分布，其可靠度为

$$R_s(t) = e^{-\lambda_s t} \tag{4-3}$$

整个产品的故障率为

$$\lambda_s = \sum_{i=1}^{n} \lambda_i \tag{4-4}$$

式中：λ_s 为整个产品的故障率；λ_i 为第 i 个单元的故障率。

整个产品的平均故障间隔时间（MTBF）为

$$\text{MTBF} = \frac{1}{\lambda_s} \tag{4-5}$$

可见，产品的可靠度是各单元可靠度的乘积，单元越多，产品越复杂，其可靠度越低。从设计方面考虑，为提高串联系统的可靠度，可从以下 3 个方面着手：

(1) 尽可能减少串联单元数量，即简化设计。
(2) 提高单元的可靠度，降低其故障率。
(3) 缩短工作时间。

串联系统的特点：产品的可靠度小于任何一个单元的可靠度。若产品由 10 个单元组成，每个单元的可靠度均为 0.9，则产品的可靠度不到 0.35。由此可以看出，简化设计是提高产品可靠性的最重要途径。

4.2.2 并联模型

组成产品的所有单元都发生故障时，产品才发生故障的模型称为并联模型，也称冗余模型。并联模型是最简单的工作储备模型。并联模型的可靠性框图如图4-6所示。

并联模型的数学模型为

$$R_s(t) = 1 - \prod_{i=1}^{n}[1 - R_i(t)] \quad (4-6)$$

式中：$R_s(t)$为产品t时间的可靠度；$R_i(t)$为第i个单元t时间的可靠度。

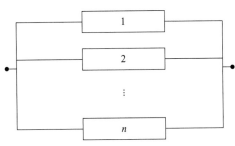

图4-6 并联模型的可靠性框图

在并联模型中，当系统各单元的寿命分布为指数分布时，系统的寿命分布不再是指数分布。对于最常用的两单元并联系统，则有

$$\lambda_s(t) = \frac{\lambda_1 e^{-\lambda_1 t} + \lambda_2 e^{-\lambda_2 t} - (\lambda_1 + \lambda_2) e^{-(\lambda_1+\lambda_2)t}}{e^{-\lambda_2 t} + e^{-\lambda_2 t} - e^{-(\lambda_1+\lambda_2)t}} \quad (4-7)$$

$$\text{MTBF} = \frac{1}{\lambda_1} + \frac{1}{\lambda_2} - \frac{1}{\lambda_1 + \lambda_2} \quad (4-8)$$

可见，尽管单元故障率λ_1、λ_2都是常数，但并联系统的故障率$\lambda_s(t)$不再是常数。

对于n个相同单元的并联系统，则有

$$R_s(t) = 1 - (1 - e^{-\lambda t})^n \quad (4-9)$$

$$\text{MTBF} = \frac{1}{\lambda} + \frac{1}{2\lambda} + \cdots + \frac{1}{n\lambda} \quad (4-10)$$

对于n个相同单元的并联系统，尤其是$n=2$时，可靠度的提高更显著。当并联单元过多时，可靠度提高的速度大为减慢。例如，当单元$R=0.9$时，随着n的增大，后一个并联系统相对前一个系统可靠度的变化情况如表4-3所示。

表4-3 单元$R=0.9$时并联系统可靠度的变化情况

单元数 n	并联系统 R	相对提高率/%
1	0.9	0
2	0.99	10
3	0.999	0.9
4	0.9999	0.09

并联系统的特点：产品的可靠度大于任何一个单元的可靠度。因此，为了提高产品的可靠性，可以采用冗余技术，但采用冗余设计，必然会增加费用、体积及重量，它提高的是任务可靠性，而基本可靠性会降低，因此，需要权衡利弊。一般只在影响安全和任务关键的地方才考虑应用。

4.2.3 旁联模型

组成系统的n个单元只有一个单元工作，当工作单元发生故障时，通过故障监测与转换装置转接到另一个单元继续工作，直到所有单元都发生故障时系统才发生故障，称为非工作储备模型，又称旁联模型。旁联模型用于任务可靠性建模。旁联模型的可靠性框图如图 4-7 所示。

假设故障监测与转换装置的可靠度为常数 R_D，对于两个不相同单元组成的系统，若两个单元的故障率分别为 λ_1、λ_2，则系统的可靠度数学公式为

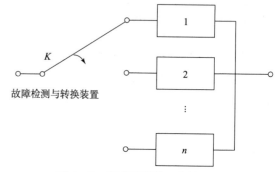

图 4-7　旁联模型的可靠性框图

$$R_{sm}(t) = e^{-\lambda_1 t} + RD\frac{\lambda_1}{\lambda_1 + \lambda_2}(e^{-\lambda_2 t} - e^{-\lambda_1 t}) \qquad (4-11)$$

当两个单元相同且寿命服从 $\lambda_1 = \lambda_2 = \lambda$ 的指数分布时，系统的可靠度为

$$R_{sm}(t) = e^{-\lambda t}(1 + R_D \lambda t) \qquad (4-12)$$

旁联模型的优点是能大大提高系统的可靠度。其缺点是：由于增加了故障监测与转换装置而加大了系统的复杂度；要求故障监测与转换装置的可靠度非常高，否则储备带来的好处会被严重削弱。

4.2.4　表决模型

n 个单元及一个表决器组成的表决系统，当表决器正常时，正常的单元数不小于 r 个 $1 \leq r \leq n$，系统不会发生故障，这样的系统模型是 $r/n(G)$ 模型，它是工作储备模型的一种形式。工作储备模型又称表决模型。$r/n(G)$ 表决模型用于任务可靠性建模。表决模型的可靠性框图如 4-8 所示。

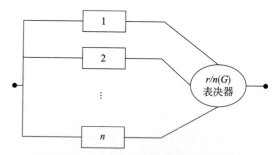

图 4-8　$r/n(G)$ 表决模型的可靠性框图

假设表决器的可靠度为 R_m，各单元的可靠度同为 $R(t)$，则对应的数学模型为

$$R_{sm}(t) = R_m \sum_{i=r}^{n} C_n^i R(t)^i [1 - R(t)]^{n-i} \qquad (4-13)$$

4.2.5　串并联模型

实际的系统是多个串联、并联的组合，因此常采用串联、并联系统可靠性公式进行化简，以获得系统的可靠性表达式。在系统和整机可靠性结构确定时，其方法是采用由元器件到组件、由组件到整机、由整机到系统的逐级计算。为了计算方便，也不反对将相同特点的组件、部件等在计算时进行合并。

这里的系统是广义的：系统对下属子系统或整机，整机对下属组件，组件对下属部件、元器件等均可称为系统。这里讨论的方法，可以在各级的可靠性计算中灵活运用。

如果各组件可靠度为已知，代入其可靠度表达式，便可算出系统的可靠度。为便于应用，把一些简单系统可靠性公式归纳于表 4-4 中。如果系统的任务时间为 t，某单元的任务时间为 t_i，则引入单元等效失效率：

表 4-4 串联、并联及组合系统可靠性计算公式表

系统类别	系统通式		指数系统	
	可靠性框图	可靠度公式	MTBF 值（用 M_s 和 m 表示）	失效率公式 λ_s 值
n 个单元串联系统	—[1]—[2]—…—[n]—	$R_s = r_1 r_2 \cdots r_n = \prod_{i=1}^{n} r_i$	$\dfrac{1}{M} = \sum_{i=1}^{n} \dfrac{1}{m_i}$，式中 m_i 为单元 i 的 MTBF 值	$\lambda_s = \sum_{i=1}^{n} \lambda_i$，式中 λ_i 为单元 i 的失效率
2 个单元并联系统	（1、2 并联图）	$R_s = r_1 + r_2 - r_1 r_2$ $r_1 = r_2 = r$ 时： $R_s = 2r - r^2$	$M_s = m_1 + m_2 - \dfrac{m_1 m_2}{m_1 + m_2}$ $M_s = \dfrac{2}{3} m = 1.5\text{m}$	$\dfrac{1}{\lambda_s} = \dfrac{1}{\lambda_1} + \dfrac{1}{\lambda_2} - \dfrac{1}{\lambda_1 + \lambda_2}$ $\lambda_s = \dfrac{2}{3}\lambda$
n 个单元并联系统	（1、2、…、n 并联图）	$R_s = 1 - \prod_{i=1}^{n} q_i =$ $1 - \prod_{i=1}^{n}(1 - r_i)$ 各单元相同时： $R_s = 1 - (1 - r)^n$	$M_s = \int_0^\infty R_s dt$ $M_s = m\left(1 + \dfrac{1}{2} + \cdots + \dfrac{1}{n}\right)$	$\lambda_s = \dfrac{1}{M_s}$ $\lambda_s = \lambda\left(\dfrac{1}{1 + \dfrac{1}{2} + \cdots + \dfrac{1}{n}}\right)$
		3 单元相同时： $R_s = 3r - 3r^2 + r^3$	$M_s = \dfrac{11}{6}\text{m} = 1.83\text{m}$	$\lambda_s = \dfrac{6}{11}\lambda$
串联并联及组合系统	（1、1 并联后接 2…n 串联图）	$R_s = (2r_1 - r_1^2) r_2 r_3$	$R_s = (2e^{-\lambda_1 t} - e^{-2\lambda_1 t}) \cdot$ $e^{-(\lambda_2 + \lambda_3)t}$	$M_s = \dfrac{1}{\lambda_s}$	$\lambda_s = \dfrac{2}{3}\lambda_1 + \lambda_2 + \lambda_3$

（注：可靠度公式中指数系统对应项：$R_s = e^{-\sum \xi_i t} = e^{-\lambda_s t}$；$R_s = e^{-\lambda_1 t} + e^{-\lambda_2 t} - e^{-(\lambda_1+\lambda_2)t}$；$R_s = 2e^{-\lambda t} - e^{-2\lambda t}$；$R_s = 1 - \prod_{i=1}^{n}(1 - e^{-\lambda_i t})$；$R_s = 1 - (1 - e^{-\lambda t})^n$；$R_s = 3e^{-\lambda t} - 3e^{-2\lambda t} + e^{-3\lambda t}$）

$$\lambda_i = \frac{t_i}{t}\lambda'_i \qquad (4-14)$$

式中，λ'_i 为单元失效率。

串联、并联以及串并联结合系统的可靠性模型是最为常用的，所列公式在单元任务时间不同时，用等效失效率进行计算。这样处理后，系统和单元的任务时间都统一用系统工作时间，且可保持公式的一致性。

典型的可靠性逻辑框图及其可靠度表达式如表 4-5 所示，其中假定各方框的可靠度相等，并服从指数分布。

表 4-5 几种典型的可靠性逻辑框图的系统可靠度表达式

系统可靠度 R_s 的表达式	可靠性框图
$R_S = \prod_{i=1}^{n} R_i = R_i^n = e^{-n\lambda t}$	串联 1—2—…—n
$R_S = R + R^2 - R^3$	
$R_S = 2R^2 - R^3$	
$R_S = 1 - \prod_{i=1}^{n}(1 - R_i) = 1 - (1 - R_i)^n$	
$R_S = 2R - R^2$	
$R_S = 2R - 3R^3 + R^4$	

续表

系统可靠度 R_s 的表达式	可靠性框图
$R_s = 2R^2 - R^4$	
$R_s = R + 2R^2 - 3R^3 + R^4$	
$R_s = 1 - (1 - R^n)^m$	
$R_s = [1 - (1 - R^m)]^n$	
$R_s = \mathrm{e}^{-\lambda t}(1 + \lambda t)$ $R_s = \mathrm{e}^{-\lambda t}(1 + R_a \lambda t)$	
$R_s = 3R^2 - 2R^3$	2/3 表决系统
$R_s = \mathrm{e}^{-\lambda t}\left[1 + \lambda t + \dfrac{1}{2}(\lambda t)^2\right]$	三单元中必有一单元正常工作的系统
$R_s = 6R^2 - 8R^3 + 3R^4$	四单元中必有两单元正常工作的系统
$R_s = 10R^3 - 15R^4 + 6R^5$	五单元中必有三单元正常工作的系统

4.3 复杂可靠性模型

在工程实际中，有些系统并不是由简单的串、并联系统组合而成的，如桥式逻辑框图。下面将讨论任意可靠性结构的系统可靠度计算方法。

4.3.1 真值表法

真值表法又称布尔真值表法,其原理是将系统中各个单元的故障和能工作的所有可能搭配的情况一一排列出来。排出来的每一种情况称为一种状态,把每一种状态都一一排列出来,因此又称状态枚举法。每一种状态都对应系统的故障和能工作两种情况,最后把所有系统故障的状态和能工作的状态分开,然后对系统进行可靠度计算。

若系统中有 n 个单元,每个单元都有两个状态(即故障和能工作)。那么,n 个单元所构成的系统共有 2^n 个状态,且每个状态都是互不相容的。现以桥式系统为例,说明真值表法计算系统可靠度的步骤及方法。桥式系统可靠性框图如图 4-9 所示

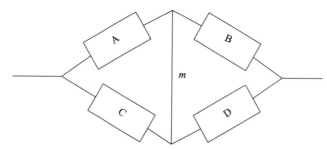

图 4-9 桥式系统可靠性框图

设系统共有 5 个单元,每个单元故障状态用 0 表示,工作状态用 1 表示,系统总共有 32 种状态,把这 32 种状态以表格的形式列出,如表 4-6 所示

表 4-6 状态枚举计算表

状态编号	单元工作状态					系统状态	概率
	A	B	C	D	E		
1	0	0	0	0	0	F(5)	
2	0	0	0	0	1	F(4)	
3	0	0	0	1	0	F(4)	
4	0	0	0	1	1	F(3)	
5	0	0	1	0	0	F(4)	
6	0	0	1	0	1	F(3)	
7	0	0	1	1	0	S(2)	0.003 36
8	0	0	1	1	1	S(3)	0.030 24
9	0	1	0	0	0	F(4)	
10	0	1	0	0	1	F(3)	
11	0	1	0	1	0	F(3)	
12	0	1	0	1	1	F(2)	
13	0	1	1	0	0	F(3)	

续表

状态编号	单元工作状态					系统状态	概率
	A	B	C	D	E		
14	0	1	1	1	0	$S(3)$	0.030 24
15	0	1	1	1	0	$S(3)$	0.007 84
16	0	1	1	1	1	$S(4)$	0.070 56
17	1	0	0	0	0	$F(4)$	
18	1	0	0	0	1	$F(3)$	
19	1	0	0	1	0	$F(3)$	
20	1	0	0	1	1	$S(3)$	0.030 24
21	1	0	1	0	0	$F(3)$	
22	1	0	1	0	1	$F(3)$	
23	1	0	1	1	0	$S(3)$	0.013 44
24	1	0	1	1	1	$S(4)$	0.120 96
25	1	1	0	0	0	$S(2)$	0.003 36
26	1	1	0	0	1	$S(3)$	0.030 24
27	1	1	0	1	0	$S(3)$	0.007 84
28	1	1	0	1	1	$S(4)$	0.070 56
29	1	1	1	0	0	$S(3)$	0.013 44
30	1	1	1	0	1	$S(4)$	0.120 96
31	1	1	1	1	0	$S(4)$	0.031 36
32	1	1	1	1	1	$S(5)$	0.282 24

其中，系统正常工作记为 $S(i)$，i 表示保证系统正常工作的单元个数。系统故障记为 $F(j)$，j 表示引起系统故障的单元个数。

设单元 A、B、C、D、E 的可靠度分别为：$R_A=0.8$，$R_B=0.7$，$R_C=0.8$，$R_D=0.7$，$R_E=0.9$。计算每一种状态发生的概率，然后填入表内。单元为 0 状态时，以 $(1-R_i)$ 代入；单元为 1 状态时，以 R_i 代入。

例如，表内 7 号状态发生的概率为

$$P(\overline{ABCDE-}) = 0.2 \times 0.3 \times 0.8 \times 0.7 \times 0.1 = 0.003\ 36$$

将表中系统状态栏内所有 $S(i)$ 项的概率值相加即可得到系统的可靠度，即

$$R_s = 0.003\ 36 + 0.030\ 24 + \cdots + 0.282\ 24 = 0.866\ 88$$

如果表 4-6 中系统状态栏内 $F(j)$ 状态的个数少于 $S(i)$ 状态的个数，则可以先计算系统的不可靠度 F_s，然后由 $R_s = 1 - F_s$ 计算系统的可靠度。

真值表法计算系统的可靠度原理简单、容易掌握，但是当 n 较大时，计算量过大，此时要借助于电子计算机进行计算。另外，真值表法只能求出系统在某时间的可靠度，而不能求

解作为时间函数的可靠度函数。

4.3.2 全概率公式法

全概率公式法又称分解法，其的原理是首先选出系统中的主要单元，然后把这个单元分成故障与正常工作两种状态，再用全概率公式计算系统的可靠度。

设被选出的单元为 x，其可靠度为 R_x，其不可靠度 $F_x = 1 - R_x$。系统可靠度按下式计算：

$$R_s = R_x \cdot R(S|R_x) + R(S|F_x) \cdot F_x \tag{4-15}$$

式中：$R(S|R_x)$ 为在单元 x 可靠的条件下系统能正常工作的概率；$R(S|F_x)$ 为在单元 x 不可靠的条件下系统能正常工作的概率。

全概率公式方法的关键一环在于选择和确定 x 单元，如果能做到巧妙地选择 x 单元，这个方法比真值表法更为简单有效。我们仍以桥式系统为例说明这个方法，桥式系统可靠性框图如图 4-10 所示。

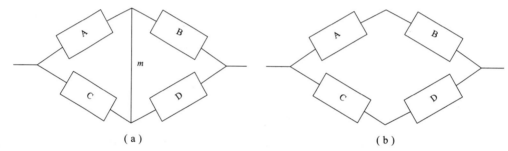

图 4-10 桥式系统等效可靠性框图
(a) E 正常工作时态的系统等效可靠性框图；(b) E 故障状态时的系统可靠性框图

在桥式系统中，我们选择单元 E 作为 x，那么 $R_x = R_E = 0.9$，$F_x = F_E = 0.1$。E 正常工作时与 E 失效时的可靠性框图如图 4-10 所示。

等效可靠性框图把桥式系统变成了简单的串联、并联模型，简化了计算。$R(S|R_x)$ 为 x 可靠条件下系统的正常工作概率，由图 4-10 (a) 可以看出，这是由单元 A、C 并联，B、D 并联，然后再串联起来的系统，故

$$(S|R_s) = (1 - F_A \cdot F_C)(1 - F_B \cdot F_D) \tag{4-16}$$

$R(S|R_x)$ 为 x 故障条件下系统的正常工作概率；由图 4-10 (b) 可以看出，这是由单元 A、B 串联，C、D 串联，然后再并联起来的系统，故

$$R(S|F_x) = R_A \cdot R_B + R_C \cdot R_D - R_A \cdot R_B \cdot R_C \cdot R_D \tag{4-17}$$

把上述结果代入式 (4-15)，得

$$R_S = R_B(1 - F_A \cdot F_C)(1 - F_B \cdot F_D + R_B(R_A \cdot R_B + R_C \cdot R_D - R_A \cdot R_B \cdot R_C \cdot R_D)) \tag{4-18}$$

$$F_A = 0.2, F_B = 0.3, F_C = 0.2, F_D = 0.3$$

全概率公式法求出的结果与布尔真值表法求出来的结果是一致的。全概率公式法看起来很简单，但有两点需要注意：① x 单元要选择适当，它必须是系统中最主要的并且是与其他单元联系最多的单元，只有这样才能简化计算。② 对于很复杂的混联系统，这个方法也不方便，因为除了被选择的单元外，剩下的系统仍然是很复杂的，仍不能简单地计算出它的可靠

度。这样，使用全概率公式法就比较困难了。

4.3.3 检出支路法

检出支路法又称路径枚举法，类似状态枚举法。该法是根据系统的可靠性逻辑框图，将所有能使系统正常工作的路径（支路）一一列举出来，再利用概率加法定理和乘法定理来计算系统的可靠度。

若系统能正常工作的支路有 n 条，并用 L_i 表示第 i 条支路能正常工作这一事件，其中 $i=1, 2, 3, \cdots, n$，则系统的可靠度按如下公式计算：

$$R_s = P(\bigcup_{i=1}^{n} L_i)$$
$$= \sum_{i=1}^{n} P(L_i) - \sum_{i=1}^{n} P(L_i \cap L_j) + \sum_{i=1}^{n} P(L_i \cap L_j \cap L_k) + \cdots + (-1)^{n-1} P(\bigcap_{i=1}^{n} L_i)$$
(4-19)

以桥式系统为例，使用检出支路法计算系统可靠度，使系统能正常工作的支路共有 4 条：

$$\begin{cases} L_1 = A \cdot B \\ L_2 = A \cdot E \cdot D \\ L_3 = C \cdot D \\ L_4 = C \cdot E \cdot B \end{cases}$$
(4-20)

为了便于计算，特别是为了便于上机计算，规定：当某单元在某支路上时用 1 表示，不在支路上时用 0 表示。这样，每条支路都可用 1、0 表示出来。而为了计算 $P(L_i \cap L_j)$ 等，还需要考虑事件 $L_i \cap L_j$ 等由哪些单元组成。用上面的同样方法，当某单元在 $L_i \cap L_j$ 上时，用 1 表示，不在时用 0 表示。将上述各支路列成表格并在表上列出各支路发生的概率，如表 4-7 所示。

表 4-7 支路计算表

支路	A	B	C	D	E	符号	概率
	0.8	0.7	0.8	0.7	0.9		
L_1	1	1	0	0	0	+	0.560 00
L_2	1	0	0	1	1	+	0.504 00
L_3	0	0	1	1	0	+	0.560 00
L_4	0	1	1	0	1	+	0.504 0
$L_1 \cap L_2$	1	1	0	1	1	-	0.352 8
$L_1 \cap L_3$	1	1	1	1	0	-	0.313 00
$L_2 \cap L_3$	1	0	1	1	1	-	0.403 2
$L_2 \cap L_4$	1	1	1	1	1	-	0.282 24
$L_3 \cap L_4$	0	1	1	1	1	-	0.352 8

续表

支路	A 0.8	B 0.7	C 0.8	D 0.7	E 0.9	符号	概率
$L_1 \cap L_2 \cap L_3$	1	1	1	1	1	+	0.282 24
$L_1 \cap L_2 \cap L_4$	1	1	1	1	1	+	0.282 24
$L_1 \cap L_3 \cap L_4$	1	1	1	1	1	+	0.282 24
$L_2 \cap L_3 \cap L_4$	1	1	1	1	1	+	0.282 24
$L_1 \cap L_2 \cap L_3 \cap L_4$	1	1	1	1	1	−	0.282 24

根据式（4-16）将支路计算表所得概率值代入公式，即可求得桥式系统可靠度 $R_s = 0.866\ 88$。

【示例 4-1】

计算电子计算机的失效率及元器件的个数

一台电子计算机主要是由 5 类元器件组装而成的串联系统，这些元器件的寿命分布皆为指数分布，其失效率及装配在计算机上的数量如表 4-8 所示。若不考虑结构、装配及其他因素，而只考虑这些元器件的失效与否，试求此计算机 $t = 10\ \text{h}$ 的可靠度以及失效率和元器件的个数。

表 4-8　计算机的元器件

种类	1	2	3	4	5
失效率 l_i/h^{-1}	10^{-7}	5×10^{-7}	10^{-6}	2×10^{-5}	10^{-4}
元器件个数 n_i	10^4	10^3	10^2	10	2

解：由式（4-1）可得

$$R_s(t) = e^{-\sum_{i=1}^{s} \eta_i \lambda_i t} = e^{-0.002t}$$

$$R_s(10) = e^{-0.002 \times 10} = e^{-0.02} = 0.98$$

$$\lambda_s = \sum_{i=1}^{5} \lambda_i n_i = 0.002\ \text{h}^{-1}$$

$$\text{MTBF} = \frac{1}{\lambda_s} = \frac{1}{0.002} = 500\ (\text{h})$$

如果单元不是指数分布，由上式及可靠度和失效率之间的关系可得

$$R_s(t) = e^{-\int_0^t \lambda_s(t)dt} = \prod_{i=1}^{n} e^{-\int_0^t \lambda_i(t)dt} = e^{-\int_0^t [\sum_{i=1}^{n} \lambda_i(t)]dt}$$

因此系统的失效率和单元失效率仍为

$$\lambda_s(t) = \sum_{i=1}^{n} \lambda_i(t)$$

【示例 4-2】

计算某液压系统的可靠度、失效率和平均寿命

某液压系统中,采用滤油器 1 和滤油器 2 装成结构串联系统,如图 4-11、图 4-12 所示。滤油器的故障有两种模式:滤网堵塞或滤网破损。现假设滤油器两种故障模式的失效率相同,且两支滤网的失效率分别为 $\lambda_1 = 5 \times 10^{-5}(h^{-1})$,$\lambda_2 = 1 \times 10^{-5}(h^{-1})$,工作时间 $t = 1\,000$ h。试求:

(1) 在滤网堵塞失效情况下,系统的可靠度、失效率和平均寿命。

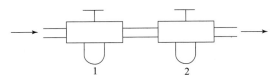

图 4-11 滤油器的结构图

图 4-12 滤网堵塞失效时的可靠性框图

(2) 在滤网破损失效情况下,系统的可靠度、失效率和平均寿命。

解:

(1) 由题意可知,滤网失效率 λ 为常数,故其服从指数分布。滤网的故障模式为堵塞失效时,系统的可靠性框图如图 4-12 所示,即为串联系统,则有

$$\lambda_s = \sum_{i=1}^{n} \lambda_i = 5 \times 10^{-5} + 1 \times 10^{-5} \ (h^{-1})$$

$$R_s(1\,000) = e^{-\lambda_s t} = e^{-6 \times 10^{-5} \times 1\,000} = e^{-0.06} = 0.941\,76$$

$$\text{MTBF} = \frac{1}{\lambda_s} = \frac{1}{6 \times 10^{-5}} = 16\,667 \ (h)$$

(2) 滤网的故障模式为破损失效时,系统的可靠性框图如图 4-13 所示,为并联系统。

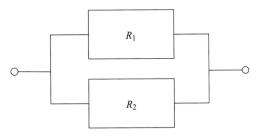

图 4-13 滤网破损失效时的可靠性框图

则有

$$R(1\,000) = e^{-\lambda_1 t} + e^{-\lambda_2 t} - e^{-(\lambda_1+\lambda_2)t}$$
$$= e^{-5\times 10^{-5}\times 1\,000} + e^{-1\times 10^{-5}\times 1\,000} - e^{-(5+1)\times 10^{-5}\times 1\,000}$$
$$= 0.999\,25$$

$$\lambda_s(1\,000) = \frac{\lambda_1 e^{-z_1 t} + \lambda_2 e^{-z_2 t} - (\lambda_1+\lambda_2)e^{-(z_1+z_2)t}}{e^{-z_1 t} + e^{-z_2 t} - e^{-(z_1+z_2)t}}$$
$$= \frac{5\times 10^{-5} e^{-5\times 10^{-5}\times 1\,000} + 1\times 10^{-5} e^{-1\times 10^{-5}\times 1\,000} - (5+1)\times 10^{-5} e^{-6\times 10^{-5}\times 1\,000}}{e^{-5\times 10^{-5}\times 1\,000} + e^{-1\times 10^{-5}\times 1\,000} - e^{-6\times 10^{-5}\times 1\,000}}$$
$$= 0.57\times 10^{-7}\,(\mathrm{h}^{-1})$$

$$\mathrm{MTBF} = \frac{1}{\lambda_1} + \frac{1}{\lambda_2} - \frac{1}{\lambda_1+\lambda_2}$$
$$= \frac{1}{5\times 10^{-5}} + \frac{1}{1\times 10^{-5}} - \frac{1}{(5+1)\times 10^{-5}}$$
$$= 10.333\,3\,(\mathrm{h})$$

由示例 4-2 可以看出，系统功能逻辑框图不仅与单元的功能有关，还与单元的故障模式有关。所以，在分析系统可靠性时，必须弄清其功能及失效模式，绝不能只从系统结构认定系统可靠性模型。

【示例 4-3】

计算某型飞机发动机工作时系统的可靠度与平均寿命

已知某型飞机安装 3 台同类型、同一功率的发动机。发动机寿命数据服从指数分布，其失效率均为 $\lambda = 0.001\,\mathrm{h}^{-1}$。该飞机要求 2 台发动机正常工作，飞机就能正常工作，设工作 100 h。假设 3 台发动机同时工作，试求 2 台发动机与 2/3 [G] 工作时系统可靠度与平均寿命。又假设采用 4 台发动机时，求每两台并联后再串联的可靠度与平均寿命。

解：

(1) 2 台发动机工作时的可靠度。

串联系统的可靠度为

$$R_2(t) = (e^{-\lambda t})^2 = e^{-2\lambda t} = e^{-2\times 0.001\times 100} = e^{-0.2} = 0.818\,7$$
$$\theta_2 = \int_0^\infty R_2(t)\,\mathrm{d}t = \int_0^\infty e^{-x}\,\mathrm{d}x = \frac{1}{2\lambda} = \frac{1\,000}{2} = 500\,(\mathrm{h})$$

2/3 [G] 工作时可靠度为

$$R_{2/3}\{t\} = 3e^{-2\lambda t} - 2e^{-3\lambda t} = 3e^{-2\times 0.001\times 100} - 2e^{-3\times 0.001\times 100} = 0.974\,5$$
$$\theta_{2/3} = \int_0^\infty R_{2/3}(t)\,\mathrm{d}t = \frac{3}{2\lambda} - \frac{2}{3\lambda} = \frac{5}{6\times 0.001} = 833.333\,(\mathrm{h})$$

(2) 4 台发动机工作时的可靠性框图为两两并联的串联系统，其可靠度为

$$R_4 = [1-\{1-R\}^2][1-\{1-R\}^2] = [1-\{1-e^{-\lambda t}\}^2]^2 = [1-0.00906]^2 = 0.982$$
$$\theta_4 = \frac{7}{12\lambda} = \frac{7\,000}{12} = 583.3\,(\mathrm{h})$$

由以上计算可以看出,运用 2/3 [G] 表采用 3 台发动机其可靠度接近 4 台发动机的可靠度,故该法时既节省资源又提高可靠度的合理方法之一。

【示例 4-4】

某串并联可靠度化简的计算

对如图 4-14 (a) 所示的某系统,可化简成如图 4-14 (b) 所示的串联系统,以小写字母代表各组件的可靠度时,化简后的 x、y 两个环节的可靠度表达式为
$$x = 2cd - c^2 d^2$$
$$y = 2e - e^2$$
而某系统的可靠度表达式为
$$R_s = abf(2cd - c^2 d^2)(2e - e^2)$$

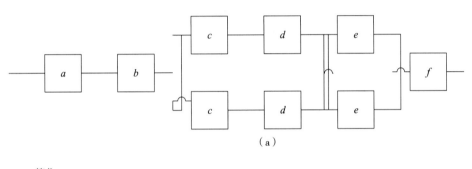

图 4-14 串并联系统可靠性框图的简化
(a) 简化前;(b) 简化后

第 5 章
可靠性分配与预计

5.1 概　　述

可靠性分配和可靠性预计是可靠性设计过程中必不可少的两项工作。可靠性分配是根据产品要求将可靠性指标自上而下地分配到系统的每一个层次。可靠性预计是根据系统的组成自下而上地预计可能达到的可靠性水平，以判断可靠性指标能否达到，同时发现系统设计的薄弱环节，以便改进。

5.2 可靠性分配

5.2.1 可靠性分配的目的

可靠性分配是把系统的可靠性指标按一定的方法合理地分配给分系统、设备、零部件（或元器件）的过程。如果说系统的可靠性预计是根据系统中最基本单元的可靠度来推测系统可靠性的自下而上过程，而可靠性分配就是根据系统要求的系统指标由上而下规定最基本单元可靠度的自上而下过程。

可靠性分配的目的如下：

（1）合理地确定系统中每个单元的可靠度要求，以便在单元设计、制造、试验、验收时切实地加以保证，以促进设计、制造、试验、验收方法和技术的改进和提高。

（2）通过可靠性分配，帮助设计者了解零部件、单元、系统（整体）间的可靠性的相互关系，做到心中有数，减少盲目性。

（3）通过可靠性分配，使设计者更加全面地权衡系统的性能、功能、费用等，以期获得更为合理的系统设计，提高产品的设计质量。

（4）通过可靠性分配，使系统所获得的可靠度比分配前更加切合实际。

通过可靠性指标分配，还可以暴露系统设计中的薄弱环节及关键单元和部位，为指标监控和改进措施提供根据，为管理提供所需的人力、时间和资源等信息。因而，可靠性指标分配是可靠性设计中不可缺少的工作项目，也是可靠性工程决策点。

5.2.2 可靠性分配考虑的因素

在实施系统可靠性分配时，应考虑以下因素：

（1）单元复杂程度的差别。单元包括的组件数或元件数越多，则系统越复杂。

(2) 单元重要程度的差别。单元的重要程度也称关键程度，它取决于单元的功能与故障对系统的影响，通过对单元的故障模式和影响分析可得出定性和定量的结论。重要程度用重要度来描述。

(3) 单元运行环境的差别。同一系统中的各个单元的工作环境不一定完全相同。

(4) 单元任务时间的差别。一般工作时间极短的单元，其可靠度可能达到较高的水平。

5.2.3　可靠性分配的原理

可靠性分配问题实际上是最优化问题，因此，在分配可靠性指标时，必须明确目标函数与约束条件，其基本可分为3类：

(1) 以可靠性指标为约束条件，目标函数是在满足可靠性下限的条件下，使成本尽量低且研制周期尽量短。

(2) 以成本为约束条件，要求可靠性尽量高。

(3) 以研制周期为约束条件，要求成本尽量低，可靠性尽量高。

不管是在什么情况下，都必须考虑现有技术水平能否达到所需的可靠性。所谓现有技术水平，依研制周期的长短具有不同的含义。在工程计划之初到产品投入使用这段时间里含义也不同。对于研制周期短的产品，要提高其元器件、部件、原材料的可靠性是比较困难的，其现有技术水平就是研制初期可能达到的可靠性水平；对于研制周期长和投入使用时间延迟的系统，现有技术水平就要考虑到交货时技术发展的水平。

系统可靠性的分配关键在于求解下面的基本不等式，即

$$f(R_1, R_2, \cdots, R_n) R^* \tag{5-1}$$

式中：R_n 为给第一个分系统分配的可靠性参数；R^* 为系统可靠性要求参数；f 为是分系统和系统可靠性间的函数关系。

从上式可知，可靠性分配可有无数个解，但是，所分配的可靠性指标要遵循一定的工程原则，例如，分配的指标是否能在当前的技术水平下实现？是否能够在规定的研制周期内实现？如果分配的可靠性指标不能满足这些工程实际要求，即使分配结果能够满足系统的可靠性要求，在工程实际中也行不通。所以，要做到既满足工程实际情况，又要在当前技术水平允许的条件下，既快又好地分配可靠性指标也不是一件很容易的事情。可靠性指标分配时，既要有一定的数学分析，又要有一定的工程近似，脱离工程实际纯数学分析所分配得到的可靠性指标，很可能在工程实际中实现不了。

为提高可靠性分配结果的合理性和可行性，可靠性分配应按照一定的准则进行。由于装备品种不同，工程上的问题各式各样，在做具体可靠性分配时，可以按某一原则先计算出各级可靠性指标，然后根据具体情况进行一定程度的修正；也可以在分配可靠性时，留有一定的可靠性指标余量，作为机动使用。

5.2.4　可靠性分配的参数

系统可靠性分配的参数分为两类：第一类是描述系统基本可靠性的参数，常用的有故障率 λ_s、平均故障间隔时间 MTBF 等；第二类是描述系统任务可靠性的参数，常用的有任务可靠度 R_m、平均严重故障间隔时间 MTBCF 等。

对于不同类型的产品，描述系统可靠性的参数也不完全相同，例如：对军用飞机，可用

"平均故障间隔飞行小时（MFHBF）"描述基本可靠性指标；对自行火炮，可用"平均使用任务中断间隔里程（MMBOMA）"描述任务可靠性指标。

可靠性分配的指标可以是规定值，作为可靠性设计的依据，在分配之前应根据实际情况给分配指标增加一定余量。

5.2.5　可靠性分配的层次

系统可靠性分配是自上而下的过程，开始于系统，终止于需要提出定量可靠性要求的产品层次。

特别是当新研产品或改进产品属于外协配套产品时，原则上必须分配可靠性定量要求。

5.2.6　可靠性分配的方法

可靠性分配的方法虽然很多，但往往都是根据分配的结果找出指标值与预测值的差距再加以修改。不同的系统要求的侧重点不同，比如有的要求体积最小，有的要求重量最轻，有的要求功率最大，所以可靠性分配的研究方法各种各样。但是，所有的设计均希望费用低、研制时间短，又能达到系统的可靠性要求。可靠性分配实质上是一个最优化问题。因此，要进行指标分配，就必须明确要求与限制条件。因为分配的方法因要求和限制条件而异。有的设备以可靠性指标为限制条件，在满足可靠度下限值的条件下，使成本、重量及体积等指标尽可能低；有的设备则以成本为限制条件，要求做出使系统可靠度尽可能高的分配。但是，不管情况如何，除了考虑设计要求之外，还要考虑在现有技术水平下实现的可能性。

1. 等同分配法

等同分配法又称平均分配法，它不考虑各个组成单元的特殊性，而是把系统总的可靠度平均分摊给各个组成单元。当在各个组成单元的可靠度大致相同、复杂程度相差无几的情况下，用此方法最简单。由于串联系统的可靠性取决于系统中最弱单元的可靠性，因此，除最弱单元外的其他单元如有较高的可靠性将被认为是意义不大的。这就是等同分配法的基本思想。等同分配法一般用于方案初始阶段的分配。

串联系统的可靠度为

$$R_S = \prod_{i=1}^{n} R_i \qquad (5-2)$$

设给定串联系统的可靠度指标为 R_S^*，按等同分配要求，分配给各单元的可靠度指标为

$$R_i^* = (R_S^*)^{\frac{1}{n}} \quad i = 1,2,\cdots,n \qquad (5-3)$$

串联系统是可靠性分配的主要模型，尤其是机械装置，可靠性串联的情况非常普遍。当组成串联系统的 n 个单元具有近似的复杂程度、重要性以及制造成本时，可以按等同分配要求进行分配将系统可靠性指标分配到各组成单元。

等同分配法比较简单，但不甚合理，因为它没有考虑到各单元的工作时间、重要程度、复杂程度及工艺水平等，因此，可能会出现所分配的可靠度过高或过低的情况。故该法一般只在系统信息缺乏的情况下使用。

2. 评分分配法

方案初始阶段，由于缺乏可靠性数据，可以按几种主要因素进行专家评分，给出影响因

子，综合考虑。一般各种因子分值为 1~5。

主要影响因素如下：

(1) 复杂因子 d_1：根据单元组成零部件数以及组装的难易程度来评定。结构越复杂，分配给该单元的失效率越大，即分配给该单元的可靠度越小，以确保实际结构能达到系统可靠性要求。因此，最简单结构评 1 分，最复杂结构评 5 分。

(2) 重要因子 d_2：根据单元故障引起系统故障的概率大小来评定。单元越重要，分配给该单元的失效率越小，即分配给该单元的可靠度越大，以确保实际结构能达到系统可靠性要求。因此，最重要结构评 1 分，最不重要结构评 5 分。

(3) 成熟因子 d_3：根据单元结构成熟程度和目前技术水平来评定。技术越成熟，分配给该单元的失效率越小，即分配给该单元的可靠度越大，以确保实际结构能达到系统可靠性要求。因此，技术最成熟评 1 分，技术最不成熟评 5 分。

(4) 环境因子 d_4：根据单元所处环境来评定。单元所处环境条件越好，分配给该单元的失效率越小，即分配给该单元的可靠度越大，以确保实际结构能达到系统可靠性要求。因此，单元所处环境条件好评 1 分，单元所处环境条件恶劣且严酷评 5 分。

(5) 工艺因子 d_5：根据单元加工工艺难易程度来评定。容易加工、装配，质量越容易保证，分配给该单元的失效率越小，即分配给该单元的可靠度越大，以确保实际结构能达到系统可靠性要求。因此，加工和装配容易、质量容易保证的单元评 1 分，难加工、难保证质量的单元评 5 分。

对第 i 个单元的评价，有

$$K_i = \prod_{j=1}^{5} d_{ij}, i = 1, 2, \cdots, n$$

对系统的总评价系数，有

$$K = \sum_{i=1}^{n} k_i$$

对第 i 个单元的评价系数，有

$$C_i = \frac{K_i}{K}, i = 1, 2, \cdots, n \tag{5-4}$$

分配给第 i 个单元的失效率为

$$\lambda_i^* = C_i \lambda_S^*, i = 1, 2, \cdots, n \tag{5-5}$$

3. 比例分配法

当新设计的系统与原系统基本相同，并且已知原系统各单元不可靠度预计值 F_i 或失效率 λ_i，但是要求新设计的系统有更高的可靠性；或者根据已掌握的可靠性资料，可以预计出新设计系统各组成单元的不可靠度预计值 F_i 或失效率 λ_i，但是尚未满足新设计系统的可靠性要求，此时进行新设计系统的可靠性分配时，可以充分利用现有各单元不可靠度预计值 F_i 或失效率 λ_i 信息，最简单方法就是按比例进行分配。

按比例分配法的基本原则是：设系统的组成单元的分配不可靠度或失效率正比于预计的不可靠度或失效率。即预计的不可靠度或失效率越大，分配给它的不可靠度或失效率也越大。

假设所有单元具有相同的重要度、复杂程度、改进潜力，同时各单元工作时间与系统的工作时间相同。

(1) 串联系统的可靠度分配。

对于 n 个单元组成的串联系统,当各单元寿命服从指数分布时(失效率为常数),可以按各单元分配的失效率 λ_i^* 与相应单元失效率预计值 λ_i 成正比进行分配。设要求系统的失效率指标为 λ_S^*,则各单元失效率指标分配的具体方法步骤如下:

① 根据过去积累的或观察和估计得到的数据,确定各单元失效率的预计值 λ_i。

② 根据分配前系统及单元失效率的预计值,计算各单元的相对失效率比(分配因子):

$$\omega_i = \frac{\lambda_i}{\sum_{k=1}^{n} \lambda_k} \quad (5-6)$$

③ 计算分配给各单元的失效率指标:

$$\lambda_i^* = \omega_i \lambda_S^* \quad i = 1, 2, \cdots, n \quad (5-7)$$

④ 计算分配给各单元的可靠度指标:

$$R_i^* = \exp(-\lambda_i^* t) \quad (5-8)$$

⑤ 检验分配结果。

对指数函数有

$$e^{-x} = \sum_{k=0}^{\infty} \frac{(-1)^k}{k!} x^k \quad (5-9)$$

当 x 很小时,略去高阶项,可得

$$e^{-x} \approx 1 - x \quad (5-10)$$

若可靠度很高,服从指数分布,则有

$$R(t) = e^{-\lambda t} \approx 1 - \lambda t \quad (5-11)$$

失效概率为

$$F(t) = 1 - R(t) \approx 1 - \lambda t \quad (5-12)$$

故对于串联系统,系统失效概率 F_S 与单元失效概率 F_i 之间的关系近似为

$$F_S \approx \sum_{i=1}^{n} F_i \quad (5-13)$$

因此,比例分配方法也可以近似地用于失效概率(不可靠度)分配。对串联系统,要求的系统可靠度指标为 R_S^*,即要求的系统不可靠度 $F_S^* = 1 - R_S^*$,按比例分配法,系统分配给各单元的不可靠度 F_i^* 正比于预计的不可靠度 F_i,即分配给各单元的不可靠度为

$$F_i^* = \frac{F_i}{\sum_{i=1}^{n} F_k} F_S^*, i = 1, 2, \cdots, n \quad (5-14)$$

(2) 并联系统的可靠度分配。

对由 n 个单元组成的并联系统,系统不可靠度预计值为

$$F_S = \prod_{i=1}^{n} F_i \quad (5-15)$$

要求的系统可靠度指标为 R_S^*,即要求的系统不可靠度 $F_S^* = 1 - R_S^*$,按比例分配法,系统分配给各单元的不可靠度 F_i^* 正比于预计的不可靠度 F_i。具体步骤如下:

① 确定各单元失效概率的预计值 F_i^*。

② 计算分配给各单元的失效概率:
$$F_i^* = \left(\frac{F_s^*}{\prod_{k=1}^{n} F_k}\right)^{\frac{1}{n}} F_i, i = 1,2,\cdots,n \qquad (5-16)$$

③ 计算各单元的可靠度指标:
$$R_i^* = 1 - F_i^*, i = 1,2,\cdots,n \qquad (5-17)$$

④ 验证分配结果:
$$R_s = 1 - \prod_{i=1}^{n}(1 - R_s^+) \geqslant R_s^* \qquad (5-18)$$

若各单元寿命服从指数分布,并且可靠度很高,则有
$$R(t) = e^{-\lambda t} \approx 1 - \lambda t \qquad (5-19)$$

即不可靠度为
$$F(t) = 1 - R(t) \approx \lambda t \qquad (5-20)$$

对并联系统,有
$$\lambda_S t \approx F_S(t) = \prod_{i=1}^{n} F_i(t) \approx t^n \prod_{i=1}^{n} \lambda_i \qquad (5-21)$$

即
$$\lambda_S \approx t^{n-1} \prod_{i=1}^{n} \lambda_i \qquad (5-22)$$

对各单元寿命服从指数分布的并联系统,要求的系统可靠度指标为 R_S^*,即要求的系统失效率为
$$\lambda_S^* = -\frac{\ln R_S^*}{t} \qquad (5-23)$$

按比例分配法,系统分配给各单元的失效率 λ_i^* 正比于预计的失效率 λ_i,即分配给各单元的失效率为
$$\lambda_i^* = \left[\frac{t\lambda_S^*}{\prod_{k=1}^{n} \lambda_k}\right]^{\frac{1}{n}} \frac{\lambda_i}{t}, i = 1,2,\cdots,n \qquad (5-24)$$

(3) 混联系统的可靠度分配。

混联系统按失效概率比分配比较复杂,一般先将子系统转化为等效单元,再根据同级等效单元按失效概率比进行分配。注意,在并联子系统等效时,等效并联子系统的失效概率为
$$F_{S_i} = \prod_{i=1}^{n_i} F_{ij} \qquad (5-25)$$

在串联子系统等效时,等效串联子系统的失效概率为
$$F_{S_j} \approx \sum_{i=1}^{n_j} F_{ij} \qquad (5-26)$$

一般进行等效分配的结果不一定能满足分配不等式,此时可以将差额部分再按失效概率比分配到各单元上,直至满足分配不等式。

4. 代数分配法

代数分配法又称 AGREE 分配法，它考虑了单元的重要度、复杂程度（各单元的元件数目）及工作时间等因素比较完善。建立分配公式的假定依然是：各单元的故障时间随机变量服从指数分布，其失效相互独立，各单元之间为串联关系。设系统由 n 个单元组成；各单元的组成件数为 n_i；各单元的预计失效率为 λ_i；各单元的重要度为 E_i（E_i 表示该单元的失效引起系统失效的概率，即各单元失效引起系统失效的次数与各单元自身失效总次数之比）；各单元的工作时间为 t_i；分配给各单元的失效率为 λ_i^*；系统要求的可靠度为 R_S^*。

系统的总组成件数为

$$N = \sum_{i=1}^{n} n_i \qquad (5-27)$$

当各单元的寿命服从指数分布时，且不考虑其重要度，则其可靠度为

$$R_i = \exp(-\lambda_i t_i) \qquad (5-28)$$

若考虑各单元重要度时，这时单元的可靠度应为

$$R_i = 1 - E_i(1 - \exp(-\lambda_i t_i)) \qquad (5-29)$$

对高可靠度，考虑到

$$\exp(-\lambda_i t_i) \approx 1 - \lambda_i t_i \qquad (5-30)$$

得

$$R_i \approx (1 - E_i \lambda_i t_i) \approx \exp(-E_i \lambda_i t_i) \qquad (5-31)$$

这时串联系统的可靠度为

$$R_S = \prod_{i=1}^{n} R_i = \prod_{i=1}^{n} (1 - E_i(1 - \exp(-\lambda_i t_i)))$$

$$\approx \prod_{i=1}^{n} (1 - E_i \lambda_i t_i) \approx \prod_{i=1}^{n} \exp(-E_i \lambda_{ti}) \qquad (5-32)$$

为进一步考虑单元的复杂程度的影响，要求出单元复杂度。各单元的复杂度为各单元的组成件数 n_i 与系统的总组成件数 N 之比，n_i/N 称为单元的复杂度。当只考虑复杂度时，各单元的可靠度应为

$$R_i = R_S^{(n_i/N)} \qquad (5-33)$$

按重要度和复杂度分配，则有

$$R_i^* \approx \exp[-E_i \lambda_i^* t_i] \approx R_S^*(n_i/N) \qquad (5-34)$$

两边取自然对数，故失效率分配公式为

$$\lambda_i^* \approx \frac{n_i(-\ln R_S^*)}{N E_i t_i} \qquad (5-35)$$

5.2.7 进行可靠性分配时的注意事项

进行可靠性分配工作时，需要注意以下几点：

（1）可靠性分配应在研制阶段的早期开始进行，要求如下：

①使设计人员尽早明确其设计要求，研究实现这个要求的可能性。

②为外购件及外协件提出可靠性指标提供初步依据。
③根据所分配的可靠性要求估算所需人力和资源等管理信息。

（2）可靠性分配应反复多次进行。在方案论证和初步设计工作中，分配是较粗略的，仅粗略分配后，应与经验数据进行比较、权衡；也可和不依赖于初步分配的可靠性预测结果相比较，确定分配的合理性，并根据需要重新分配。随着设计工作的不断深入，可靠性模型逐步细化，可靠性预计工作也须随之反复进行。

（3）为了尽可能减少可靠性分配的重复次数，在规定可靠性指标的基础上，可考虑留出一定的余量。这种做法为在设计过程中增加新功能元件留下了考虑的余地，因而可以避免为适应附加的设计而必须反复分配。

（4）可靠性分配的主要目的是使各级设计人员明确其可靠性设计目标，因此，必须按成熟期规定值（或目标值）进行分配。

5.3　可靠性预计

可靠性预计是指为了估计产品在给定工作条件下的可靠性而进行的工作。在系统的设计阶段就要对系统的可靠性进行预计，以便及时发现设计中存在的可靠性方面的问题并及时修改，确保在费用和时间等资源限制下达到要求的指标。系统的可靠性预计是一个由局部到整体、由下到上的一种预测方法，可靠性分配是从系统直到最低单元由上到下的分配过程，二者往往交互进行。

5.3.1　可靠性预计的目的

（1）将预计结果与要求的可靠性指标相比较，审查设计任务书中提出的可靠性指标是否能达到要求。

（2）在方案论证阶段，通过可靠性预计，根据预计结果的相对性进行方案比较，选择最优方案。

（3）在设计阶段，通过可靠性预计，发现设计中的薄弱环节及存在问题，及时采取改进措施，加以改进。

（4）为可靠性增长试验、可靠性鉴定试验及费用核算等方面的研究提供依据。

可靠性预计的主要价值在于它可以作为设计手段，为设计决策提供依据。因此，要求预计工作具有及时性，即在决策之前做出预计，提供有用的信息，否则这项工作就会失去意义。为了达到预计的及时性，在设计的不同阶段及系统的不同层次上可采用不同的预计方法，由粗到细，随着研制工作的深化而不断细化。

5.3.2　基本可靠性预计和任务可靠性预计

基本可靠性预计可以表明由于产品的不可靠给维修和保障所增加的负担；而任务可靠性预计是预计产品成功完成规定任务的能力，以便为产品的作战效能分析提供依据。两者应结合进行，一般在产品设计的早期阶段，任务可靠性预计往往难以进行，此时一般做必要的基本可靠性预计。随着设计工作的深入开展，两种预计可逐步同时进行，其预计结果可以为设计人员提供权衡设计的依据。通过预计，若基本可靠性不足，可采用简化设计，使用高质量元器件或采用冗余方法来解决。

5.3.3 可靠性预计的方法

工程上的可靠性预计常用的方法有元器件计数法、应力分析法、相似产品法、故障率预计法、专家评分法、相似产品类比论证法、可靠性框图法、功能预计法、上下限法。

5.3.3.1 元器件计数法

该方法适用于电子类产品的基本可靠性预计，主要用于方案论证及初步设计阶段。这种方法是以元器件的可靠性数据为基础预计系统的可靠性。元器件的可靠性数据是不能用计算方法得出的，只能在实际的工作场合或在实验室中测出，而且大多数的零部件或元器件都是假定失效分布类型为指数分布。由于指数分布的失效率 λ 是一常数，因此，在进行预测计算时就方便得多。目前，有些国家采用寿命试验的方法，求出各种元器件的失效率数据，编成手册，以供使用，如 GJB/Z 299C《电子设备可靠性预计手册》。在元器件计数法中，元器件的质量系数、通用失效率等都可从手册中查出。

元器件计数法用于初步设计阶段，这时已大致知道将用于某设备的各种等级和类型（电阻器、电容器、变压器）的元器件数目，不需要知道每个元器件的工作应力。这种方法所需的信息为：每一类型的器件数目，该类元器件的通用失效率和质量水平以及设备的环境条件。

元器件计数法预计设备失效率的数学模型为

$$\lambda_s = \sum_{i=1}^{n} N_i(\lambda_{Gi}, \pi_{Qi}) \tag{5-36}$$

式中：λ_s 为设备的总失效率，它反映了在设计制造和试验过程中，工艺质量控制的等级，一般可分为 A、B、C 三级，可查专用表；λ_{Gi} 为第 i 个元器件的通用失效率；π_{Qi} 为第 i 个元器件的质量系数；N_i 为第 i 个元器件的数量；N 为不同的元器件种类的数目。

通用失效率是指电子元器件在不同环境中，在通用工作环境温度和常用工作应力条件下的失效率。通用工作环境温度是指在不同环境条件下，各类器件在工作时通用的周围环境温度。

若设备是在同一环境工作，则可直接使用式（5-36）。如果设备是由几个单元组成的，而且各单元的工作环境也不同（例如，机载武器系统由几个单元组成，其中有些单元处于机舱内，有些单元则可能悬挂在机舱外），则应该按每一环境中的单元工作失效率计算公式计算（公式可参考 GJB/Z 299C《电子设备可靠性预计手册》），然后将这些单元的工作失效率相加，求出设备总失效率。其中环境系数可查 GJB/Z 299C《电子设备可靠性预计手册》。

应用元器件计数可靠性预计法较简便，以基于 GJB/Z 299C《电子设备可靠性预计手册》进行可靠性预计为例，其基本步骤如下：

（1）列出设备所用的元器件种类以及每类元器件的数量、质量等级和设备的应用环境类别。

（2）从 GJB/Z 299C《电子设备可靠性预计手册》的第 6 章，查得各种类元器件在该环境类别下的通用失效率 λ_G 以及通用质量系数 π_Q。

（3）将（1）、（2）步骤所得到的数据填入失效率预计表（表 5-1）。

表 5-1 失效率预计表（样式）

项目名称					组件名称		MTBF	
阶段	工作状态				∑ 数量		∑ 失效率	
位号/序号/节点名称	型号	类别	环境	质量等级	质量系数 π_Q	数量	λ_G	$\lambda_G \pi_Q$	$N\lambda_G \pi_Q$

（4）按式（5-36）分别计算不同应用环境下的分系统失效率或单元失效率。

（5）将分系统失效率或单元失效率按可靠性模型及对应的数学表达式进行计算，获得整个系统、设备的总失效率及其 MTBF 等可靠性指标。

5.3.3.2 应力分析法

应力分析法适用于电子类产品在详细设计阶段的可靠性预计，它是以每一类型元器件的质量水平、工作应力及环境应力等因素以及每一类型元器件的平均失效率为基础进行分析。但是元器件的强度与元器件应力水平之间的相互关系，决定了在给定条件下的元器件失效率。因此，元器件处于不同的应力水平就会有不同失效率，这就是应力分析法的原理。应力分析法需要知道元器件所承受的应力参数，如温度、湿度、振动等，这就决定了这种方法只能在详细设计阶段进行。该方法与元器件计数法的不同之处是根据元器件所处的实际应力环境条件，对元器件的失效率进行修正。这种方法首先建立元器件失效率模型（可查 GJB/Z 299C《电子设备可靠性预计手册》），根据所给的环境应力，就能算出元器件的工作失效率；然后根据可靠性框图的逻辑关系，计算出设备的总失效率。

下面介绍元器件应力分析可靠性预计法的一般程序。

在获得元器件工作失效率预计模型相应的数据、信息之后，可按下述步骤有条不紊地逐级进行预计：

（1）参照设备、系统的功能原理，划分除在电路功能上相对独立、内部为串联结构的可靠性预计单元，然后确定各预计单元间的可靠性逻辑关系和数学关系，即建立产品可靠性模型。

（2）分析各元器件的应用方式、工作环境温度及其他环境应力以及电应力比等工作应力数据。

（3）汇编设备的元器件详细清单，清单内容包括元器件名称、型号、规格、数量、产品标准或技术文件、性能额定值，以及有关的设计、工艺、结构参数和工作应力数据等。

（4）按照各种类元器件的工作失效率模型，计算每个预计单元内各元器件的工作失效率。

（5）将（2）、（3）步骤所得到的数据填入应力分析可靠性预计表（表 5-2）。

表 5–2　应力分析可靠性预计表（样式）

项目名称			组件名称						MTBF	
阶段			工作状态					∑数量	∑失效率	
位号/序号/节点名称	型号	类别	预计依据	环境	温度/℃	质量等级	应力比	π系数	数量	失效率	失效率分布

（6）将预计单元内元器件的工作失效率相加，由此计算组件或分系统的失效率。

（7）按设备、系统的可靠性模型逐级预计设备、系统的平均故障间隔时间与可靠度等可靠性指标。

一般产品的元器件数量较多，如果利用应力分析法预计其可靠度是很烦琐且费时的。目前，国内外已开发了相关软件工具，利用计算机辅助预计软件工具进行可靠性预计可大大节省人力和时间。

5.3.3.3　相似产品法

相似产品法适用于机械、电子、机电类产品等具有相似可靠性数据的新产品在方案论证及初步设计阶段进行可靠性预计。该方法适用于初始构思、规划新品方案的总体论证阶段，由于信息少，只能大体估计，通过一些简单的预计，如寻求在用途、性能和结构等方面与研制进行对象相类似的老产品或电路，以其可靠性水平作为所研制产品可靠性的估计值。对新产品可能达到的可靠性水平进行粗略的预测，进而评估新产品总体方案的可行性。

相似产品法的适用条件对新设备与老设备是相似的。老设备的可靠性水平是已知的，相似法的预计精度取决于现有设备可靠性数据的可信程度，以及现有设备和新设备的相似程度。

1. 相似产品法考虑的相似因素

（1）产品结构、性能的相似性。

（2）设计的相似性。

（3）材料和制造工艺的相似性。

（4）使用剖面（保障、使用和环境条件）的相似性。

相似产品法简单、快捷，适用于系统研制的各个阶段，可应用于各类产品的可靠性预计，如电子、机械、机电等产品，其预计的准确性取决于产品的相似性。成熟产品的详细故障记录越全、数据越丰富，新老产品比较的基础越好，预计的准确度越高。

2. 相似产品法的预计程序

（1）确定相似产品，考虑前述的相似因素，选择确定与新产品最为相似且有可靠性数据的产品。

（2）分析相似因素对可靠性的影响。分析所考虑的各种因素对产品可靠性的影响程度，分析新产品与老产品的设计差异以及这些差异对可靠性的影响。

（3）新产品可靠性预计。确定新产品与老产品的可靠度比值，当然，这些比值应由有经验的专家评定。最终，根据比值预计出新产品的可靠度。

5.3.3.4 专家评分法

专家评分法适用于机械、机电类产品，用于产品的方案论证阶段、初样设计阶段和详细设计阶段。

专家评分法是依靠有经验专家的工程经验，按照几种因素进行评分。按评分结果，由已知的某单元故障率数据，根据评分系数，算出其余单元的故障率。

1. 评分考虑的因素

评分考虑的因素可按产品特点而定。这里介绍以产品故障率为预计参数常用的4种评分因素，每种因素的分数为1~10分。

（1）复杂度。它是根据组成分系统的元器件、部件数量以及组装的难易程度来评定，最简单的评1分，最复杂的评10分。

（2）技术水平。根据分系统目前的技术水平和成熟性来评定，水平最低的评10分，水平最高的评1分。

（3）工作时间。根据分系统工作时间来评定。系统工作时，分系统一直工作的评10分，工作时间最短的评1分。

（4）环境条件。根据分系统所处的环境来评定，分系统工作过程中会经受恶劣和严酷的环境条件的评10分，环境条件最好的评1分。

2. 专家评分法的实施

已知某一分系统的故障率为 λ^*，算出的其他分系统的故障率为

$$\lambda_i = \lambda^* \cdot C_i \tag{5-37}$$

式中：i 为分系统数，$i = 1, 2, \cdots, n$；C_i 为第 i 个分系统的评分系数，即

$$C_i = \omega_i / \omega^* \tag{5-38}$$

$$\omega_i = \prod_{j=1}^{4} r_{ij} \tag{5-39}$$

式中，r_{ij} 为第 i 个分系统，第 j 个因素评分数。$j = 1$ 时表示复杂程度；$j = 2$ 时表示技术水平；$j = 3$ 时表示工作时间；$j = 4$ 时表示环境条件。

5.3.4 进行可靠性预计的不同研制阶段

不同研制阶段的可靠性预计方法的选用可参考表5-3。

表5-3 不同研制阶段的可靠性预计方法选用参考表

研制阶段	可靠性预计方法
方案论证阶段	功能预计法、相似产品法、可靠性框图法
初步设计阶段	评分法、元器件计数法、相似产品类比论证法、可靠性框图法
详细设计阶段	故障率预计法、应力分析法、上下限法、可靠性框图法

1. 方案论证阶段

在这个阶段信息的详细程度只限于系统的总体情况、功能要求和结构设想，一般采用功

能预计法或相似产品法，以工程经验来预计系统的可靠性，为方案决策提供依据，称此阶段为"可行性预计"阶段。

2. 初步设计阶段

初步设计阶段已有了工程图或草图，系统的组成已确定，可采用元器件计数法、专家评分法、相似产品类比论证法预计系统的可靠性，发现设计中的薄弱环节并加以改进，称此阶段为"初步预计阶段"。

3. 详细设计阶段

详细设计阶段的特点是系统的各个组成单元都具有了工作环境和使用应力的信息，可采用应力分析法或故障率预计法来较准确地预计系统的可靠性，为进一步改进设计提供依据，也称此阶段为"详细预计阶段"。

5.3.5 进行可靠性预计时的注意事项

（1）可靠性预计作为一种工具主要用于选择最佳方案。在选择了某一设计方案后，通过可靠性预计可以发现设计中的薄弱环节，以便采取改正措施。另外，通过可靠性预计和分配的相互配合，可以把规定的可靠性指标合理分配给产品的各组成部分。但需要注意，虽然通过可靠性预计可以推测产品能否达到可靠性要求，但绝不能把预计值作为可靠性要求满足程序的依据。产品可靠性水平只能通过验证试验给出。

（2）产品的复杂程度、研制费用及进度要求等直接影响着可靠性预计的详略程度，产品不同及所处研制阶段不同，可靠性预计的详细程度及方法也不同。可靠性预计可在不同的层次上进行。约定层次的确定必须考虑产品的研制费用、进度要求和可靠性要求，并应与进行影响与致命度分析的最低产品层次一致。

（3）应尽早利用可靠性预计结果，为转阶段决策提供信息，为此，可靠性预计的时机应在合同及有关文件中予以规定。

（4）基本可靠性预计应全面考虑从产品接收到退役期间的可靠性，应是全寿命周期的可靠性预计。产品在整个寿命周期内除工作状态外，还处于不工作（如待命、待机等）、储存等非工作状态。应分别计算各状态下的故障率，然后加以综合，预计出装备可靠性值。任务可靠性预计应考虑每一任务剖面的可靠性要求。

（5）通过预计，若基本可靠性不足，可通过简化设计、采取高质量等级的元器件和零部件、改善应力条件、调整性能容差等措施来弥补。但采用冗余技术会增加产品的复杂程度、降低基本可靠性。必要时，应重新进行可靠性分配。

（6）可靠性预计值必须大于规定值。预计结果不仅用于指导设计，还可为可靠性试验和制订维修计划、保障性分析、安全性分析等提供信息。

【示例 5-1】

计算某火炮的可靠度分配

火炮某部件由 3 个组件构成，3 个组件任何一个失效都将导致该部件失效，因此，构成一个 3 单元串联模型。在设计初期，将部件可靠度指标 $R_s^* = 0.84$ 等同分配给 3 个单元：

$$R_1^* = R_2^* = R_3^* = (R_s^*)^{\frac{1}{3}} = 0.84^{\frac{1}{3}} = 0.9435$$

验算分配结果为

$$R_s = R_1^* R_2^* R_3^* = 0.9435^3 = 0.839896 < R_s^*$$

即不满足要求，需重新分配。究其原因，是在分配时采用"四舍五入"造成的。因此，在可靠度分配时应注意：为了保证分配结果满足系统可靠度要求，一般对可靠度的有效数字不采取"四舍五入"方法，而是采取直接进位方法，使分配的可靠度往大的方向取。如取

$$R_1^* = R_2^* = R_3^* = (R_s^*)^{\frac{1}{3}} = 0.84^{\frac{1}{3}} = 0.944$$

验算分配结果为

$$R_S = R_1^* R_2^* R_3^* = 0.944^3 = 0.8412 > R_S^*$$

满足要求。

并联系统的可靠度为

$$R_S = 1 - \prod_{i=1}^{n}(1 - R_i)$$

设给定并联系统的可靠度指标为 R_s^*，按等同分配要求，分配给各单元可靠度指标为

$$R_i^* = 1 - (1 - R_s^*)^{\frac{1}{n}}, i = 1, 2, \cdots, n$$

【示例 5-2】

计算火炮某部件的可靠度分配

火炮某部件由 2 个组件构成，2 个组件任何一个失效都不导致该部件失效，只有 2 个组件同时失效才导致该部件失效，因此，构成一个 2 单元并联模型。在设计初期，将部件可靠度指标 $R_s^* = 0.95$ 等同分配给 2 个单元：

$$R_1^* = R_2^* = 1 - (1 - R_s^*)^{\frac{1}{2}} = 1 - (1 - 0.95)^{\frac{1}{2}} = 0.7764$$

验算分配结果为

$$R_S = 1 - (1 - R_1^*)(1 - R_2^*) = 1 - (1 - 0.776,4)^2 = 0.950003 > R_S^*$$

满足要求。

对于混联系统的可靠度分配，可以先将系统简化为等效串联系统和等效单元，再对同级等效单元按等同分配法分配相同的可靠度。

【示例 5-3】

按等同分配原则分配可靠度指标

一个由 5 单元组成的混联系统，其可靠性框图如图 5-1 所示，要求系统的可靠度指标

$R_S^* = 0.95$。在设计初期，按等同分配原则将系统可靠度指标分配到各单元。

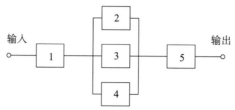

图 5-1　混联系统可靠性框图

将混联系统等效为串联系统，如图 5-2 所示。对等效串联系统，按等同分配原则分配：

$$R_1^* = R_{2\sim4}^* = R_5^* = R^* = \sqrt[3]{R_S^*} = 0.984$$

图 5-2　等效系统可靠性框图

对由 2 单元、3 单元和 4 单元组成的并联系统，按等同分配原则分配：

$$R_2^* = R_3^* = R_4^* = 1 - (1 - R_{2\sim4}^*)^{\frac{1}{3}} = 1 - \sqrt[3]{1 - 0.984} = 0.748$$

为保证系统可靠度，取

$$R_2^* = R_3^* = R_4^* = 0.75$$

验算：

$$R_{2\sim4}^* = 1 - (1 - R_2^*)(1 - R_3^*)(1 - R_4^*) = 1 - (1 - 0.75)^3 = 0.9844$$

$$R_S = R_1^* R_{2\sim4}^* R_5^* = 0.984 \times 0.9844 \times 0.984 = 0.953 > R_s^*$$

满足要求。

【示例 5-4】

某火炮分系统各单元的评分分配

某火炮分系统由炮身、炮闩、供弹机构、击发机构、炮箱、缓冲装置、电机等单元组成。要求系统故障率 λ_i^* 不大于 1/发。应用评分分配法将系统故障率分配到各单元。

根据多名专家综合评分，给出各单元的各影响因子如表 5-4 所示。按照上述分配公式计算结果也列入表 5-4 中。

表 5-4　某火炮分系统各单元的各影响因子及计算

部件名称	复杂因子	重要因子	成熟因子	环境因子	工艺因子	K_i	C_i	λ_i^*
炮身	2	3	1	1	2	12	0.0945	4.72×10^{-5}
炮闩	2	2	2	1	2	16	0.1260	6.30×10^{-5}

续表

部件名称	复杂因子	重要因子	成熟因子	环境因子	工艺因子	K_i	C_i	λ_i^*
供弹机构	2	2	2	1	3	24	0.189 0	9.45×10^{-5}
击发机构	1	3	1	1	1	3	0.023 6	1.18×10^{-5}
炮箱	2	4	2	1	4	64	0.503 9	25.19×10^{-5}
缓冲装置	1	5	1	1	1	5	0.039 4	1.97×10^{-5}
电机	1	3	1	1	1	3	0.023 6	1.18×10^{-5}
						$K=127$		$\lambda_s = 4.999 \times 10^{-4}$

【示例 5-5】

按比例法分配某并联系统可靠度指标

某串联系统由 3 个单元组成,单元寿命服从指数分布,各单元的预计失效率分布为: $\lambda_1 = 0.005 /h$, $\lambda_2 = 0.003 /h$, $\lambda_3 = 0.002 /h$, 要求各组 20h 时系统的可靠度为 $R_S^* = 0.980$,按比例法将系统可靠度指标分配给各单元。

(1) 预计系统失效率为

$$\lambda_S = \sum_{k=1}^{3} \lambda_k = 0.005 + 0.003 + 0.002 = 0.01$$

(2) 校核系统可靠度是否满足要求:

$$R_S = \exp(-\lambda_S t) = \exp(-0.01 \times 20) = 0.818\,7 < R_S^*$$

不满足可靠性要求,应进行分配。利用已有的单元失效率来进行比例分配。

(3) 系统失效率指标为

$$\lambda_S^* = \frac{\ln R_S^*}{t} = -\frac{\ln 0.980}{20} = 0.001$$

(4) 计算分配给各单元的失效率指标为

$$\lambda_1^* = \frac{\lambda_1}{\sum_{k=1}^{3} \lambda_k} \lambda_S^* = \frac{0.005}{0.010} \times 0.001,01 = 0.000\,5$$

$$\lambda_2^* = \frac{\lambda_2}{\sum_{k=1}^{3} \lambda_k} \lambda_S^* = \frac{0.003}{0.010} \times 0.001\,01 = 0.000\,3$$

$$\lambda_3^* = \frac{\lambda_3}{\sum_{k=1}^{3} \lambda_k} \lambda_S^* = \frac{0.002}{0.010} \times 0.001\,01 = 0.000\,2$$

(5) 计算分配给各单元的可靠度指标为

$$R_1^* = \exp(-\lambda_1^* t) = \exp(-0.000\,5 \times 20) = 0.990\,5$$

$$R_2^* = \exp(-\lambda_2^* t) = \exp(-0.000\,3 \times 20) = 0.994\,02$$

$$R_3^* = \exp(-\lambda_3^* t) = \exp(-0.000\ 2 \times 20) = 0.996\ 01$$

(6) 检验分配结果为

$$R_S = R_1^* R_2^* R_3^* = 0.990\ 05 \times 0.994\ 02 \times 0.996\ 01 = 0.980\ 20 > R_S^*$$

此次分配满足系统可靠度要求。

【示例 5-6】

运用比例分配法计算某系统的可靠性

某系统由 4 个单元串联而成,原系统工作 100 h 时,各单元的不可靠度分别为: $F_1 = 0.042\ 5$, $F_2 = 0.014\ 9$, $F_3 = 0.048\ 7$, $F_4 = 0.000\ 4$,新设计系统要求工作 100 h 时的可靠度指标 $R_S^* = 0.95$,运用比例法将系统可靠度指标分配给各单元,即

$$\sum_{k=1}^{4} F_k = 0.042\ 5 + 0.014\ 9 + 0.048\ 7 + 0.000\ 4 = 0.106\ 5$$

$$F_S^* = 1 - R_S^* = 1 - 0.95 = 0.05$$

$$F_1^* = \frac{F_1}{\sum_{i=1}^{4} F_k} F_S^* = \frac{0.042\ 5}{0.106\ 5} \times 0.05 = 0.019\ 9$$

$$R_q^* = 1 - F_s^* = 1 - 0.019 = 0.980\ 1$$

$$F_2^* = \frac{F_2}{\sum_{i=1}^{4} F_k} F_S^* = \frac{0.014\ 9}{0.106} \times 0.05 = 0.006\ 9$$

$$R_2^* = 1 - F_5^* = 1 - 0.006\ 9 = 0.993\ 1$$

$$F_3^* = \frac{F_3}{\sum_{i=1}^{4} F_k} F_S^* = \frac{0.048\ 7}{0.106\ 5} \times 0.05 = 0.022\ 8$$

$$R_3^* = 1 - F_5^* = 1 - 0.022\ 8 = 0.977\ 2$$

$$F_4^* = \frac{F_4}{\sum_{i=1}^{4} F_k} F_S^* = \frac{0.000\ 4}{0.106\ 5} \times 0.05 = 0.000\ 1$$

$$R_4^* = 1 - F_5^* = 1 - 0.000\ 1 = 0.999$$

验算系统可靠度:

$$R_S = R_1^* R_2^* R_3^* R_4^* = 0.980\ 1 \times 0.993\ 1 \times 0.977\ 2 \times 0.999\ 9 = 0.951\ 0 > R_5^*$$

此次分配满足系统可靠度要求。

【示例 5-7】

运用比例分配法分配某串联系统的可靠度指标

某系统为 3 单元并联系统,预计工作 1 000 h 时,各单元的不可靠度分别为:$F_1 = 0.08$,$F_2 = 0.10$,$F_3 = 0.15$,要求新设计的系统在工作 1 000 h 时的可靠度 $R_S^* = 0.999\,5$,运用比例分配法将可靠度指标分配到各单元。

(1) 计算系统可靠度,即

$$R_S = 1 - \prod_{i=1}^{n} F_i = 1 - 0.08 \times 0.10 \times 0.15 = 0.998\,8 < R_S^*$$

系统可靠度不满足要求,应进行可靠性分配。为了充分利用已有信息,采用比例分配法。

(2) 计算系统不可靠度指标,即

$$F_s^* = 1 - R_s^* = 1 - 0.999\,5 = 0.000\,5$$

(3) 计算分配给各单元的失效概率,即

$$F_1^* = \left(\frac{F_s^*}{\prod_{k=1}^{3} F_k}\right)^{\frac{1}{3}} F_1 = \sqrt[3]{\frac{0.000\,5}{0.08 \times 0.10 \times 0.15}} \times 0.08 = 0.059\,75$$

$$F_2^* = \left(\frac{F_s^*}{\prod_{k=1}^{3} F_k}\right)^{\frac{1}{3}} F_2 = \sqrt[3]{\frac{0.000\,5}{0.08 \times 0.10 \times 0.15}} \times 0.10 = 0.074\,69$$

$$F_3^* = \left(\frac{F_s^*}{\prod_{k=1}^{3} F_k}\right)^{\frac{1}{3}} F_3 = \sqrt[3]{\frac{0.000\,5}{0.08 \times 0.10 \times 0.15}} \times 0.15 = 0.112\,03$$

(4) 计算各单元的可靠度指标,即

$$R_1^* = 1 - F_1^* = 1 - 0.059\,7\,5 = 0.940\,25$$
$$R_2^* = 1 - F_2^* = 1 - 0.074\,6\,9 = 0.925\,31$$
$$R_3^* = 1 - F_3^* = 1 - 0.112\,03 = 0.887\,97$$

(5) 验证分配结果:

$$R_S = 1 - \prod_{i=1}^{n} F_i^* = 1 - 0.059,75 \times 0.074\,69 \times 0.112\,03 = 0.999\,5 \geqslant R^*$$

此次分配满足可靠性要求。

【示例 5-8】

运用比例分配法分配某并联系统的可靠度指标

某系统为 3 单元并联系统,各单元的寿命服从指数分布,各单元失效率分别为要求新设计的系统在工作 500 h 时的可靠度 $R_s^* = 0.9995$，运用比例分配法将可靠度指标分配到各单元。

（1）计算系统可靠度，即

$$R_s = 1 - \prod_{i=1}^{n}(1 - \exp(-\lambda_i t))$$
$$= 1 - (1 - \exp(-0.0002 \times 500)) \times (1 - \exp(-0.00025 \times 500)) \times$$
$$(1 - \exp(-0.0003 \times 500))$$
$$= 0.998442 < R_s^*$$

系统可靠度不满足要求，应进行可靠性分配。为了充分利用已有信息，采用比例分配法。

（2）计算要求的系统失效率，即

$$\lambda_s^* = -\frac{\ln R_s^*}{t} = -\frac{\ln 0.9995}{500} = 1.00025 \times 10^6$$

（3）计算分配给各单元的失效率，即

$$\lambda_1^* = \left(\frac{t\lambda_S^*}{\prod_{k=1}^{n}\lambda_k}\right)^{\frac{1}{n}}\frac{\lambda_1}{t} = \left(\frac{500 \times 1.00025 \times 10^{-5}}{0.00020 \times 0.00025 \times 0.00030}\right)^{\frac{1}{3}}\frac{0.00020}{500} = 0.000129$$

$$\lambda_2^* = \left(\frac{t\lambda_S^*}{\prod_{k=1}^{n}\lambda_k}\right)^{\frac{1}{n}}\frac{\lambda_2}{t} = \left(\frac{500 \times 1.00025 \times 10^{-4}}{0.00020 \times 0.00025 \times 0.00030}\right)^{\frac{1}{3}}\frac{0.00025}{500} = 0.000161$$

$$\lambda_3^* = \left(\frac{t\lambda_S^*}{\prod_{k=1}^{n}\lambda_k^*}\right)^{\frac{1}{n}}\frac{\lambda_3}{t} = \left(\frac{500 \times 1.00025 \times 10^{-4}}{0.00020 \times 0.00025 \times 0.00030}\right)^{\frac{1}{3}}\frac{0.00030}{500} = 0.000193$$

（4）验证分配结果：

$$R_s = 1 - \prod_{i=1}^{n}(1 - \exp(-\lambda_i t))$$
$$= 1 - (1 - \exp(-0.000129 \times 500)) \times (1 - \exp(-0.000161 \times 500)) \times$$
$$(1 - \exp(-0.000193 \times 500))$$
$$= 0.999553 > R_s^*$$

此次分配满足可靠性要求。

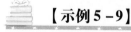

【示例 5-9】

运用比例分配法分配某混联系统的可靠度指标

某子系统由 3 个单元混联构成，其可靠性框图如图 5-3 所示。已知各单元预计不可靠度分别为：$F_A = 0.03$，$F_B = 0.05$，$F_C = 0.12$，要求新设计的系统的可靠度为 $F_s^* = 0.995$，运用比例分配法将可靠度指标分配到各单元。

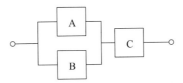

图 5-3 混联子系统可靠性框图

(1) 混联子系统预计可靠度为
$$R_s = 1 - F_{AB}F_C = 1 - (1-(1-F_A)(1-F_B))F_C = 0.990\,58 < R_s^*$$
系统可靠度不满足要求，应进行可靠性分配。为了充分利用已有信息，采用比例分配法。

(2) 计算系统不可靠度指标，即
$$F_s^* = 1 - R_s^* = 1 - 0.995 = 0.005$$

(3) 计算分配给各单元的失效概率，即

$$F_{AB}^* = \left(\frac{F_s^*}{F_{AB}F_C}\right)^{\frac{1}{2}} F_{AB}$$

$$= \sqrt{\frac{0.005}{(1-(1-0.03)\times(1-0.05))\times 0.12}} \times (1-(1-0.03)\times(1-0.05))$$

$$= 0.057\,19$$

$$F_C^* = \left(\frac{F_s^*}{F_{AB}F_C^*}\right)^{\frac{1}{2}} F_C$$

$$= \sqrt{\frac{0.005}{(1-(1-0.03)\times(1-0.05))\times 0.12}} \times 0.12$$

$$= 0.078$$

$$F_A^* = \frac{F_{AB}^*}{F_A + F_B}F_A = \frac{0.0571\,9}{0.03+0.05}\times 0.03 = 0.021$$

$$F_B^* = \frac{F_{AB}^*}{F_A + F_B}F_B = \frac{0.0571\,9}{0.03+0.05}\times 0.05 = 0.035$$

(4) 验证混联子系统可靠度：
$$R_S = 1 - (1-(1-F_A^*)(1-F_B^*))F_C^* = 0.995\,574 > R_S^*$$
此次分配满足系统可靠度要求。

【示例 5-10】

某火炮按重要度和复杂性分配可靠性指标

某火炮的子系统主要由炮身、复进机、制退机、高低机等部件组成，可靠性框图为串联。各部件的基本数据如表 5-5 所示。要求火炮发射 40 发时，其可靠度指标 $R_s^* = 0.9$，按重要度和复杂性将可靠度指标分配到各部件。

表 5-5　某火炮的子系统基本数据

序号	部件名称	零件数	重要度
1	炮身	113	1.0
2	复进机	62	1.0
3	制退机	74	1.0
4	高低机	66	1.0

某火炮的子系统的总零件数为

$$N = 113 + 62 + 74 + 66 = 315$$

将系统可靠度指标分配到各部件，即

$$\lambda_1^* \approx \frac{n_1(-\ln R_s^*)}{NE_1 t_1} = \frac{1.13 \times (-\ln 0.9)}{3.15 \times 1.0 \times 40} = 0.000\,9/发$$

$$\lambda_2^* \approx \frac{n_2(-\ln R_s^*)}{NE_2 t_2} = \frac{62 \times (-\ln 0.9)}{315 \times 1.0 \times 40} = 0.000\,5/发$$

$$\lambda_3^* \approx \frac{n_3(-\ln R_s^*)}{NE_3 t_3} = \frac{74 \times (-\ln 0.9)}{315 \times 1.0 \times 40} = 0.000\,6/发$$

$$\lambda_4^* \approx \frac{n_4(-\ln R_s^*)}{NE_4 t_4} = \frac{66 \times (-\ln 0.9)}{315 \times 1.0 \times 40} = 0.000\,6/发$$

系统可靠度为

$$R_s = \prod_{i=1}^{n} R_i = \prod_{i=1}^{n} \left\{ 1 - E_i \left[1 - \exp\left(-\frac{t_i}{t_i}\right) \right] \right\}$$

$$= \{1 - 1.0 \times [1 - \exp(-40 \times 0.000\,9)]\} \times \{1 - 1.0 \times [1 - \exp(-40 \times 0.000\,5)]\} \times$$
$$\{1 - 1.0 \times [1 - \exp(-40 \times 0.000\,6)]\} \times \{1 - 0.9 \times [1 - \exp(-40 \times 0.000\,6)]\}$$
$$= 0.903\,4 > R_s^*$$

此次分配满足系统可靠度要求。

【示例 5-11】

运用专家评分法计算分系统故障率

某飞行器由动力装置、武器等 6 个分系统组成。已知制导装置故障率为 $284.5 \times 10^{-8}/h$，即 $\lambda^* = 284.5 \times 10^{-8}/h$，运用专家评分法计算其他分系统的故障率，一般计算可用表格进行。

表 5-6 某飞行器的故障率计算

序号	分系统名称	复杂度 r_{i1}	技术水平 r_{i2}	工作时间 r_{i3}	环境条件 r_{i4}	分系统评分数 ω_i	分系统评分系数 $C_i = \omega_i/\omega^*$	各分系统的故障率/($\times 10^{-8} \cdot h^{-1}$) $\lambda_i = \lambda^* \cdot C_i$
1	动力装置	5	6	5	5	750	0.300	85.4
2	武器	7	6	10	2	840	0.336	95.6
3	制导装置	10	10	5	5	(ω^*) 2 500	1.0	(λ^*) 285.4
4	飞行控制装置	8	8	5	7	2 240	0.896	254.9
5	机体	4	2	10	8	640	0.256	72.8
6	辅助动力装置	6	5	5	5	750	0.3	85.4

表 5-6 中最右列即根据专家评分法计算得到的各分系统故障率。把该列数值相加,即得该飞行器故障率为 $878.6 \times 10/h$。

【示例 5-12】

某装甲车辆可靠性预计及分配

1. 可靠性模型

基本可靠性模型由底盘系统、信息系统、作业系统、遥控武器站 4 个系统组成串联模型。其基本可靠性框图如图 5-4 所示。

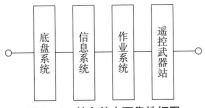

图 5-4 某车基本可靠性框图

某车基本可靠性的数学模型如下:
某车的故障率 λ_0 为

$$\lambda_0 = \sum_{i=1}^{4} \lambda_i$$

式中,λ_1、λ_2、λ_3、λ_4 分别为底盘系统、无人信息系统、作业系统、遥控武器站的故障率。

2. 指标分配

可靠性分配使用评分分配方法进行确定,兼顾考虑以往相似产品的历史故障数据影响,可靠性指标平均故障间隔里程 180 km 换算为故障率 $1/180 = 0.005\,556$,预留 10% 的分配余量,按照 0.005 556 - 0.000 555 6 = 0.005 进行分配,分配结果如表 5-7 所示。

表 5-7 可靠性分配结果

总成名称	评分因子					评分 ω_i	可靠性分配结果		
	复杂程度因素	技术成熟水平因素	工作时间因素	故障后果因素	环境条件因素		评分系数 c_i	故障率	MTBF /km
底盘系统	8	6	8	5	8	15 360	0.574 506 284	0.002 872 531	348.125
信息系统	3	2	8	7	7	2 352	0.087 971 275	0.000 439 856	227 3.469 388
作业系统	5	4	7	8	6	6 720	0.251 346 499	0.001 256 732	795.714 285 7
遥控武器站	4	2	6	8	6	2 304	0.086 175 943	0.000 430 88	2 320.833 333
合计						26 736	1		

3. 指标预计

使用相似产品法预计得出可靠性结果如表 5-8 所示。

表 5-8 可靠性预计表

编号	系统	分系统	主要设备名称	预计故障率
1	底盘系统	动力及辅助系统	发动机(集成发电机)	0.000 1
2			冷却系统	0.000 166 67
3			空气供给系统	0.000 166 67
4			排气系统	0.000 166 67
5		传动系统	侧减速器	0.000 1
6			电机减速器	0.000 2
7		行动系统		0.000 8
8		操纵系统	电液控制系统	0.000 2
9			机械制动系统	0.000 231 75
10			油门踏板	0.000 174
11		防护系统	控制系统	0.000 143
13		电源管理系统	高压电源管理系统	0.000 1
14			低压电源管理系统	0.000 1
15		感知系统		0.000 12
底盘系统合计				0.002 768 8

续表

编号	系统	分系统	主要设备名称	预计故障率
16	信息系统	多平台信息网	车载终端	0.000 189 228
17		综合电子信息系统	整车控制器	0.000 346 71
18			主控计算机	0.000 623 854
19			主显示器	0.000 105 902
20			副显示器	0.000 599 292
21			显控一体机	0.000 107 904
		信息系统合计		6.5763E−05
22	某系统	作业系统	作业装置	6.63717E−06
23			驱动电机	6.63717E−06
24			柱塞变量泵	0.000 132 743
25			齿轮泵	0.000 132 743
26			PVG−4 多路阀	0.000 331 859
27			大臂举升液压缸 I	5.30974E−05
28			大臂举升液压缸 II	5.30974E−05
29			伸缩臂液压缸	5.30974E−05
30			角度调整油缸	5.30974E−05
31			开合液压缸	5.30974E−05
32			作业系统控制器	5.30974E−05
33			驱动电机控制器	5.30974E−05
		作业系统合计		0.000 982 301
34		遥控武器站	×××	0.000 133 333
35			×××	2.46667E−05
36			××	2.93333E−05
37			××	2.93333E−05
38			控制系统	0.000 0124
39		某系统合计		0.000 229 067
		整车合计		0.002 789 822

可靠性指标分配与预计结果对比如表 5−9 所示。

表 5-9　可靠性指标分配与预计对比表

总成名称	可靠性分配结果		可靠性预计结果	
	故障率	MTBF/km	故障率	MTBF/km
底盘系统	0.002 872 531	348.125	0.002 7688	361.167 292 7
信息系统	0.000 439 856	2273.469 388	6.5763E−05	15206.118,94
作业系统	0.001 256 732	795.714 2857	0.000 982 301	1018.017 899
某系统	0.000 430 88	2 320.833 333	0.000 229 067	4 365.534 974
			0.004 045 931	247.162

由表 5-9 得到故障率 $\lambda_{整车} = \sum_{i=1}^{n} \lambda_i = 0.004$,故平均故障间隔里程 $\text{MTBF}_{整车} = 247.162$。MTBF 大于 180,故可靠性指标满足指标要求。

第6章
故障模式、影响与危害性分析

6.1 概　　述

故障模式、影响及危害性分析（FMECA）是分析产品所有可能的故障模式及其可能产生的影响，并按每个故障模式产生影响的严重程度及其发生概率予以分类的一种归纳分析方法。通过系统的分析，确定元器件、零部件、设备、软件在设计和制造过程中所有潜在的故障模式，以及每一故障模式的原因和影响，并按故障影响的后果对其潜在故障模式划分类别（危害度分析），以便找出潜在的薄弱环节，并提出改进措施。

FMECA 由故障模式影响分析（FMEA）、危害性分析（CA）两部分组成。只有在进行 FMEA 基础上，才能进行 CA。FMECA 是产品可靠性分析的一个重要的工作项目，也是开展维修性分析、安全性分析、测试性分析和保障性分析的基础。

FMECA 又可分为设计 FMECA 和过程 FMECA。两种方法的比较和选取如表 6-1 所示。

表 6-1　不同阶段的 FMECA 方法的选取

阶段	方法	目的
论证、方案阶段	功能 FMECA	分析研究产品功能设计的缺陷与薄弱环节，为产品功能设计的改进和方案的权衡提供依据
工程研制与定型阶段	功能 FMECA 硬件 FMECA 软件 FMECA 损坏模式及影响分析（DMEA） 过程 FMECA	分析研究产品硬件、软件、生产工艺、生存性与易损性设计的缺陷及薄弱环节，为产品的硬件、软件、生产工艺、生存性与易损性设计的改进提供依据
生产阶段	过程 FMECA	分析研究产品生产工艺的缺陷和薄弱环节，为产品生产工艺的改进提供依据

设计 FMECA 应与产品的设计同步进行。产品在论证与方案阶段进行功能 FMECA；当产品在工程研制阶段、定型阶段，主要是采用硬件（含 DMEA）、软件 FMECA。随着产品设计状态的变化，应不断更新 FMECA，以及时发现设计中的薄弱环节并加以改进。

过程 FMECA 是产品生产工艺中运用 FMECA 的分析工作，它应与工艺设计同步进行，以及时发现工艺实施过程中可能存在的薄弱环节并加以改进。

开展 FMECA 工作时，需要注意以下几点：

（1）FMECA 工作应在规定的产品层次上进行。开展 FMECA 工作时，需要定义好开展

FMECA 的产品层次，以及开展 FMECA 工作的细化程度、深度。

（2）FMECA 应与产品设计工作同步并尽早开展，当设计、生产制造、工艺规程等进行更改，对更改部分应重新进行 FMECA。

（3）应重视各种接口（硬件之间、软件之间及硬件软件之间）的 FMECA，进行硬件与软件相互作用分析，以识别软件对硬件故障的响应。

（4）进行过程 FMECA 时，针对工艺文件、图样（如电路板布局、线缆布线、连接器锁定）、硬件制造工艺等进行分析，以确定产品从设计到制造过程中是否引入了新的故障模式，应以设计图样的 FMECA 为基础，结合现有工艺图样和规程进行分析。

（5）应按下列任一原则，确定进行 FMECA 的最低产品层次：
①与实施保障性分析的产品层次一致，以保证为保障性分析提供完整输入。
②可能引起灾难和致命性故障的产品。
③可能发生一般性故障但需要立即维修的产品。

（6）FMECA 应为转阶段决策提供信息，在有关文件（如合同、FMECA 计划）中应规定进行 FMECA 的时机和数据要求。

（7）开展 FMECA 工作时，关键是故障模式数据的积累。

6.2　FMECA 的工作内容和实施步骤及一般流程

6.2.1　FMECA 的主要工作内容和实施步骤

（1）准备工作。收集被分析对象（产品）的有关信息，提出 FMECA 工作的总要求。

（2）系统定义。对被分析对象进行功能分析，绘制框图。

（3）确定产品所有可能的故障模式，按故障判据、相似产品、试验信息、使用信息和工程经验等确定产品所有可能的故障模式。

（4）确定每个故障模式可能的产生原因及其故障发生概率等级。按产品内部、外部和工程经验等相关情况确定产品故障模式的产生原因及其发生概率等级。

（5）确定每个故障模式可能的影响，按每个故障模式分别对自身影响、高一层次影响和最终影响进行分析，并确定其严酷度类别。

（6）确定每个故障模式可能的检查方法，按每个故障模式的原因、影响确定其检查方法。

（7）制订每个故障模式的设计改进、使用补偿措施。

（8）按每个故障模式可能发生的概率等级与严酷度等级或危害度/风险优先数进行排序，即根据每个故障模式发生概率与严酷度等级或危害度/风险优先数的大小进行其优先排序。

（9）确定薄弱环节及关键项目，按每个故障模式的排序结果识别薄弱环节和关键项目，并列出严酷度为Ⅰ类、Ⅱ类的单点故障模式清单和关键项目清单、不可检测故障模式项目清单等。

（10）判断是否需要改进设计，若要改进设计，则反馈从系统定义处重新进行分析，反之结束分析。

（11）提供 FMECA 报告。设计认可后，提供 FMECA 报告。

6.2.2 FMECA 工作的一般流程

FMECA 工作的一般流程如图 6-1 所示。

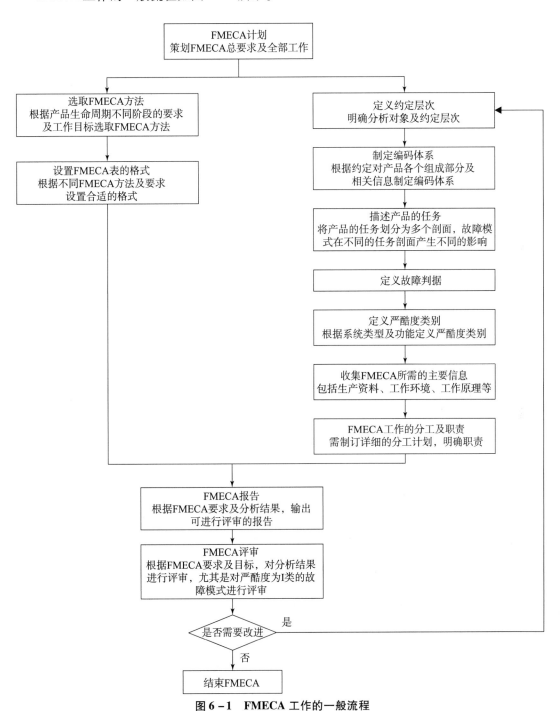

图 6-1 FMECA 工作的一般流程

6.2.2.1　FMECA 计划

要做好 FMECA 工作，首要问题是制订 FMECA 计划。FMECA 计划包括为实现可靠性要求，并随着设计的更改适时地进行 FMECA，以及利用分析结果为可靠性设计提供支持。

在 FMECA 计划中应规定产品寿命周期的不同阶段所选用的 FMECA 方法、表格格式、定义约定层次、编码体系、任务描述、故障判据、严酷度类别、所需的主要信息（输入要求）、FMECA 报告（输出结果）、评审、职责与分工等主要内容，并包括完成 FMECA 工作的实施步骤和工作进度要求等。FMECA 计划应与产品可靠性、维修性、安全性、测试性、保障性等工作要求以及有关标准要求相互协调、统筹安排。

6.2.2.2　FMECA 方法的选取

根据产品寿命周期不同阶段的需求，按照表 6-1 的内容选用不同的 FMECA 方法，并针对被分析对象的技术状态、信息量等情况，选取一种或多种 FMECA 方法进行分析。

6.2.2.3　设置 FMECA 表的格式

根据表 6-1 的内容选用不同的 FMECA 方法，FMECA 表可按被分析对象的实际情况进行综合、选取、增删，例如 FMEA 表和 CA 表可合并为 FMECA 表。

6.2.2.4　定义约定层次

在对产品实施设计 FMECA 时，应明确分析对象，即明确约定层次的定义；对过程 FMECA 时，可将产品工艺流程中的各个环节作为分析对象，考虑工艺中可能发生的缺陷对下一道工序、被加工产品或最终产品的影响。

约定层次既可以按产品的功能层次关系定义，又可按产品的硬件结构层次关系定义。具体选用何种约定层次划分方法，取决于分析中所选用的 FMECA 方法。当选用功能 FMECA 方法时，应针对产品的功能层次关系划分约定层次；当选用硬件 FMECA 方法时，应针对产品的硬件结构层次关系划分约定层次。

在 FMECA 中的约定层次，划分为初始约定层次、约定层次和最低约定层次。某型系统约定层次和最低约定层次的划分如图 6-2 所示。

6.2.2.5　制定编码体系

为了对产品的每个故障模式进行统计、分析、跟踪和反馈，应根据产品的功能、结构分解或所划分的约定层次，制定编码体系。制定编码体系的注意事项：编码体系应符合产品功能及结构层次的上、下级关系；能体现约定层次的上、下级关系，与产品的功能框图和可靠性框图相一致，符合或采用有关标准或文件的要求；对产品各组成部分应具有唯一、简明和适用等特性，与产品的规模相一致，并具有一定的可追溯性。

6.2.2.6　描述产品的任务

在 FMECA 工作中应对产品完成任务的要求及其环境条件进行描述，这种描述一般用任

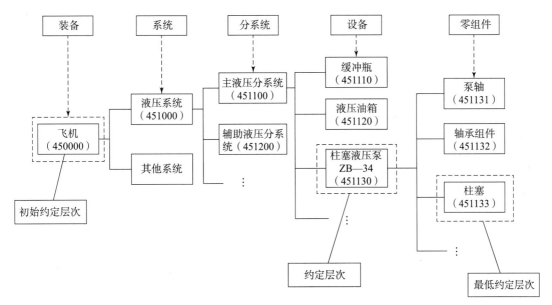

图 6-2 某型系统约定层次和最低约定层次的划分

务剖面来表示。任务剖面是指产品在完成规定任务时间内所经历的事件和环境、时序的描述，如图 6-3 所示。

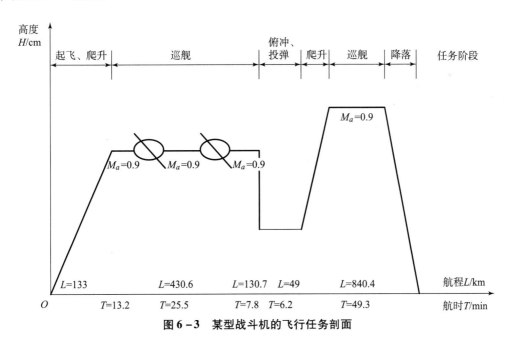

图 6-3 某型战斗机的飞行任务剖面

若被分析的产品存在多个任务剖面，则应对每个任务剖面分别进行描述，若被分析的产品的每一个任务剖面又由多个任务阶段组成，且每一个任务阶段又可能有不同的工作方式，则对此情况均需进行说明或描述。

6.2.2.7 定义故障判据

1. 定义故障判据的依据

故障判据的依据如下：
（1）产品在规定的条件下和规定时间内不能完成规定的功能。
（2）产品在规定的条件下和规定时间内某些性能指标不能保持在规定的范围内。
（3）产品在规定的条件下和规定时间内对人员、环境、能源和物资等方面的影响超出了允许范围。
（4）技术协议或其他文件规定的故障判据。

2. 定义故障判据的原则

故障判据是判别产品故障的界限，一般是由承制方和订购方共同根据产品的功能、性能指标、使用环境等允许极限确定的。

3. 定义故障判据的注意事项

应对产品的组成、功能、技术要求和进行 FMECA 工作的目的等清晰地理解，进而针对特定产品准确地给出故障判据的具体内容（包含功能界限和性能界等），避免 FMECA 工作的随意性和模糊性。

6.2.2.8 定义严酷度类别

在进行故障影响分析之前，应对故障模式的严酷度类别进行定义。严酷度类别是根据故障模式最终可能出现的人员伤亡、任务失败、产品损坏（或经济损失）和环境损害等方面的影响程度进行确定的。

武器装备常用的严酷度类别及定义如表 6-2 所示。

表 6-2 武器装备常用的严酷度类别及定义

严酷度类别	严重程度定义
Ⅰ类（灾难的）	引起人员死亡或产品（如飞机、坦克、导弹及船舶等）毁坏、重大环境损害
Ⅱ类（致命的）	引起人员的严重伤害或重大经济损失，或导致任务失败、产品严重损坏及严重环境损害
Ⅲ类（中等的）	引起人员的中等程度伤害或中等程度的经济损失，或导致任务延误、产品中等程度的损坏及中等程度环境损害
Ⅳ类（轻度的）	不足以导致人员伤害，引起轻度的经济损失，或产品轻度的损坏及环境损害，会导致非计划性维护或修理

定义严酷度类别时，需要注意以下几个事项：
（1）严酷度类别仅是按故障模式造成的最坏的潜在后果进行确定的。
（2）严酷度类别仅是按故障模式对初始约定层次的影响程度进行确定的。
（3）严酷度类别划分有多种方法，但对同一产品进行 FMECA 时，其定义应保持一致。

6.2.2.9　FMECA 所需的主要信息

FMECA 所需的主要信息来源如表 6-3 所示。

表 6-3　FMECA 所需的主要信息来源

序号	信息来源	从信息来源中可获取 FMECA 所属的主要信息	所获信息的作用
1	技术规范与研制方案	从设计技术规范和研制方案中获取，包括产品的性能任务及任务阶段、环境条件、工作原理、结构组成、试验和使用要求等	可以确定 FMECA 工作的深度和广度；为设计 FMECA 工作提供支持
		从生产工艺技术规范中获取，包括生产过程流程、工序目的和要求等	为过程 FMECA 工作提供支持
2	设计图样及有关资料	从设计图样可获取初始约定层次产品直至最低约定层次产品的结构、接口关系等信息	设计初期的工作原理图可进行功能 FMECA；详细设计图样为硬件及软件 FMECA、DMEA 提供支持；生产工艺设计资料为进行过程 FMECA 提供支持
		从生产工艺设计资料获得生产过程的流程说明、过程特性矩阵以及相关工艺设计、工艺规程等信息	
3	可靠性设计分析及试验	从产品可靠性设计分析及试验资料中获取故障信息或数据；当无试验数据时，可从某些标准、手册、资料中（如 GJB/Z 299《电子设备可靠性预计手册》）和软件测试中获取故障信息或数据	为设计 FMECA 的定性、定量分析提供支持
		从生产工艺可获得包括生产过程中的故障模式、影响及风险结果	为过程 FMECA 进行定性、定量分析提供支持
4	过去的经验、相似产品的信息	从产品在使用维修中获取，包括检测周期、预防维修工作要求、可能出现的硬件/软件故障模式（含损坏模式）、设计改进或使用补偿措施等	为设计 FMECA、过程 FMECA 工作的开展提供支持
		从相似产品中获取有关 FMECA 信息	

应全面而广泛地收集、分析、整理有关被分析对象的相关资料，以作为进行 FMECA 的信息输入。

6.2.2.10　FMECA 报告的主要内容

FMECA 报告的主要内容一般包括以下几个方面：

（1）实施 FMECA 的目的、产品所处的寿命周期阶段、分析任务的来源等基本情况；实施 FMECA 的前提条件和基本假设的有关说明；编码体系、故障判据、严酷度定义、FMECA 方法的选用说明；FMECA、CA 表选用说明；分析中使用的数据来源说明；其他有关解释和说明等。

（2）产品的功能原理。分析产品的功能原理和工作说明，并指明本次分析所涉及的系统、分系统及其相应的功能，并进一步划分出 FMECA 的约定层次。

（3）系统定义。根据产品的功能，绘制功能框图和任务可靠性框图。填写 FMEA 报告和 CA 表。

（4）结论与建议。除阐述结论外，对无法消除的严酷度为Ⅰ类、Ⅱ类单点故障模式或严酷度为Ⅰ类、Ⅱ类故障模式的必要说明，对其他可能的设计改进措施和使用补偿措施的建议，以及预计执行措施后的效果说明。

（5）FMECA 清单。根据 FMECA 表的结果确定严酷度Ⅰ类、Ⅱ类单点故障模式清单及可靠性关键重要产品清单。

（6）FMEA、CA 表。

（7）危害性矩阵图。

6.3 设计 FMECA

设计 FMEA 是对设计过程的完善化，以明确什么样的设计和过程才能满足顾客的需要。所有的 FMEA 无论是用在设计产品还是工艺制造过程中，重点都在于设计。

设计 FMEA 用于保证在可能范围内已充分考虑到并指明各种潜在的失效模式及其相关的起因/机理。设计 FMEA 能够通过以下几方面支持设计过程，以降低失效的风险。

（1）有助于对设计要求和设计方案进行客观评价。

（2）有助于考虑潜在失效模式及其对产品可靠性的影响。

（3）为全面、有效的设计试验和开发项目的策划提供更多信息。

（4）根据潜在失效模式对最终的影响程度进行分级，进而建立一套设计改进的优先控制程序。

（5）为建议和跟踪降低风险的措施提供一种公开讨论形式。

（6）为将来分析研究售后市场情况、评价设计更改以及展开更先进的设计提供参考。

设计 FMEA 是一份动态文件，在武器装备开发各阶段中，当设计有变更或获得信息增加时要及时修改；在最终产品加工图样完成之前全部完成。

6.3.1 功能及硬件 FMEA

功能及硬件 FMEA 的目的是找出产品在功能及硬件设计中所有可能的潜在故障模式、原因及影响，并针对其薄弱环节，提出设计改进和使用补偿措施。

功能法和硬件法都属于设计 FMEA，至于采用哪一种方法，取决于产品的复杂程度和可利用信息的多少。对复杂产品进行分析时，可以考虑综合采用功能法与硬件法。功能及硬件 FMEA 的主要步骤如图 6-4 所示。

6.3.2 功能及硬件 FMEA 的步骤与实施

6.3.2.1 分析对象定义

分析对象定义是 FMEA 整个活动的前提，应尽可能对被分析产品进行系统的、全面的和

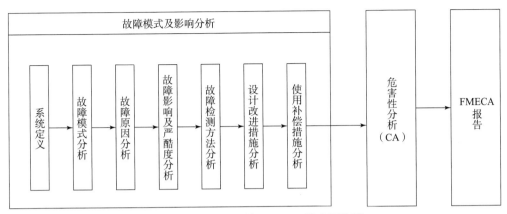

图 6-4 功能及硬件 FMECA 的主要步骤

准确的定义。分析对象的定义可概括为任务功能分析和绘制框图（功能框图、任务可靠性框图）两个部分。

1. 任务功能分析

在描述产品任务后，对产品在不同任务剖面下的主要功能、工作方式（如连续工作、间歇工作）和工作时间等进行分析，并进行产品接口的分析。

2. 绘制功能框图和任务可靠性框图

（1）绘制功能框图。描述产品的功能可以用功能框图表示。功能框图不同于产品的原理图、结构图、信号流程图，它是表示产品各组成部分所承担的任务或功能间的相互关系以及产品每个约定层次间的功能逻辑顺序、数据（信息）流、接口的一种功能模型。

（2）绘制任务可靠性框图。任务可靠性框图是描述产品整体可靠性与其组成部分的可靠性之间的关系。任务可靠性框图不反映产品间的功能关系，而只表示故障影响的逻辑关系。如果产品存在多项任务或多个工作模式，则应分别建立相应的任务可靠性框图。

6.3.2.2 故障模式分析

故障模式分析是从被分析产品的功能描述或硬件特征、故障判据的要求中找出所有可能的功能或硬件故障模式。产品故障模式一般可以通过下列方法获取：

（1）以相似产品在过去使用中所发生的故障模式为基础，根据使用环境的异同进行分析，判断新的故障模式。

（2）对新研发产品，可根据该产品的功能原理或结构特点进行分析、预测，或以相似功能和相似结构的产品曾发生的故障模式为基础，分析判断其可能的故障模式。

（3）对引进的国外货架产品，应向外商索取其故障模式，或以相似功能和相似结构的产品曾发生的故障模式为基础，分析判断其可能的故障模式。

（4）对常用的元器件、零部件，可从国内外的标准、手册中找出其故障模式，例如：GJB/Z 299C《电子设备可靠性预计手册》；MIL-HDBK-338B《电子设备可靠性设计手册》或 MIL-HDBK-217F《电子设备可靠性预计手册》；《非电子零部件可靠性数据》、《故障模式与机理分析》。

表 6-4 为产品常见的典型故障模式。

表 6-4 产品常见的典型故障模式

序号	故障模式	序号	故障模式	序号	故障模式
1	结构故障（破损、断裂）	13	间歇性工作	25	输入过小
2	捆结或卡死	14	漂移性工作	26	输出过大
3	共振	15	错误指示	27	输出过小
4	不能保持正常位置	16	错误动作	28	无输入
5	打不开	17	流动不畅	29	无输出
6	关不上	18	不能关机	30	短路
7	误开	19	不能开机	31	开路
8	误关	20	不能切换	32	参数漂移
9	内部泄漏	21	提前运行	33	裂纹
10	外部泄漏	22	滞后运行	34	松动
11	超出允差（上限）	23	意外运行	35	脱落
12	超出允差（下限）	24	输入过大	36	变形

6.3.2.3 故障原因分析

（1）必须分析产生每一个故障模式的所有原因。应当注意，一种故障模式往往有多个原因。

（2）分析故障原因一般从两个方面着手：

①导致产品功能故障或潜在故障的产品设计缺陷、制造缺陷等方面的直接原因。

②由外部因素（如其他产品故障、试验测试设备、使用、环境和人为因素等）引起产品故障的间接原因。

（3）应正确区分故障模式与故障原因。故障模式一般是可观察到的故障表现形式，而故障原因则是由设计缺陷、制造缺陷或外部因素造成的。另外，下一约定层次产品的故障模式往往是上一约定层次的故障原因，故可以从相邻约定层次间的关系进行故障原因分析。

6.3.2.4 故障影响分析及严酷度分析

故障影响是指产品的每一个故障模式对产品自身或其他产品的使用、功能、状态和经济的影响。故障影响分析不仅分析该故障模式对该产品所在相同层次的影响，还应分析对更高层次产品的影响。故障影响通常分为局部影响、高一层次影响和最终影响，其定义如表 6-5 所示。

表 6-5 按约定层次划分故障影响分级表

名称	定义
局部影响	某产品的故障模式对该产品自身所在约定层次产品的使用、功能或状态的影响

续表

名称	定义
高一层次影响	某产品的故障模式对该产品所在约定层次的紧邻上一层次产品的使用、功能或状态的影响
最终影响	某产品的故障模式对初始约定层次产品的使用、功能或状态的影响

严酷度是根据产品每一个故障模式的最终影响的严重程度确定的。一般按照严酷度的定义分析和确定每一故障模式的严酷度等级。严酷度类别如表 6-2 所示。

对已采用冗余设计、备用工作方式设计或故障检测与保护设计的产品，在分析中应暂不考虑这些设计措施而直接分析产品故障模式的最终影响，并根据最终影响确定其严酷度等级。

6.3.2.5 故障检测方法分析

故障检测方法分析是对每一个故障模式的检测方法进行分析，从而为产品的故障检测与隔离设计、维修性与测试性设计以及维修等工作提供依据。

故障检测方法一般包括目视检查、原位测试、离位检测等，其手段有机内测试、自动传感装置、传感仪器、音响报警装置、显示报警装置、遥测等。故障检测按时机一般分为事前检测与事后检测两类。对于潜在故障模式，应尽可能在设计中采用事前检测的方法。

当某故障模式确无故障检测手段时，应在 FMECA 表中的相应栏填写"无"，并在设计中予以关注。必要时，应提供不可检测的故障模式清单。

根据需要增加必要的检测点，以便区分是由哪个故障模式导致产品故障，并应及时对冗余系统的每一个组成部分进行故障检测和及时维修，以保持或恢复冗余系统的固有可靠性。

6.3.2.6 设计改进与使用补偿措施分析

设计改进与使用补偿措施分析是 FMECA 工作中一个重要环节，必须进行认真分析，提出相应的设计改进与使用补偿措施，应尽量避免在填写 FMECA 表中相应栏时均填"无"。设计改进与使用补偿措施如下：

1. 设计改进措施

当产品发生故障时，采用能够继续工作的冗余设备；采用安全或保险装置（如监控及报警装置）；采用环境防护设计技术；优选元器件、降额设计等。

2. 使用补偿措施

该措施是指产品在使用和维护过程中一旦出现某故障模式，操作人员应采取的最恰当的补救措施。

6.3.3 功能及硬件 FMEA 的实施

实施 FMEA 主要是填写 FMEA 表格。GJB 1391 A 的 FMEA 表格如表 6-6 所示。表中的约定层次是指根据分析的需要，按产品的功能关系或组成特点所划分的产品功能层次或结构层次。初始约定层次是指要进行 FMEA 总的、完整的产品所在的最高层次。约定层次产品处填写正在被分析的产品紧邻的上一层次产品;任务处填写初始约定层次产品所需完成的任务,若初始约定层次具有不同的任务,则应分开填写 FMEA 表。

表 6-6　FMEA 表

序号	项目		描述
1	代码		对每一产品采用一种编码体系进行标识
2	产品或功能标志		填写被分析产品或功能的名称与标志
3	功能		填写产品所具有的主要功能
4	故障模式		根据故障模式分析的结果,依次填写每一产品的所有故障模式
5	故障原因		根据故障原因分析结果,依次填写每一故障模式的所有故障原因
6	任务阶段与工作方式		根据任务剖面依次填写发生故障的任务阶段与该阶段内产品的工作方式
7	故障影响	局部影响	根据故障影响分析的结果,依次填写每一个故障模式的局部影响、高一层次影响和最终影响
		高一层次影响	
		最终影响	
8	严酷度等级		根据最终影响分析的结果,按每个故障模式确定其严酷度等级
9	故障检测方法		根据产品故障模式原因、影响等分析结果,依次填写故障检测方法
10	设计改进措施		根据故障影响、故障检测等分析结果,依次填写设计改进与使用补偿措施
11	使用补偿措施		
12	备注		对其他栏的注释和补充说明

6.3.4　危害性分析

危害性分析(CA)是对每一个故障模式的严重程度及其发生的概率所产生的综合影响进行分析,以全面评价产品中所有可能出现的故障模式的影响。常用的危害性分析方法有评分排序法和危害性矩阵法,危害性矩阵法又可分为定量分析法和定性分析法。

6.3.4.1　评分排序法

评分排序法是对产品每一个故障模式的评分值进行排序,并采取相应的措施使评分值达到可接受的最低水平。

产品某一个故障模式的评分值 C_{EO} 等于该故障模式的严酷度等级(ESR)和发生概率等级(OPR)的乘积,即

$$C_{EO} = \text{ESR} \times \text{OPR} \tag{6-1}$$

C_{EO} 值越高,则该故障模式的危害性越高,其中 ESR 和 OPR 评分准则如下:

(1) ESR 评分准则。ESR 是评定某个故障模式最终影响的严重程度。表 6-7 是严酷度等级和故障影响的严重程度的评分准则。

表6-7 严酷度等级和故障影响的严重程度的评分准则

ESR 评分等级	严酷度等级	故障影响的严重程度
1,2,3	轻度的	不足以导致人员伤害而引起轻度经济损失或产品轻度损坏及环境损害,会导致非计划性维护或修理
4,5,6	中等的	导致人员中等程度伤害或中等程度的经济损失,或导致任务延误或降级、产品中等程度损坏及中等程度的环境损害
7,8	致命的	导致人员的严重伤害或重大经济损失,或导致任务失败、产品严重损坏及严重环境损害
9,10	灾难的	导致人员死亡或产品毁坏及重大环境损害

(2) OPR 评分准则。OPR 是评定某个故障模式实际发生的可能性。表6-8 是故障发生概率的评分准则,其中故障模式发生概率 P_m 参考范围是对应各评分等级给出的预计该故障模式在产品的寿命周期内发生的概率。

表6-8 故障发生概率的评分准则

OPR 评分等级	故障模式发生的可能性	故障模式发生概率 P_m
1	极低	$P_m \leq 10^{-6}/h$
2,3	较低	$1 \times 10^{-6}/h < P_m \leq 1 \times 10^{-4}/h$
4,5,6	中等	$1 \times 10^{-4}/h < P_m \leq 1 \times 10^{-2}/h$
7,8	高	$1 \times 10^{-2}/h < P_m \leq 1 \times 10^{-1}/h$
9,10	非常高	$P_m > 10^{-1}/h$

对于 C_{EO} 高的故障模式,应从降低故障发生概率等级和故障影响严酷度等级两个方面提出改进措施。当所提出的各种改进措施在产品设计或保障方案中落实后,应重新计算各故障模式新的 C_{EO} 值,并按改进后的 C_{EO} 值对故障模式进行排序,直至 C_{EO} 值降到一个可接受的值。

6.3.4.2 危害性矩阵方法

危害性矩阵分析方法分为定性危害性矩阵分析方法和定量危害性矩阵分析方法。当不能获得产品故障数据时,应选择定性危害性矩阵分析方法;当可以获得产品较为准确的故障数据时,则选择定量危害性矩阵分析方法,但在工程实践中要获得产品中每个单元发生故障的概率、影响的概率及故障模式频数等很困难,所以进行定量危害性矩阵分析比较困难。

1. 定性危害性矩阵分析方法

该方法是将每个故障模式发生的可能性分成离散的级别,进而按其定义的级别对每个故障模式进行评定。根据每个故障模式出现概率大小划分为 A、B、C、D、E 5个等级(表6-9)。结合工程实际,其等级及概率可以修正。完成故障模式发生概率等级的评定后,采用危害性矩阵图对每个故障模式进行危害性分析。

表 6-9 故障模式发生概率的等级划分

等级	定义	特征	故障模式发生概率（在产品使用期内）
A	经常发生	高概率	某个故障模式发生概率大于产品总故障概率的 20%
B	有时发生	中等概率	某个故障模式发生概率大于产品总故障概率的 10%，小于 20%
C	偶然发生	不常发生	某个故障模式发生概率大于产品总故障概率的 1%，小于 10%
D	很少发生	不大可能发生	某个故障模式发生概率大于产品总故障概率的 0.1%，小于 1%
E	极少发生	近乎为零	某个故障模式发生概率小于产品总故障概率的 0.1%

2. 危害性矩阵图的绘制及应用

危害性矩阵是在某一特定严酷度级别下对每个故障模式危害程度或产品危害度的相对结果进行比较，因此危害性矩阵与评分值 C_{EO} 一样具有指明风险优先顺序的作用，进而可以为确定改进措施或改进措施的先后顺序提供依据。

3. 危害性矩阵图的绘制方法

横坐标一般按等距离表示严酷度类别（Ⅰ，Ⅱ，Ⅲ，Ⅳ）；纵坐标为产品危害度 C_r，或故障模式危害度 C_{mj} 或故障模式概率等级（指采用定性分析方法时），如图 6-5 所示。其做法是：首先按 C_r 或 C_{mj} 的值或故障模式概率等级在纵坐标上查到对应的点，再在横坐标上选取代表其严酷度类别的直线上标注产品或故障模式的代码，从而构成产品或故障模式的危害性矩阵。

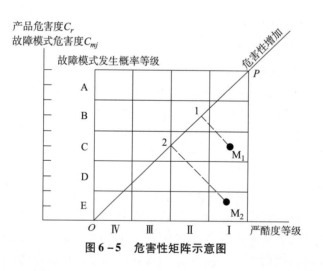

图 6-5 危害性矩阵示意图

4. 危害性矩阵图的应用

从图 6-5 中所标记的故障模式分布点向对角线（图中 OP）作垂线，以该垂线与对角线的交点到原点的距离作为故障模式（或产品）危害性大小的度量，距离越长，其危害性越大。例如，图中因点 1 距离比点 2 距离长，故障模式 M_1 比故障模式 M_2 的危害性大。当采用定性分析时，大多数分布点是重叠在一起的，此时应按区域进行分析。

6.4 过程（工艺）FMECA

过程（工艺）FMECA 主要用于产品生产过程中的工艺设计，产品可靠性是由设计确定的，是由制造实现的。对于保持制造过程的工序和工艺的一致性与稳定性，在质量管理行业已有一整套方法。但工序和工艺设计如何保证产品要求的实现仍是一个需要重视的问题，因为不同的工序和工艺对产品在 t 大于 0 时的表现是有重大影响的。例如，车床分别以较高转速和较大进刀量加工与用较低转速和较小进刀量加工的两根轴，尽管检验都是合格品，但两根轴因加工工艺不同留下的残余明显不同，前一根轴会比后一根轴失效更快。因此，认真开展过程 FMECA 就显得很重要。过程 FMECA 是在工艺工序设计时发现和分析不同的方案可能存在的影响产品 t 大于 0 表现的各种可能薄弱环节、原因、后果等，并制订改进措施，以减少风险优先数（RPN）值，达到提高产品可靠性的目的。

6.4.1 过程（工艺）FMECA 的目的

过程（工艺）FMECA 的目的是在假定产品设计满足要求的前提下，针对产品在生产过程中每个工艺步骤可能发生的故障模式、原因及其对产品造成的所有影响，按故障模式的风险优先数（RPN）值的大小，对工艺薄弱环节制定改进措施，并预测或跟踪采取改进措施后减少 RPN 值的有效性，使 RPN 达到可接受的水平，进而提高产品的质量和可靠性。

6.4.2 过程（工艺）FMECA 的步骤

过程（工艺）FMECA 的步骤如图 6-6 所示。

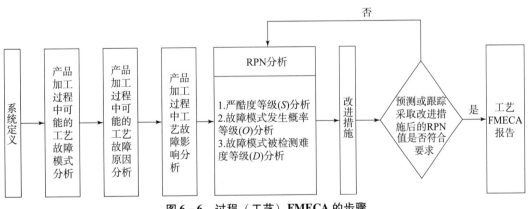

图 6-6 过程（工艺）FMECA 的步骤

6.4.2.1 系统定义

与功能及硬件 FMECA 一样，过程（工艺）FMECA 也应对分析对象进行定义。其内容可概括为功能分析、绘制工艺流程表及零部件—工艺关系矩阵。

（1）功能分析：对被分析过程的目的、功能、作用及有关要求等进行分析。

（2）绘制工艺流程表及零部件—工艺关系矩阵。

①绘制工艺流程表，如表 6-10 所示。该表表示各工序相关工艺流程的功能和要求，是过程（工艺）FMECA 的准备工作之一。

表 6-10 工艺流程表

零部件名称 零部件号 装备名称/型号	生产过程 部门名称 分析人员	审核 批准	第　页·共　页	填表 日期
工艺流程	输入		输出结果	
工序 1				
工序 2				
…				

②绘制零部件—工艺关系矩阵，如表 6-11 所示。该表表示零部件特性与工艺操作各工序间的关系。

表 6-11 零部件—工艺关系矩阵

零部件名称 零部件号 装备名称/型号	生产过程 部门名称 分析人员	审核 批准	第　页·共　页	填表 日期
零部件特性	工艺操作			
	工序 1	工序 2	工序 3	…
特性 1				
特性 2				
特性 3				
…				

工艺流程表、零部件—工艺关系矩阵均应作为过程（工艺）FMECA 报告的一部分。

6.4.2.2 工艺故障模式分析

工艺故障模式是指不能满足产品加工、装配过程要求和/或设计意图的工艺缺陷，它可能是引起下一道（下游）工序故障模式的原因，也可能是上一道（上游）工序故障模式的后果。一般情况下，在工艺 FMECA 中，不考虑产品设计中的缺陷。典型的工艺故障模式示例（不局限于）如表 6-12 所示。

表 6-12 典型的工艺故障模式示例（不局限于）

序号	故障模式	序号	故障模式	序号	故障模式
1	弯曲	7	尺寸超差	13	表面太光滑
2	变形	8	位置超差	14	未贴标签
3	裂纹	9	形状超差	15	错贴标签
4	断裂	10	（电的）开路	16	搬运损坏
5	毛刺	11	（电的）短路	17	脏污
6	漏孔	12	表面太粗糙	18	遗留多余物

注：工艺故障模式应采用物理的、专业性的术语，而不要采用所见的故障现象进行故障模式的描述。

6.4.2.3 工艺故障原因分析

工艺故障原因是指与工艺故障模式相对应的工艺缺陷是如何发生的。其典型的工艺故障原因示例（不局限于）如表6-13所示。

表6-13 典型的工艺故障原因示例（不局限于）

序号	故障原因	序号	故障原因
1	扭矩过大、过小	11	工具磨损
2	焊接电流、功率、电压不正确	12	零件漏装
3	虚焊	13	零件错装
4	铸造浇口/通气口不正确	14	安装不当
5	焊接不牢	15	定位器磨损
6	热处理时间、温度、介质不正确	16	定位器上有碎屑
7	量具不精确	17	破孔
8	润滑不当	18	机器设置不正确
9	工件内应力过大	19	程序设计不正确
10	无润滑	20	工装或夹具不正确

6.4.2.4 工艺故障影响分析

工艺故障影响是指与工艺故障模式相对应的工艺缺陷对"顾客"的影响。"顾客"是指下道工序/后续工序和/或最终使用者。工艺故障影响可分为下道工序、组件和装备的影响。

（1）对下道工序/后续工序的工艺故障影响应该用工艺/工序特性进行描述，如表6-14（不局限于）所示。

表6-14 典型的工艺故障影响示例（对下道工序/后续工序）

序号	故障影响	序号	故障影响
1	无法取出	6	无法配合
2	无法钻孔/攻丝	7	无法加工表面
3	不匹配	8	导致工具过程磨损
4	无法安装	9	损坏设备
5	无法连接	10	危害操作者

（2）对最终使用者工艺故障影响应该用产品的特性进行描述，如表6-15（不局限于）所示。

表 6−15 典型的工艺故障影响示例（对最终使用者）

序号	故障影响	序号	故障影响
1	噪声过大	9	工作性能不稳定
2	振动过大	10	损耗过大
3	阻力过大	11	漏水
4	操作费力	12	漏油
5	散发讨厌的气味	13	表面缺陷
6	作业不正常	14	尺寸、位置、形状超差
7	间歇性工作	15	非计划维修
8	不工作	16	废弃

6.4.3 工艺危害性分析

6.4.3.1 风险优先数（RPN）分析

风险优先数（RPN）是工艺故障模式的严酷度等级（S）、工艺故障模式的发生概率等级（O）和工艺故障模式的被检测难度等级（D）的乘积，即

$$RPN = S \times O \times D \tag{6-2}$$

RPN 是对工艺潜在故障模式风险等级的评价，它反映了对工艺故障模式发生的可能性及其后果严重性的综合度量。RPN 值越大，即该工艺故障模式的危害性越大。

（1）工艺故障模式严酷度等级（S）是指产品加工、装配过程中的某个工艺故障模式影响的严重程度，其等级的评分准则如表 6−16 所示。

表 6−16 工艺故障模式的严酷度等级（S）的评分准则

影响程度	工艺故障模式的最终影响（对最终使用者）	工艺故障模式的最终影响（对下道作业/后续作业）	严酷度等级（S）的评分等级
灾难的	产品毁坏或功能丧失	人员死亡/严重危及作业人员安全及重大环境损害	10, 9
严重的	产品功能基本丧失而无法运行/能运行但性能下降/最终使用者非常不满意	危及作业人员安全，100%产品可能废弃/产品需在专门修理厂进行修理及严重环境损害	8, 7
中等的	产品能运行，但运行性能下降/最终使用者不满意，大多数情况（>75%）发现产品有缺陷	可能有部分（<100%）产品不经筛选而被废弃/产品在专门部门或下生产线进行修理及中等程度的环境损害	6, 5, 4
轻度的	有25%~50%的最终使用者可发现产品有缺陷	导致产品非计划维修或修理	3, 2, 1

（2）工艺故障模式的发生概率等级（O）是指某个工艺故障模式发生的可能性。发生概率等级（O）的级别数在工艺 FMECA 范围中是一个相对比较的等级，不代表工艺故障模式真实的发生概率。其评分准则如表 6−17 所示。

表 6-17 工艺故障模式的发生概率等级（O）的评分准则

工艺故障模式发生的可能性	可能的工艺故障模式发生的概率（P_O）	发生概率等级（O）的评分等级
很高（持续发生的故障）	$P_O \geq 10^{-1}$	10
	$5 \times 10^{-1} \leq P_O < 10^{-1}$	9
高（经常发生的故障）	$2 \times 10^{-2} \leq P_O < 5 \times 10^{-1}$	8
	$1 \times 10^{-2} \leq P_O < 2 \times 10^{-2}$	7
中等（偶尔发生的故障）	$5 \times 10^{-3} \leq P_O < 1 \times 10^{-2}$	6
	$2 \times 10^{-3} \leq P_O < 5 \times 10^{-3}$	5
	$1 \times 10^{-3} \leq P_O < 2 \times 10^{-3}$	4
低（很少发生的故障）	$5 \times 10^{-4} \leq P_O < 1 \times 10^{-3}$	3
	$1 \times 10^{-4} \leq P_O < 5 \times 10^{-4}$	2
极低（不大可能发生故障）	$P_O < 1 \times 10^{-4}$	1

（3）工艺故障模式的被检测难度等级（D）是指产品加工过程控制中工艺故障模式被检测出的可能性。被检测难度等级（D）也是一个相对比较的等级。为了得到较低的被检测难度数值，产品加工、装配过程需要不断改进。其评分准则如表 6-18 所示。

表 6-18 工艺故障模式被检测难度等级（D）的评分准则

被检测难度	评分准则	检查方式 A	检查方式 B	检查方式 C	推荐的被检测难度的方法	被检测难度等级（D）的评分等级
几乎不可能	无法检测			√	无法检测或无法检查	10
很微小	现行检测方法几乎不可能检测出			√	以间接的检查进行检测	9
微小	现行检测方法只有微小的机会去检测出			√	以目视检查来进行检测	8
很小	现行检测方法只有很小的机会去检测出			√	以双重的目视检查进行检测	7
	现行检测方法可以检测		√	√	以现行检测方法进行检测	6
中等	现行检测方法基本上可以检测出		√		在产品离开工位之后以量具进行检测	5
中上	现行检测方法有较多机会可以检测出	√	√		在后续的工序中实行误差检测，或进行工序前测定检查进行检测	4
高	现行检测方法很可能检测出	√	√		在当场可以测错，或在后续工序中检测（如库存、挑选、设置、验证）。不接受缺陷的产品	3

续表

被检测难度	评分准则	检查方式 A	检查方式 B	检查方式 C	推荐的被检测难度的方法	被检测难度等级（D）的评分等级
很高	现行检测方法几乎肯定可以检测出	√	√		当场检测（有自动停止功能的自动化量具）。缺陷产品不能通过	2
肯定	现行检测方法肯定可以检测出	√			过程/产品设计了防错措施，不会生产出有缺陷的产品	1

注：检查方式：A——采用防错措施；B——使用量具测量；C——人工检查。

6.4.3.2 改进措施

改进措施是指以减少工艺故障模式的严酷度等级（S）、发生概率等级（O）和被检测难度的等级（D）为出发点的任何工艺改进措施。一般不论工艺故障模式 RPN 的大小如何，对严酷度等级（S）为 9 或 10 的项目应通过工艺设计上的措施或产品加工、装配过程控制或预防/改进措施等手段，以满足降低该风险的要求。在所有的状况下，当某个工艺故障模式的后果可能对制造/组装人员产生危害时，应该采取预防/改进措施，以排除、减轻、控制或避免该工艺故障模式的发生。对确无改进措施的工艺故障模式，则应在工艺 FMECA 表相应栏中填写"无"。

6.4.3.3 RPN 值的预测或跟踪

制订改进措施后，应进行预测或跟踪改进措施执行后的落实结果，对工艺故障模式严酷度等级（S）、工艺故障模式的发生概率等级（O）和工艺故障模式被检测难度等级（D）的变化情况进行分析，并计算相应的 RPN 值是否符合要求。当不满足要求时，需进一步改进，并按上述步骤反复进行，直到 RPN 值满足最低可接受水平为止。

6.4.4 工艺 FMECA 报告

将工艺 FMECA 分析结果归纳、整理成技术报告。该报告主要内容包括概述、产品加工、装配等过程的描述、系统定义、工艺 FMECA 表格的填写、结论及建议、附表（如工艺流程表、零部件—工艺关系矩阵）等。

6.4.5 工艺 FMECA 的实施

实施工艺 FMECA 的主要工作是填写工艺 FMECA 表（表 6 – 19）。应用时，可根据实际情况对表 6 – 19 的内容进行增删。

表 6 – 19 中各标号的填写说明如下：

（1）产品名称（标识）：被分析的产品名称与标识（如产品代号、工程图号等）。

（2）所属装备/型号：被分析的产品安装在哪一种装备/型号上，如果该产品被多个装备/型号选用，则一一列出。

第6章 故障模式、影响与危害性分析

表 6-19 工艺 FMECA 表

工序名称	工序功能/要求	故障模式	故障原因	故障影响			改进前的风险优先数（RPN）				改进措施	责任部门	改进措施执行情况	改进措施执行后的风险优先数（RPN）				备注
				下道工序影响	组件影响	装备影响	严酷度等级(S)	发生概率等级(O)	被检测难度等级(D)	RPN				严酷度等级(S)	发生概率等级(O)	被检测难度等级(D)	RPN	
(4)	(5)	(6)	(7)	(8)			(9)				(10)	(11)	(12)	(13)				(14)

(3) 生产过程：被分析产品生产过程的名称（如××加工、××装配）。

(4) 工序名称：被分析生产过程的产品加工、装配过程的步骤名称，该名称应与工艺流程表中的各步骤名称相一致。

(5) 工序功能/要求：被分析的工艺或工序的功能（如车、铣、钻、攻丝、焊接、装配等）并记录被分析产品的相关工艺/工序编号。如果过程包括很多不同故障模式的工序（例如装配），则可以把这些工序以独立项目逐一列出。

(6) 故障模式：按要求填写。

(7) 故障原因：按要求填写。

(8) 故障影响：按要求填写。

(9) 改进前的风险优先数（RPN）：按要求填写。

(10) 改进措施：按要求填写。

(11) 责任部门：负责改进措施实施的部门和个人，以及预计完成的日期。

【示例 6-1】

某自行火炮故障的 FMEA 分析

自行火炮是现代地面炮兵的重要组成部分，是炮兵现代化的重要标志之一。

1. 系统功能与可靠性框图

某自行火炮安装在轻型履带式自行火炮通用底盘上，具有较强的火力、一定的防护能力和较高机动性，是陆战场上的火力骨干。其主要任务：消灭和压制暴露和隐蔽的敌有生力量；摧毁和压制敌兵器；破坏土木掩体、铁丝网和其他防御工事；在布雷区开辟通路；与敌炮兵、摩托化、机械化的车辆作战。

某自行火炮由武器系统、底盘、火控电气系统等组成。武器系统主要由火炮、炮塔、弹

药等组成。

某自行火炮系统的可靠性框图如图6-7所示。为了方便，可以对系统组成编码，某自行火炮系统的符号可靠性框图如图6-8所示。

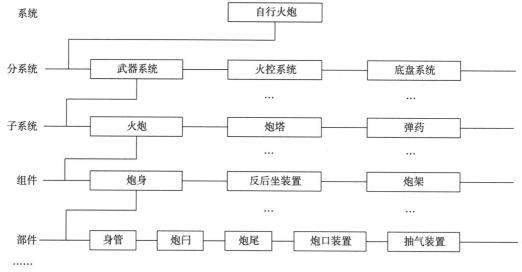

图6-7　某自行火炮系统的可靠性框图

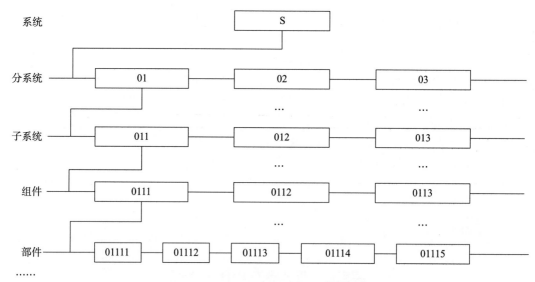

图6-8　某自行火炮系统的符号可靠性框图

2. FMEA 实施

本次故障分析只分解到部件级。对所有功能部件，分析、列举出所有可能的故障模式；分析每个故障模式的可能原因；简要说明发生是在什么范围内产生什么影响（包括对本身功能影响、对上一级功能的影响对系统的影响等）；提出弥补措施，尤其是改进设计方面的措施（如：改变系统构成，采用储备系统，采用安全设计，采用防误设计，改换材料，修改结构，修改尺寸，提出管理要求，设置安全、保护、监测、报警系统等）；标示故障等级；备注中注明其他需要说明的问题。炮闩的故障模式和影响分析如表6-20所示。

表6-20 炮闩的故障模式和影响分析表

编号	名称	功能	故障模式	故障原因	故障影响 自身	故障影响 系统	改进措施	故障等级	备注
01112	炮闩	闭气	漏气	镜面磨损闭锁间隙过大	异常	性能降低	镜面减磨；合理设计闭锁间隙	2	
		承力	闩体破裂	闩体强度不够	异常	停射	提高闩体强度	1	
			闩体塑性变形	闩体强度不够	异常	性能降低	提高闩体强度	2	
		击发	不击发	击发电路接触不良击针断裂或磨损击针弹簧恢复不及时	异常	停射	及时检修击发电路；提高击针针刚强度；提高击针弹簧刚度	1	
		抽筒	抽不出药筒	抽筒能量不足抽筒子刚断裂	异常	停射	及时清洁运动面；提高抽筒子刚强度	1	
		开闩	开闩困难	开闩能量不足运动面不洁	异常	性能降低	调整开闩时机；及时清洁运动面	3	
			不能自动开闩	开闩能量不足自动开闩机构损坏	异常	停射	调整抽筒时机；重新设计自动开闩机	1	
			开闩后不能保持开闩状态	卡锁断裂卡锁恢复不及时	异常	停射	提高卡锁刚强度；提高卡锁弹簧刚度	1	
		关闩	关闩困难	关闩能量不足运动面不洁	异常	性能降低	调整关闩时机；及时清洁运动面	3	
			不能自动关闩	关闩能量不足自动关闩机构损坏	异常	停射	调整关闩时机；重新设计关闩机构	1	
			非正常自动关闩	卡锁断裂卡锁恢复不及时卡锁工作不可靠	异常	停射	提高卡锁刚强度；重新设计卡锁	1	
		复拨	复拨器失灵	复拨器工作不可靠	异常	性能降低	重新设计复拨器	3	

3. 关键项目清单

将所有故障等级为 1 的故障模式列入关键项目清单汇总表，并讨论防止对策。炮闩关键项目清单汇总如表 6-21 所示。

表 6-21 炮闩关键项目清单汇总表

编号	名称	故障模式	影响	故障等级	改进措施
01112	炮闩	闩体破裂	停射	1	提高闩体刚度
		不击发			及时检修击发电路；提高击针刚强度；提高击针簧刚度
		抽不出药筒			调整抽筒时机；提高抽筒子刚度
		不能自动开闩			调整抽筒时机；重新设计自动开闩机构
		开闩后不能保持开闩状态			提高卡锁刚强度；提高卡锁簧刚度
		不能自动关闩			提高关闩簧刚度；重新设计自动关闩机构
		非正常自动关闩			提高卡锁刚强度；提高卡锁簧刚度；重新设计卡锁

【示例 6-2】

某型军用飞机升降舵操作分系统 FMECA 分析

1. 系统定义

（1）功能及组成：某型军用飞机升降舵分操作系统的功能是保证飞机的纵向操纵性。升降舵操作分系统由安定面支承、轴承组件、扭力臂组件、操纵组件、配重组件和调整片组成，如图 6-9 所示。

（2）约定层次：初始约定层次为某型军用飞机；约定层次和最低约定层次的划分如图 6-9 所示。

（3）绘制功能层次与结构层次对应图（图 6-10）、任务可靠性框图（图 6-11）。

（4）严酷度类别的定义：结合航空产品的特点，某型军用飞机严酷度类别的定义如表 6-22 所示。

第6章 故障模式、影响与危害性分析

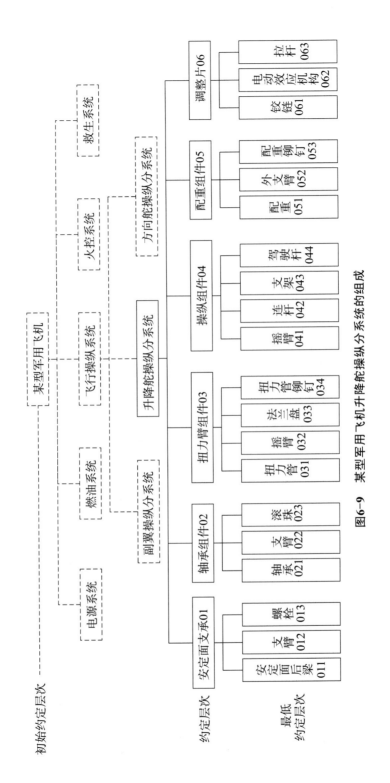

图6-9 某型军用飞机升降舵操纵分系统的组成

图6-10 某型军用飞机升降舵操纵分系统功能层次与结构层次对应图

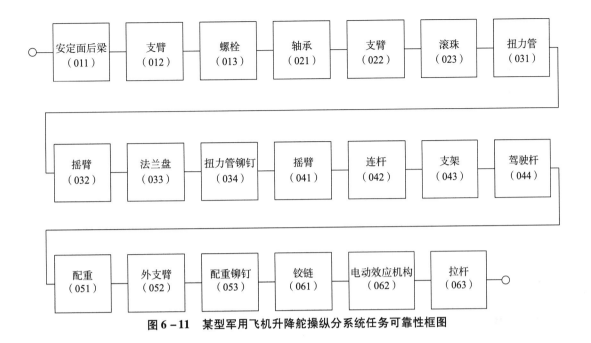

图 6-11 某型军用飞机升降舵操纵分系统任务可靠性框图

表 6-22 某型军用飞机严酷度类别的定义

严酷度类别	严重程度定义
Ⅰ类（灾难的）	危及人员或飞机安全（如一等、二等飞行事故及重大环境损害）
Ⅱ类（致命的）	人员损伤或飞机部分损坏（如三等飞行事故及严重环境损害）
Ⅲ类（中等的）	人员中等程度伤害或影响任务完成（如延误飞行、中断或取消飞行、降低飞行品质、增加着陆困难、中等程度环境损害）
Ⅳ类（轻度的）	无影响或影响很小，增加非计划性维护或修理

（5）信息来源：FMECA 分析中的故障模式、原因、故障率等一般是根据对多个相似军用飞机群的现场、厂内信息进行调研、整理、归纳和分析后获得的。

2. 填写 FMECA 表

根据本例的实际情况，将 FMEA 表、CA 表合并成 FMECA 表。FMECA 表简明、直观，减少了工作量，填写结果如表 6-23 所示。

3. 结论

通过 FMECA 表找出了该军用飞机升降舵的薄弱环节，并采取了有效改进措施，进而提高了升降舵的可靠性，为确保该军用飞机首飞成功提供了技术支持。

表6-23 某型军用飞机升降操纵分系统 FMECA 表

初始约定层次：某型军用飞机任务；飞行审核：×××；飞行审核：×××；第1页·共2页
约定层次：升降舵操纵分系统分析；批准：×××；填表日期：2004年11月20日

代码	产品或功能标志	功能	故障模式	故障原因	任务阶段与工作方式	故障影响-局部影响	故障影响-高一层次影响	故障影响-最终影响	严酷度类别	故障检验方法	设计改进措施	使用补偿措施	故障率 λ_p 来源	α	β	λ_p (1×10^{-6})(1/h)	t (h)	$\alpha\beta\lambda_p t$ (1×10^{-6})	产品危害度 (1×10^{-6})
01	安定面支承组件(01)	支承升降舵	安定面后梁变形过大	刚度不够	飞行	安定面后梁变形超过允许范围	升降舵转动卡滞	损伤飞机	Ⅱ类	无	增加结构抗弯刚度	功能检查	统计	02	8	15.6	0.33	0.082 4	Ⅱ类：0.082 4
			支臂裂纹	疲劳	飞行	故障征候	故障征候	影响任务完成	Ⅲ类	目视检查或无损检伤	增加抗疲劳强度	增加视情检查	统计	49	1	15.6	0.33	0.252	Ⅲ类：0.252
			螺栓锈蚀	长期使用腐蚀	飞行	故障征候	影响很小	无影响	Ⅳ类	目视检查	改进表面处理	定期维修	统计	49	01	15.6	0.33	0.025 2	Ⅳ类：0.025 2
02	轴承安装转动舵面(02)	安装转动舵面	轴承间隙过大	磨损	飞行	功能下降	功能下降	损伤飞机	Ⅱ类	无	调整尺寸公差	加强润滑	统计	89	8	79.91	0.33	18.776	Ⅰ类：2.61 Ⅱ类：18.776
			滚珠掉出	磨损	飞行	失去功能	失去功能	危及飞机安全	Ⅰ类	无	选高质量轴承	润滑更换	统计	11	9	79.91	0.33	2.611	
03	扭力臂连接组件(03)	连接舵面传力矩	扭力管连接孔松动	舵面振动冲击载荷长期使用	飞行	功能下降	功能下降（舵偏转面不到位）	损伤飞机	Ⅱ类	视情检查	提高扭转刚度	增加视情检查	统计	5	8	15.22	0.33	2.009	Ⅱ类：2.009 Ⅲ类：0.251 2
			摇臂裂纹	疲劳	飞行	故障征候	故障征候	故障征候	Ⅲ类	目视检查或	增加抗疲劳强度	增加视情检查	统计	25	1	15.22	0.33	0.125 6	
			法兰盘裂纹	疲劳	飞行	故障征候	故障征候	故障征候	Ⅲ类	无损检伤		增加视情检查	统计	25	1	15.22	0.33	0.125 6	

续表

代码	产品或功能标志	功能	故障模式	故障原因	任务阶段与工作方式	故障影响 局部影响	故障影响 高一层次影响	故障影响 最终影响	严酷度类别	故障检验方法	设计改进措施	使用补偿措施	故障率 λ_p 来源	α	β	λ_p (1×10^{-6})(1/h)	t(h)	$\alpha\beta\lambda_p t$ (1×10^{-6})	产品危害度 (1×10^{-6})
04	操纵组件(04)	偏转舵面	摇臂间隙过大	磨损	飞行	故障征候	故障征候	故障征候	Ⅲ类	目视检查	调整尺寸公差	润滑更换	统计	0.18	0.1	14.84	0.33	0.088 1	
			连杆间隙过大	磨损	飞行	故障征候	故障征候	故障征候	Ⅲ类	目视检查	增加抗疲劳强度	视情检查	统计	0.25	0.1	14.84	0.33	0.122 4	
			支架裂纹	疲劳	飞行	故障征候	故障征候	故障征候	Ⅲ类	目视、无损检伤	增加抗疲劳强度	视情检查	统计	0.13	0.1	14.84	0.33	0.063 7	Ⅱ类: 1.724 Ⅲ类: 0.274 2
			驾驶杆行程过大	摇臂连杆长期磨损形成间隙后综合结果	飞行	功能下降	功能下降(舵面操纵不到位)	损伤飞机	Ⅱ类	视情检查	调整尺寸公差	润滑定期维护	统计	0.44	0.8	14.84	0.33	1.724	
05	配重组件(04)	平衡舵面	配重松动	振动引起连接处间隙过大	飞行	功能下降	功能下降	损伤飞机	Ⅱ类	视情检查	改进设计	视情检查	统计	0.67	0.8	34.25	0.33	6.058	Ⅱ类: 6.058 Ⅲ类: 0.372 9
			外支臂裂纹	疲劳	飞行	故障征候	故障征候	故障征候	Ⅲ类	目视、无损检伤	增加抗疲劳	视情检查	统计	0.11	0.1	3 425	0.33	0.124 3	
			铆钉锈蚀	长期使用腐蚀	飞行	故障征候	故障征候	故障征候	Ⅲ类	目视检查	无	视情检查	统计	0.22	0.1	34.25	0.33	0.248 7	
06	调整片(06)	调节升力	铰链松动	磨损	飞行	功能下降	功能下降	损伤飞机	Ⅱ类	目视检查	无	功能检查	统计	0.25	0.8	30.44	0.33	2.009	I类: 3.390 Ⅱ类: 5.023
			电动效应机构不工作	电门接触不良	起飞、着陆	丧失功能	丧失功能	危及飞机安全	I类	无	增加触点灭弧功能	定期维修	统计	0.375	0.9	30.44	0.33	3.390	
			拉杆断	疲劳	飞行	丧失功能	丧失功能	损伤飞机	Ⅱ类	无	增加抗疲劳		统计	0.375	0.8	30.44	0.33	3.014	

【示例 6-3】

某型导弹固体火箭发动机工艺 FMECA 分析

1. 系统定义

某型导弹固体火箭发动机是该弹的主要舱段之一,组件壳体组合又是该部件的重要组成部分。壳体组合是由 1(前端环)、2(壳体圆筒)、3(后端环)、4(固定片)和 5(弹簧)5 个零件焊接而成,如图 6-12 所示。材料选用的是超高强度钢,其特点是热处理后强度和硬度高,加工比较困难。因热处理变形较小,可以在热处理前加工完所有尺寸;但热处理后会收缩,这就要求在热处理前加工各尺寸时考虑收缩量。

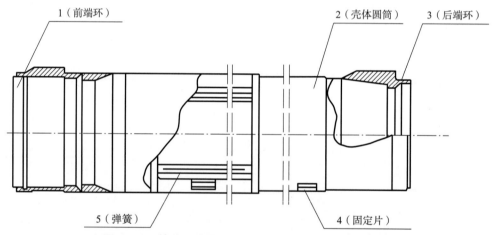

图 6-12 某型导弹固体火箭发动机壳体组合结构示意图

壳体圆筒属薄壁筒形零件,通过旋压成型,可能产生一定的圆度误差和挠度。这对保证弹体的圆度和全长跳动有一定难度。而且,由于薄壁零件在加工中容易变形,不利于满足尺寸精度、形状和位置公差的要求。以下选择组件壳体组合为例进行工艺 FMECA。

2. 组件壳体组合的工艺 FMECA

(1) 分析对象生产工艺的功能与要求。

建立组件壳体组合的工艺流程表,如表 6-24 所示,以确定该产品与工艺有关的流程功能和要求;依据工艺的流程特性建立组件壳体组合的零部件—工艺关系矩阵表,如表 6-25 所示,并选择其中部分工序进行分析。

(2) 工艺 FMECA 的实施。

工艺 FMECA 步骤的实施主要是按要求填写工艺 FMECA 表,如表 6-26 所示。根据表 6-24、表 6-25 的结果,经分析选择表 6-25 中工序 15、75、80 为关键/重要工序进行工艺 FMECA。其主要步骤如下:

表 6-24　组件壳体组合的工艺流程表（部分）

零部件名称：壳体组合　　生产过程：壳体组合加工　　审核：×××　　第1页，共1页
零部件号：××××　　　部门名称：××车间　　　批准：×××　　填表日期：×××年×月×日
装备名称：某型导弹　　　分析人员：×××

工艺流程	输入	输出结果
工序15（焊）：前、后端环与壳体组合焊接对接	焊接方式、焊接电流、焊接速度、送丝速度等	焊缝处机械性能、焊接错位量、焊缝余高、焊缝质量
工序75（车）：加工前端内、外圆尺寸	机床转速、走刀速度、进给量	有关几何尺寸、形状和位置误差、表面粗糙度
工序80（车）：加工零件总长及后端外圆及焊缝	机床转速、走刀速度、进给量	有关几何尺寸、形状和位置误差、表面粗糙度
工序115（热处理）	加热温度、保温时间、冷却介质、装炉方式、炉内真空度	基体及焊缝处力学性能

表 6-25　组件壳体组合的零部件—工艺关系矩阵（部分）

零组件名称：壳体组合　　生产过程：壳体组合加工　　审核：×××　　第1页，共1页
零组件号：××××　　　部门名称：××车间　　　批准：×××　　填表日期：×××年×月×日
装备名称：某型导弹　　　分析人员：×××

零部件特性		工艺操作（部分）						
		15▲	70	75▲	80▲	85	90	115
总长		√			√			√
前端焊接错位量		√	√	√				
后端焊接错位量		√			√	√		√
前端	圆跳动 φ0.05			√				√
	同轴度 φ0.1			√				√
后端	同轴度 φ0.05					√		√
	圆跳动 φ0.005				√			√
	对称度 0.1						√	√

注：√表示某工艺操作涉及的零部件特性。▲表示关键/重要工序。

①故障模式分析。根据表 6-24 中各项工序过程流程的功能，分析、归纳可能的故障模式。比如工序 75 的功能是加工前端内、外圆尺寸，其故障模式有尺寸 5.5 与 13 超差、内径 1 超差、加工焊缝余高时碰伤基体和内径 2 超差，如表 6-26 中的故障模式栏。

②故障原因分析。例如，造成工序 75 故障模式的原因是加工失误、基准找不圆或未找圆、错位量大和时效后变形等，如表 6-26 中的故障模式栏、故障原因栏。

③故障影响分析。分析每个故障模式对下一道工序、组件或导弹功能的故障影响，如表 6-26 中的故障影响栏。

表 6-26 壳体组合过程 PFMECA（部分）

产品名称（标识）：壳体组合　　生产过程：壳体的组合加工　　第 2 页 · 共 2 页　　填表日期：×××年××月××日
所属装备型号：某型导弹　　　分析人员：×××　　审核：×××　　批准：×××

工艺名称	工序功能要求	故障模式	故障原因	故障影响 下道工序影响	故障影响 组件影响	故障影响 装备影响	改进前的 RPN S	O	D	RPN	改进措施	责任部门	改进措施执行情况	改进措施执行后的 RPN S	O	D	RPN
15工序（焊接）	前、后端与壳体组合对接	错位量超差	端环与壳体圆筒对接尺寸配合不好	无	影响包覆层的贴合	导弹解体	9	6	3	162	使用焊接定位夹具	焊接车间	执行有效	7	5	3	105
		焊缝有气孔、夹渣或黑线等缺陷	焊接时壳体圆筒产生变形 焊接工艺参数设置不当 焊接前清理不干净	无	降低焊接部分强度	导弹解体	9	8	3	216▲	在壳体圆筒旋压后增加热处理工序 调整加工参数 清洗后检验		在壳体圆筒旋压后增加了热处理工序 执行有效 执行有效				
		尺寸5.5与13超差	加工失误	无	与其他舱段对接对不上或对接不紧	增加导弹总体装配难度	4	3	3	36	加工时及时测量		执行有效				
75工序（车）	加工前，端内、外圆尺寸	内径1超差	基准找不圆或未找圆	无	与其他舱段对接时，楔铁无法打入或装松动	增加导弹总体装配难度	4	6	3	72	规定将外圆找正在0.05 mm以内再加工，否则，轻车外圆	机加车间	执行有效				
		加工焊缝余高时碰伤基体	由于焊缝处与基准处不同轴以及错位量的原因，一侧车低后另一侧仍高	无	影响壳体机械性能	导弹解体	9	8	3	216▲	增加焊缝余量的高度并增加钳工工序打磨焊缝		增加了钳工工序打磨焊缝	9	3	3	81
		内径2超差	基准找不圆或未找圆 时效后变形	无	影响与前舱段装配	导弹解体	4	3	3	108	规定将外圆找正在0.05 mm以内再加工，或轻车外圆 规定将本工序预留加工余量，并在热处理后加工本工序，直至加工到最终尺寸		执行有效 将本工序此尺寸留处理后增加车工序加工到最终尺寸	9	4	3	108

130

续表

工艺名称	工序功能/要求	故障模式	故障原因	故障影响 下道工序影响	故障影响 组件影响	故障影响 装备影响	改进前的 RPN S	改进前的 RPN O	改进前的 RPN D	改进前的 RPN RPN	改进措施	责任部门	改进措施执行情况	改进措施执行后的 RPN S	改进措施执行后的 RPN O	改进措施执行后的 RPN D	改进措施执行后的 RPN RPN
80工序（车）	加工零件总长及后端外圆及焊缝	长度超差	焊接时，焊缝的收缩量与预期值不符	增加加工难度	不利于组件装配	装药量减少或总长增加	7	5	3	105	预测收缩量，加工时及时测量		执行有效				
		外径1 mm超差	加工失误	增加加工难度	不利于卡子装配	增加导弹总体装配难度	4	6	3	72	加工时及时测量		执行有效				
115工序（热处理）	热处理后车到最后尺寸	加工焊缝余量超高时碰伤基体	由于焊缝处与基准以及错位的原因，一侧车低后另一侧仍高	增加加工难度	影响壳体机械性能	导弹解体	9	8	3	216▲	嘱咐加工者宁高勿低增加钳工工序打磨焊缝	机加车间	增加了钳工工序打磨焊缝	9	3	3	81
		外径2 mm超差	热处理后变形	增加加工难度	影响后舱段装配	导弹解体	9	8	3	216▲	本工序留加工余量，在热处理后增加车工工序，并加工到最终尺寸		将本工序此尺寸留0.5 mm余量，在热处理后增加车工工序，并加工到最终尺寸	9	4	3	108

注：▲表示关键工序的 RPN 值。

④风险优先数（RPN）的分析。分析并确定每一个故障模式严酷度等级（S）、故障模式发生概率（O）、故障模式被检测难度（D）和风险优先数（RPN），如表 6-26 中的 S、O、D、RPN 栏。

⑤改进措施。根据 RPN 制订预防或纠正故障模式的改进措施，在表 6-26 中，故障模式的 RPN 值为 216，共 5 处。以此作为改进的主要目标，并制订相应的改进措施，如表 6-26 中的改进措施栏。

⑥改进措施执行情况、措施执行后的 RPN 大小。例如针对 75 工序（车）加工前端内、外圆尺寸时的故障模式内径 2 超差采取了增加本工序预留加工余量，并在热处理后增加车工工序，直至加工到最终尺寸的改进措施。经跟踪：RPN 值由 216 减小到 108，即减小 50%，这表明改进措施是有效的。针对其他故障模式的改进措施也是有效的，如表 6-26 所示。

（3）结果分析及改进措施

①结果分析。

RPN 值为 216（共 5 处）的故障模式可分为三类：

一类是直径超差（前端内径 2、后端外径 2），其原因是圆筒是薄壁形零件，容易因热处理及焊接发生变形。

二类是加工焊缝余量超高时碰伤基体，其原因是焊接后存在错位量，焊缝的高度不同；焊缝处与加工基准不同轴，旋转的车刀修余量超高时可能会碰伤基体。

三类是错位量超差，其原因是由于释放旋压产生的应力而引起焊接时壳体圆筒产生变形。

②改进措施。

a. 在车工工序后增加钳工工序，采用手工锉修焊缝余高。在热处理前对前端内径和后端外径 2 不加工到最终尺寸，采取预留 0.5 mm 的加工余量的办法，并在热处理后增加车工工序加工到最终尺寸。

b. 在零件壳体圆筒的工艺中，即在壳体圆筒旋压后增加热处理时效工序。

（4）结果的评价。

从表 6-26 得知，采取改进措施后，降低了工艺故障模式发生的概率等级（O）。将上述两项改进措施落实到工艺规程中，并在后三批产品加工中加以实施，取得很好的效果。

①错位量超差的不合格率由 60% 降低到 2%。

②人工锉修焊缝时，碰伤基体的情况大为减少。

③前端内孔 2、后端外径 2 的偏差量大为减少。

第 7 章
故障树分析

7.1 概　　述

故障树是一种特殊的倒立树状的逻辑因果关系图。故障树分析是以一个不希望发生的产品故障事件或灾难性危险事件（即顶事件）作为分析的对象，通过由上而下的严格按层次的故障因果逻辑分析，逐层找出故障事件的必要而充分的直接原因（包括硬件、软件、环境、人为因素等），画出故障树，最终找出导致顶事件发生的所有可能原因和原因组合，在有基础数据时可计算出顶事件发生的概率和底事件重要度等。FTA 是产品安全性和可靠性分析的重要工具之一。

1. FTA 的主要目的

（1）在产品设计的同时进行 FTA，可以帮助判明潜在的故障模式和灾难性危险因素，发现可靠性和安全性薄弱环节，以便采取改进设计，提高产品的固有可靠性或安全性。

（2）在生产、使用阶段，FTA 可以帮助诊断故障，改进使用维修方案；发生重大故障或事故后，FTA 是事故调查的一种有效手段，可为故障归零提供依据。

2. FTA 的特点

（1）具有很大的灵活性，即不是局限于对系统可靠性做一般的分析，而是可以分析系统的各种故障状态。不仅可以分析某些零部件故障对系统的影响，还可以对导致故障的特殊原因（如环境的、人为的原因）进行分析，并进行统一考虑。

（2）FTA 是一种图形演绎方法，是故障事件在一定条件下的逻辑推理方法。它可以围绕某些特定的故障状态做层层深入的分析，因而清晰的故障树图形表达了系统内在联系，并指出了零部件故障与系统故障之间的逻辑关系和系统的薄弱环节。

（3）进行 FTA 的过程也是一个更深入认识系统的过程。它要求分析人员把握系统的内在联系，弄清各种潜在因素对故障发生影响的途径和程度，因而许多问题在分析的过程中就被发现了。

（4）通过故障树可以定量地计算复杂系统的故障发生概率，为改善和评估系统可靠性提供定量数据。

（5）故障树建成后，对不曾参与系统设计的管理和维修人员来说，相当于一个形象的故障诊断指南，对培训使用系统的人员很有意义。

3. FTA 的工作基础

FMECA 是采用自下而上的逻辑归纳法，从最基本的零部件故障分析到最终产品故障，从故障的原因分析到故障的后果。FTA 是采用自上而下的逻辑演绎法，从最终的故障分析到基本零部件的故障，从故障的后果分析到故障的原因。FMECA 本质上是一种单因素分析法，方法比较简单，它针对单个故障进行分析，在反映环境条件对系统可靠性的影响方面具有局限性。FTA 与 FMECA 相结合，能够较完善地进行系统的故障分析。FMECA 是 FTA 必不可少的基础工作，只有认真完成了 FMECA，将所有基本的故障模式都分析清楚之后进行 FTA 时，底事件才不会出现重大遗漏。

从方案阶段到产品报废的任何阶段都可进行 FTA，既可以用作研制阶段的设计分析，也可以用作使用阶段的事故分析。

7.1.1　故障树中常用的术语与符号

（1）顶事件：顶事件是 FTA 中所关心的最后结果事件，位于树的顶端，它只是逻辑门的输出事件而不是输入事件。

（2）底事件：底事件是导致其他事件的原因事件，位于树的底端，它只是逻辑门的输入事件而不是输出事件。底事件分为基本事件与未探明事件。

故障树中常用事件的符号及说明如表 7-1 所示。

表 7-1　故障树常用事件的符号及说明

序号	符号	名称	说明
1	○	基本事件	在故障树分析中无须探明其发生原因的底事件
2	◇	未探明事件	原则上应进一步探明其原因但暂时不必或者不能探明其原因的底事件
3	□	结果事件	由其他事件或者事件组合所导致的事件。其中，位于故障树顶端的结果事件为顶事件，位于顶事件和底事件之间的结果事件为中间事件

故障树中常用逻辑门的符号及说明如表 7-2 所示。

表 7-2　故障树常用逻辑门的符号及说明

序号	符号	名称	说明
1	∩(·)	与门	表示仅当所有输入事件发生时输出事件才发生
2	∩(+)	或门	表示至少一个输入事件发生时输出事件就发生

续表

序号	符号	名称	说明
3	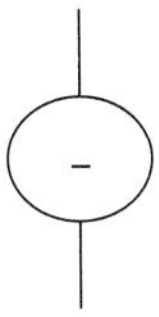 非门	非门	表示输出事件是输入事件的对立事件
4	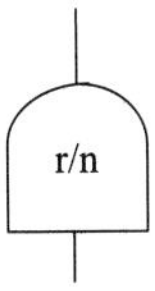 r/n	表决门	表示仅当 n 个输入事件中有 r 个或者 r 个以上的事件发生时，输出事件才发生（$1 \leq r \leq n$）
5	 + 不同时发生	异或门	表示仅当单个输入事件发生时输出事件才发生
6	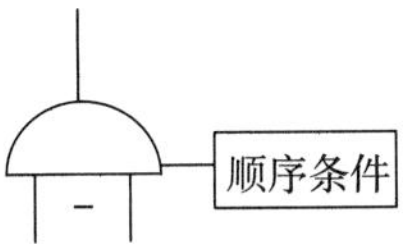 顺序条件	顺序与门	表示仅当输入事件按规定的顺序发生时输出事件才发生
7	 禁门打开的条件	禁门	表示仅当禁门条件事件发生时，输入事件的发生方能导致输出事件的发生

故障树中常用转移符号及说明如表 7-3 所示。

表 7-3 故障树常用转移符号及说明

序号	符号	名称	说明
1	 子树代号 字母数字	相同转出符号	表示下面转到以字母数字为代号所指的子树去
2	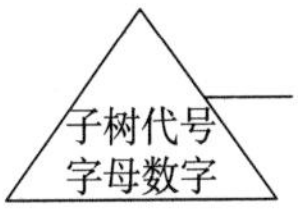 子树代号 字母数字	相同转入符号	表示由具有相同字母数字的符号处转到这里来
3	 相似的子树代号 不同事件标号 ×××~×××	相似转出符号	表示下面转到以字母数字为代号所指结构相似而事件标号不同的子树去

续表

序号	符号	名称	说明
4	子树代号	相似转入符号	表示相似转移符号所指子树与此处子树相似但事件标号不同

7.1.2 FTA 的一般步骤

FTA 的一般步骤如图 7-1 所示。

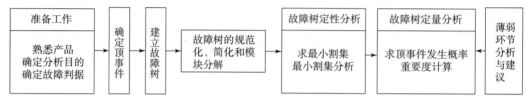

图 7-1 FTA 的一般步骤

步骤 1：FTA 的准备工作：包括熟悉产品、确定分析目的和确定故障判据。

步骤 2：确定顶事件：根据分析的需要，选择一个最不希望发生的事件作为顶事件。

步骤 3：建立故障树：利用故障树专用的事件和逻辑门符号，将故障事件之间的逻辑推理关系表达出来。

步骤 4：故障树的规范化、简化和模块分解：将建立的故障树规范化，成为仅含有底事件、结果事件以及与门、或门及非门 3 种逻辑门的故障树。同时进行简化和模块分解，以节省分析工作量。

步骤 5：故障树的定性分析：根据建立的故障树，采用上行法或者下行法进行分析，确定故障树的割集和最小割集，并进行最小割集和底事件的对比分析。

步骤 6：故障树的定量分析：根据故障树的底事件发生概率计算故障树顶事件的发生概率，并进行底事件的重要度计算。

步骤 7：薄弱环节分析与建议：根据故障树定性分析结果和定量分析结果，确定哪些底事件或者最小割集是产品最为薄弱的环节，并提出相应的改进建议。

7.2 故障树的建立

7.2.1 确定顶事件

顶事件是建立故障树的基础，确定的顶事件不同，则建立的故障树也不同。确定顶事件的方法如下：

（1）在设计过程中进行 FTA，一般从那些显著影响产品技术性能、经济性、可靠性和安全性的故障中选择确定顶事件。

（2）在 FTA 之前若已进行了 FME(C)A，则可以从严酷度等级为 I 类和 II 类的系统故障模式中选择某个故障模式确定为顶事件。

(3) 发生重大故障或者事故后，可以将此类事件作为顶事件，通过故障树分析为故障归零提供依据。

对于顶事件必须严格定义，否则建立的故障树将达不到预期的目的。大多数情况下，产品会有多个不希望事件，应对它们一一确定，分别作为顶事件建立故障树并进行分析。

7.2.2 建立故障树

7.2.2.1 建立故障树的方法

建立故障树的方法可分为两大类：演绎法和计算机辅助建树的合成法或决策表法。

演绎法的建树方法：将已确定的顶事件写在顶部矩形框内，将引起顶事件的全部必要且充分的直接原因事件置于相应原因事件矩形框内，根据实际的逻辑关系用适当的逻辑门把顶事件与原因事件连接起来，如此逐级建立，一直到所有的底事件为止。这样，就建立了一棵以给定顶事件为"根"、中间事件为"节"、底事件为"叶"的倒置的多级故障树。应注意，原因事件可以是硬件故障、软件故障、环境因素、人为因素等。

7.2.2.2 建立故障树的基本规则

1. 明确建树边界条件，确定简化系统图

建树前应根据分析目的，明确定义所分析的系统和其他系统（包括人和环境）的接口，同时给定一些必要的合理假设（如不考虑一些设备或接线故障，对一些设备故障作出偏安全的保守假设、暂不考虑人为故障等），从而由真实系统图得到一个主要逻辑关系等效的简化系统图。建树的出发点不是真实系统图，而是简化系统图。

2. 故障事件应严格定义

各级故障事件都必须严格定义，应明确地表示为"故障是什么"和"什么情况下发生"，即说明故障的表现状态。例如，"泵启动后压力罐破裂"，"开关合上后电机不转动"。

3. 从上向下逐级建树

从顶事件开始，应该不断利用直接原因事件作为过渡，逐步、无遗漏地将顶事件演绎为基本原因事件。

4. 建树时不允许门—门直接相连

本规则是防止建树者不从文字上对中间事件下定义即去建立该子树，而且门—门直接相连的故障树使评审者无法判断对错。

5. 用直接事件逐步取代间接事件

为了向下建立故障树，必须用等价的比较具体的直接事件逐步取代比较抽象的间接事件，这样在建树时也可能形成不经任何逻辑门的事件—事件串。

6. 处理共因事件和互斥事件

共同的故障原因会引起不同的部件故障甚至不同的系统故障。共同原因故障事件简称共因事件。对故障树中存在的共因事件，必须使用同一事件标号。不可能同时发生的事件

（如一个元部件不可能同时处于通电及不通电的状态）为互斥事件。对于与门输入端的事件和子树应注意是否存在互斥事件，若存在则应该采用异或门变换处理（即表示为不同时发生）。

7.2.3 故障树的规范化、简化和模块分解

7.2.3.1 故障树的规范化

为了对故障树进行统一的描述和分析，必须将建好的故障树规范化，成为仅含有顶事件、底事件、结果事件以及与门、或门、非门3种逻辑门的故障树。故障树规范化的主要内容如下：

（1）将未探明事件当作基本事件或删去。
（2）将顺序与门变换为与门。
（3）将表决门变换为或门和与门的组合。
（4）将异或门变换为或门、与门和非门的组合。
（5）将禁门变换为与门。

7.2.3.2 故障树的简化和模块分解

故障树的简化和模块分解是缩小故障树规模从而节省分析工作量的有效措施。故障树的简化工作如下：

（1）去掉明显的逻辑多余事件和明显的逻辑多余门。
（2）用相同转移符号表示相同子树，用相似转移符号表示相似子树。

故障树的模块分解工作如下：

（1）按模块和最大模块的定义，找出故障树中尽可能大的模块。
（2）单个模块构成一个模块子树，可单独进行定性分析和定量分析。
（3）对每个模块子树用一个等效的虚设底事件来代替，使原故障树的规模缩小。
（4）在故障树定性分析和定量分析后，可根据实际需要，将顶事件与各模块之间的关系转换为顶事件与底事件之间的关系。

7.3 故障树的定性分析

应用故障树可以对被研究的复杂系统的故障情况进行定性和定量分析。当底事件失效概率不全时，或对复杂系统想先搞清主要隐患时，可先进行定性分析。

故障树定性分析的目的就是找出导致顶事件发生的所有可能的故障模式（即事件集合），通过逻辑运算推导得到故障树的最小割集，即搞清顶事件发生时必同时存在的某底事件的集合，从而可以判定系统可靠性最薄弱的环节。当前工程实践中，故障树的定性分析比定量分析更实用可行。

7.3.1 最小割集和路集

最小割集概念是评价故障树的基本方法。故障树的每一个底事件不一定都是顶事件发生

的起因，当有一组事件发生时必然导致顶事件的发生，则该组事件的集合定义为一个割集。

当割集中的每一个底事件都同时存在时顶事件才发生，则该割集称最小割集。换言之，最小割集是去掉其中任何一个底事件就不再成为割集的底事件集合。

一个最小割集表示系统的一种故障模式，为保证系统安全可靠，就必须防止所有最小割集发生。系统的全体最小割集就构成了系统的故障谱。

路集是与割集相对的概念，路集是一些底事件的集合，若其中所有底事件都不发生，则顶事件必定不发生。最小路集是去掉其中任何一个底事件就不再是路集的路集。一个最小路集表示系统的一种成功模式，系统的全体最小路集构成系统的成功谱。

在系统设计运行中要尽可能降低最小割集发生的可能性；换言之，要保证系统正常工作，必须保证至少有一个最小路集存在。最小割集与最小路集是系统可靠性分析的重要信息，它们来自同一顶事件的相反分析，只知其一即可。下面主要介绍求复杂系统故障树最小割集的方法。

7.3.2 求最小割集的方法

求复杂系统故障树的最小割集的常用方法有两种：上行法和下行法。

1. 事件逻辑运算的基本法则

事件逻辑运算的基本法则是进行故障树故障推理的依据，如表 7-4 所示。

表 7-4 事件逻辑运算基本法则

序号	名称	运算法则	文氏图	意义
1	幂等律	$AA = A$ $A + A = A$		同种事件同时发生，事件性质不变
2	交换律	$AB = BA$ $A + B = B + A$		两个事件交换位置或顺序，其集合事件（相乘、相加）的结果不变
3	结合律	$(AB)C = A(BC)$ $(A + B) + C = A + (B + C)$		多个事件集合（相乘、相加）的结果不受其中诸事件相互集合先后顺序的影响

续表

序号	名称	运算法则	文氏图	意义
4	分配律	$(AB+C)=(A+C)(B+C)$		同时发生的两事件与第3个事件的叠加等于两事件分别与第3事件叠加并同时发生
5	吸收律	$A+AB=A$ $A(A+B)=A$		事件 A 与另一个事件 B 集合事件的集合等同于 A（集合包括事件和或积的运算）
6	摩根律	$\overline{AB}=\overline{A}+\overline{B}$ $\overline{A}+\overline{B}=\overline{AB}$		两个事件交集的补集等于两个事件各自补集的并集；两个事件并集的补集等于它们各自补集的交集

注：A 示意用圆圈○；B 示意用方框□；C 示意用三角形△。

2. 上行法（布尔代数化简法）

上行法是从故障树的最下一级开始，逐级写出事件间的逻辑关系并最终推出顶事件起因构成的方法，该方法简单清晰，易于执行，其步骤如下：

（1）从故障树的最下一级开始，逐级写出各矩形事件与其相邻下级事件的逻辑关系表达式。

（2）从故障树的最下一级开始，逐级将下一级的逻辑表达式代入其上一级事件的逻辑表达式。在每一级代入之后都要运用逻辑运算法则，将表达式整理、简化为底事件表达的逻辑积、和形式，称为积和表达式，当代换进行到顶事件时，则得到顶事件的积和表达式。

（3）利用逻辑运算法则的幂等律去掉各求和项中的重复事件，则表达式的每一求和项都是故障树的一个割集，但不一定是最小割集。

（4）再运用逻辑运算法则的吸收律去掉多余的项，则表达式的每一求和项即故障树的一个最小割集。

3. 下行法（列表法）

下行法是从顶事件开始，自上而下地逐级进行列表置换的方法。根据逻辑门的性质，与门使集合事件（割集）的容量增加，而或门使事件集合（割集）的数目增多。列表用行表示一个集合中的各事件，用列表示不同的集合。其步骤如下：

（1）列表开始：将顶事件写在表的左上角。

（2）逐级置换：用输入事件置换表中的顶事件（或矩形事件）。

(3) 列表方法：如遇逻辑与门，则下级输入事件在同一行排列；如遇逻辑或门，则下级输入事件在同列各写一行。当表中全部中间事件皆被置换成底事件时，置换停止。

(4) 化简：利用幂等律在各行内去掉重复事件，列内去掉重复集合，则每行都是故障树的一个割集（不一定是最小割集）；随后，利用吸收律将各行（割集）相互比较，去掉被包含的割集，则剩下故障树的全部最小割集。

7.3.3 求最小路集的方法

当故障树的最小割集很多时，分析就较困难，此时采用最小路集分析可以简化分析过程。最小路集的定义：最小路集是一组事件的组合，当这些事件全部不发生时，顶事件才不发生。"最小"的意思是指这组事件中的每个事件不发生、对顶事件不发生都是必要的。最小路集分析与最小割集分析方法相似，只是意义相反，表示故障树中全部事件都不发生时的逻辑关系，这种逻辑关系就是系统的成功树，成功树与故障树互称为对偶树。成功树的建造方法是将故障树中的全部与门改为或门，而将全部或门改为与门，然后再用与求故障树最小割集的相同方法可求得成功树的最小路集。表7-5为成功树与故障树的逻辑门转化关系。

表7-5 成功树与故障树的逻辑门转化关系

逻辑门转化	故障树	成功树
与门→或门	与门为事件全部发生，则上级事件发生	或门为事件之一成功，则上级事件成功
或门→与门	或门为事件之一发生，则上级事件发生	与门为事件全部成功，则上级事件成功

7.3.4 最小割集的定性对比

故障树的定性分析包含两个步骤：首先，通过建立故障树和逻辑运算推导得到最小割集或最小路集，掌握系统故障的全部可能情况；其次，通过最小割集（或最小路集）分析判断系统的薄弱环节，对设计和改进系统给出依据。

为了提高系统的可靠性和效率，原则上要首先注意那些低阶的最小割集，例如3阶或4阶以下的最小割集。在设计阶段就要充分保证这些低阶割集的可靠性，尤其对1阶割集要有足够的技术保证。另外，在运行阶段，要采取措施防止属于同一割集的事件同时发生，以避免对系统产生致命性影响，特别对复杂系统的安全运行更具有重要意义。

根据每个最小割集所含底事件数目（阶数）排序，在各个底事件发生概率比较小、其差别相对不大的条件下：

(1) 阶数越小的最小割集越重要。
(2) 在低阶最小割集中出现的底事件比高阶最小割集中的底事件重要。
(3) 在最小割集阶数相同的条件下，在不同最小割集中重复出现的次数越多的底事件越重要。

7.4 故障树的定量分析

故障树的定量分析主要有两方面内容:
(1) 由输入系统各单元(底事件)的失效概率求出系统的失效概率。
(2) 求出各单元(底事件)的结构重要度、概率重要度和关键重要度,最后根据关键重要度的大小排序找出最佳故障诊断和修理顺序,同时也可作为改善相对不大可靠的单元的依据。

本节只研究单调关联系统的定量分析。

7.4.1 求顶事件发生概率

1. 概率计算法

概率计算法是按照故障树结构自下而上逐级计算各门事件概率的方法。对于最典型的与门结构和或门结构,前者应做概率乘法,后者应做概率加法,以下具体说明。

(1) 与门结构的概率计算。

根据与门结构的性质,事件的逻辑关系式为

$$T_{\text{AND}} = X_1 \cap X_2 \cap \cdots \cap X_n = \bigcap_{i=1}^{n} X_i \tag{7-1}$$

因而,门事件的发生概率为

$$P(T_{\text{AND}}) = P\left[\bigcap_{i=1}^{n} X_i\right] \tag{7-2}$$

当上述各输入事件 X_i 为独立事件时,此处与门输出事件的概率应等于各输入事件单独发生概率的乘积,即

$$P(T_{\text{AND}}) = P(X_1)P(X_1)\cdots P(X_n) = \prod_{i=1}^{n} P(X_i) \tag{7-3}$$

式中: $P(X_i)$ 为输入事件 X_i 发生的概率; n 为与门输入事件总数。

(2) 或门结构的概率计算。

根据或门结构的性质,事件的逻辑关系式为

$$T_{\text{OR}} = X_1 \cup X_2 \cup \cdots \cup X_n = \bigcup_{i=1}^{n} X_i \tag{7-4}$$

门事件 T_{OR} 发生的概率 $P(T_{\text{OR}})$ 由下式计算:

$$P(T_{\text{OR}}) = P\left[\bigcup_{i=1}^{n} X_i\right] = \underbrace{\sum_{i=1}^{n} P(X_i)}_{\begin{bmatrix}n \text{个输入事件}\\ \text{概率之和}\end{bmatrix}} - \underbrace{\sum_{i=1}^{n-1}\sum_{j=i+1}^{n} P(X_i \cap X_j)}_{\begin{bmatrix}\text{每两个不同事件}\\ \text{同时发生的概率之和}\end{bmatrix}} + \cdots + (-1)^{n-1} \underbrace{P\left[\bigcap_{i=1}^{n} X_i\right]}_{\begin{bmatrix}n \text{个输入事件}\\ \text{同时发生的概率}\end{bmatrix}} \tag{7-5}$$

全式共有 n 项,第一项是 n 个输入事件概率之和;第二项是 n 个输入事件中所有两不同事件相交的概率之和,因该值在第一项中被以独立事件的方式重复计算,故需做减法;第三项则应是输入事件中所有 3 个不同输入事件相交的概率之和,因该值在第二项中被以两个不同事件相交的理由重复减去(如事件 AC、BC),则多减去了此三项(ABC)同时发生的概

率,故需做加法。以此类推其余项,最后一项是所有 n 个输入事件,即相交的概率。

当输入事件均为独立事件时,上式成为

$$P(T_{OR}) = \sum_{i=1}^{n} P(X_i) - \sum_{i=1}^{n-1} \sum_{j=i+1}^{n} P(X_i)P(X_j) + \cdots + (-1)^{n-1} \prod_{i=1}^{n} P(X_i) \quad (7-6)$$

式中,$P(X_i)$、$P(X_j)$ 分别为 X_i、X_j 事件的概率。

当所有输入事件均为互斥事件时,或门输出事件的概率等于所有输入事件概率之和,于是上式成为

$$P(T_{OR}) = \sum_{i=1}^{n} P(X_i) \quad (7-7)$$

上式因以其全部事件都为互斥为前提,故实际应用场合较少。一般在需对系统可靠性迅速做出定量估计时,可用该式进行简单计算。

(3) 具有与门和或门的复杂结构的概率计算。

当故障树中包括与门和或门时,只要其各逻辑门的输入事件是统计独立的,就可以利用式 (7-7),由下而上逐级计算各门事件的概率直至顶事件概率。

2. 最小割集法

上述概率计算法是根据故障树结构和概率运算法则从底事件开始一步步计算得到顶事件概率的方法。

如果换一种思路,根据最小割集的概念,由于每一个最小割集的发生都导致顶事件的发生,所以顶事件发生就是全部最小割集按或逻辑关系的集合,而每个最小割集的发生又是其中所包含的全部底事件按与逻辑关系的集合。如图 7-2 的故障树。

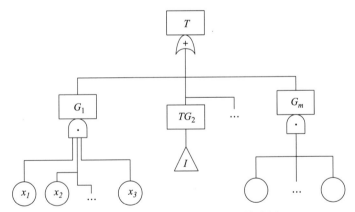

图 7-2 按最小割集概念建造的故障树

在图 7-2 中,顶事件的逻辑表达式为

$$T = \bigcup_{i=1}^{n} G_i \quad (7-8)$$

所以,顶事件概率为

$$P(T) = P\left[\bigcup_{i=1}^{n} G_i\right] = \sum_{i=1}^{n} P(G_i) - \sum_{i=1}^{n-1}\sum_{j=i+1}^{n} P(G_i \cap G_j) + \cdots + (-1)^{n-1} P\left[\bigcap_{i=1}^{n} G_i\right]$$

$$(7-9)$$

式中，$P(G_i)$ 为最小割集的概率，有

$$G_i = X_1 \cap X_2 \cap \cdots \cap X_j = \bigcap_{j=1}^{m} X_j \tag{7-10}$$

$$P(G_i) = P[\bigcap_{j=1}^{m} X_j] \tag{7-11}$$

当各 X_j 为独立事件时，

$$P(G_i) = P(X_1)P(X_1)\cdots P(X_m) = \prod_{j=1}^{m} P(X_j) \tag{7-12}$$

上式中的第二项及其后各项都是所有不同的 k（k 为该式中各项的序号）个最小割集相交的概率之和。当各相交的最小割集相互独立时，该最小割集相交的概率等于相应最小割集概率的乘积，即

$$P[\bigcap_{i=1}^{k} G_i] = \prod_{i=1}^{k} P(G_i) \tag{7-13}$$

7.4.2 求底事件的重要度

1. 单元的概率重要度 $I_{pr}(j)$

反映单元概率的变化对系统概率变化影响程度的量值称为单元的概率重要度。当系统中每个单元发生与否的概率相等时，单元的概率重要度等于其结构重要度，其计算公式为

$$I_{pr}(j) = \frac{\partial Q}{\partial q_j} \tag{7-14}$$

式中：$I_{pr}(j)$ 为第 j 个单元的概率重要度；Q 为顶事件概率函数式；q_j 为第 j 个底事件的概率。

2. 单元的关键重要度 $I_{cr}(j)$

系统故障概率变化率和引起其的单元故障概率变化率的比值称为该单元的关键重要度，是重要度的最重要指标，不仅可以反映该单元概率重要度的影响，还可以反映该单元故障概率改进的难易程度，其计算公式为

$$I_{cr}(j) = \lim_{\Delta q_j \to 0} \frac{\Delta Q}{Q} \Big/ \frac{\Delta q_j}{q_j} = \frac{q_j}{Q} I_{pr}(j) \tag{7-15}$$

式中，$I_{cr}(j)$ 为第 j 个单元的关键重要度。

3. 单元的结构重要度 $I_{st}(j)$

反映单元在故障树结构中重要顺序的量值称为单元的结构重要度。此量值与该单元的发生概率大小无关。$I_{st}(j) = 0$ 的单元是与顶事件无关的，应予删除；$I_{st}(j)$ 越接近 1 的单元在结构上越重要，因此设计时应尽量使它可靠些，计算公式为

$$I_{st}(j) = \frac{2}{2^{n-1}} n_j \tag{7-16}$$

式中：$I_{st}(j)$ 为第 j 个单元的结构重要度；n 为系统全部单元（底事件）的个数；n_j 为将 j 单元分别加入 2^{n-1} 个组合中。

使之从非割集变成割集的组合总数。其中 2^{n-1} 个组合由真值表求得。例如，有一个系统

由 4 个单元（1，2，3，4）组成，求第二个单元结构重要度的 n_2 的 8（即 2^{4-1}）个组合可由表 7-6 求得为：×××（表示各单元全不出现）；1；3；1，3；4；1，4；3，4；1，3，4。此时若已知系统的最小割集，则可求出 n_2。

表 7-6 4 个单元系统求 n_2 的组合

序号	单元代号			组号
	1	3	4	
1	0	0	0	×××
2	1	0	0	1
3	0	1	0	3
4	1	1	0	13
5	0	0	1	4
6	1	0	1	14
7	0	1	1	34
8	1	1	1	134
9	$2^0=1$	$2^1=2$	$2^2=4$	0，1 变换重复数

7.4.3 逻辑图与故障树对比

下面讨论一下逻辑图与故障树之间的关系，因为这有助于故障树的定性和定量分析。系统的逻辑图表明系统与单元间的功能关系，其终端事件为系统的成功状态，各个基本事件是成功事件，因此系统逻辑图相当于系统的成功树。它也是一种用与门和或门来反映事件之间逻辑关系的方法。对于串联系统，均为或门的逻辑关系；对于并联系统，均为与门的逻辑关系。如表 7-7 所列，逻辑图中系统的不可靠度与故障树的系统失效概率完全一致。

表 7-7 逻辑图与故障树对比表

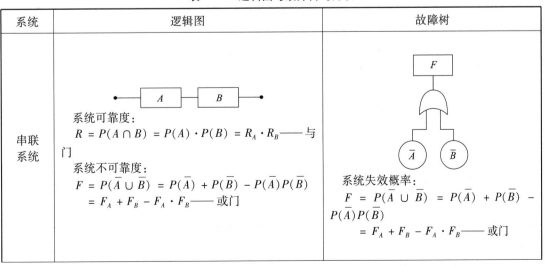

系统	逻辑图	故障树
并联系统	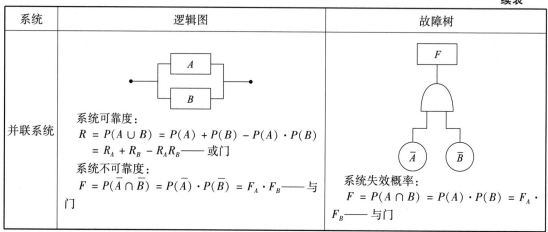 系统可靠度：$R = P(A \cup B) = P(A) + P(B) - P(A) \cdot P(B) = R_A + R_B - R_A R_B$ ——或门 系统不可靠度：$F = P(\bar{A} \cap \bar{B}) = P(\bar{A}) \cdot P(\bar{B}) = F_A \cdot F_B$ ——与门	系统失效概率：$F = P(A \cap B) = P(A) \cdot P(B) = F_A \cdot F_B$ ——与门

假定故障树的顶事件及相互独立的全部底事件均只有不发生和发生，即正常和故障两种状态，则根据底事件发生的概率，由下往上按故障树的逻辑结构逐级运算，即可求得顶事件发生的概率。

【示例7-1】

用上行法求故障树的割集和最小割集

用上行法求图7-3所示故障树的割集和最小割集。

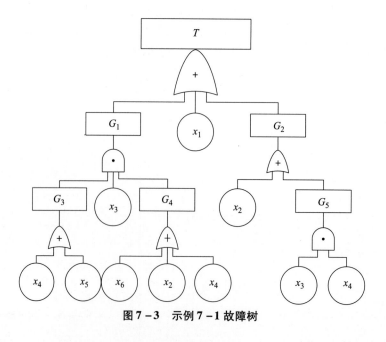

图7-3 示例7-1故障树

解：首先写出由下向上各级事件的逻辑表达式。

最下一级为

$$G_3 = x_4 + x_5, \quad G_4 = x_6 + x_2 + x_4, \quad G_5 = x_3 x_4$$

次下级为

$$G_1 = G_3 x_3 G_4, \quad G_2 = x_2 + G_5$$

最上一级为

$$\begin{aligned} T &= G_1 + G_2 + x_1 \\ &= x_1 + x_2 + x_3 x_4 + x_3(x_6 + x_2 + x_4)(x_4 + x_5) \\ &= x_1 + x_2 + x_3 x_4 + x_3 x_4 x_6 + x_2 x_3 x_4 + x_3 x_4 + \\ &\quad x_3 x_5 x_6 + x_2 x_3 x_5 + x_3 x_4 x_5 \\ &= x_1 + x_2 + x_3 x_4 + x_3 x_4 x_6 + x_2 x_3 x_4 + \\ &\quad x_3 x_5 x_6 + x_2 x_3 x_5 + x_3 x_4 x_5 \end{aligned}$$

以上各式中每一项都是故障树的一个割集，但不一定是最小割集，对上式应用等幂律和吸收律进行简化，有

$$T = x_1 + x_2 + x_3 x_4 + x_3 x_5 x_6$$

这样，就求得故障树的全部最小割集为

$$\{x_1\}, \{x_2\}, \{x_3, x_4\}, \{x_3, x_5, x_6\}$$

显然，用下行获和上行法求得的结果是相同的。

【示例 7–2】

用下行法求故障树的割集和最小割集

用下行法求图 7–3 所示故障树的割集和最小割集。

对故障树应用下行法逐级展开，为了简化表达，分别用数字 1、2、… 代替 x_1、x_2、…，如表 7–8 所示。

表 7–8 故障树下行法展开

步骤	1	2	3	4	5	6
	1	1	1	1	1	1
	G_1	3, G_3, G_4	3, 4, G_4	3, 4, 2	3, 4, 2	3, 4, 2
	G_2	G_2	3, 5, G_4	3, 4, 4	3, 4, 4	3, 4, 4
			G_2	3, 4, 6	3, 4, 6	3, 4, 6
				3, 5, 2	3, 5, 2	3, 5, 2
				3, 5, 4	3, 5, 4	3, 5, 4
				3, 5, 6	3, 5, 6	3, 5, 6
				G_2	2	2
					G_5	3, 4

表 7-8 中最后一列的每一行都是一个割集进行简化操作后就可以得到故障树的最小割集,全部最小割集为

$$\{x_1\},\ \{x_2\},\ \{x_3,x_4\},\ \{x_3,x_5,x_6\}$$

【示例 7-3】

用上行法和下行法求最小割集

图 7-4 为给定的故障树,分别用上行法和下行法求最小割集。

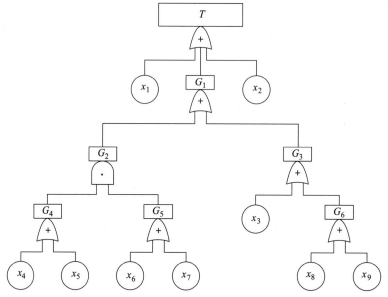

图 7-4 示例 7-3 故障树

1. 下行法

步骤 1:定义顶事件为 T,下面的门为或门,因此将它的输入 x_1、G_1、x_2 排成列(置换 T),作为第一步。

步骤 2:基本事件 x_1、x_2 不再分解,G_1 事件为或门,将其输入 G_2、G_3;排成一列置换 G_1。

步骤 3:G_2 事件下的门为与门,故将其输入 G_4、G_5 排成一行置换 G_2。

如此进行下去,在最后一步得到一列全部由基本事件表示的 8 个割集:$\{1\}$,$\{2\}$,$\{4,6\}$,$\{4,7\}$,$\{5,6\}$,$\{5,7\}$,$\{3\}$,$\{8\}$,$\{9\}$。其具体步骤如表 7-9 所示。

表 7-9 故障树下行法步骤

1	2	3	4	5	6
1	1	1	1	1	1
2	2	2	2	3, 4, 2	22

续表

1	2	3	4	5	6
G_1	G_2	G_4, G_5	G_4, G_5	$4, G_5$	4, 6
	G_3	G_3	3	$5, G_5$	4, 7
			G_6	3	5, 6
				G_6	5, 7
					3
					8
					9

下面检查它们是否是最小割集,如不是则要进行布尔吸收操作(等幂律 $xx=x$ 和吸收律 $x+xy=x$)求得最小割集。经过布尔运算,示例 7-3 的最小割集为 $\{1\}$,$\{2\}$,$\{4,6\}$,$\{4,7\}$,$\{5,6\}$,$\{5,7\}$,$\{3\}$,$\{8\}$,$\{9\}$。

2. 上行法

为书写方便,用 + 代替 ∪,省去 ∩ 符号。

如图 7-4 所示,故障树的最后一级为

$$G_4 = x_4 + x_5, \quad G_5 = x_6 + x_7, \quad G_6 = x_8 + x_9$$

向上一级为

$$G_2 = G_4 G_5 = (x_4 + x_5)(x_6 + x_7)$$
$$G_3 = x_3 + x_8 + x_9$$

再向上一级为

$$G_1 = G_2 + G_3$$
$$= (x_4 + x_5)(x_6 + x_7) + x_3 + x_8 + x_9$$

利用集合运算法简化上式,即

$$G_1 = G_2 + G_3$$
$$= x_4 x_6 + x_4 x_7 + x_5 x_6 + x_5 x_7 + x_3 + x_8 + x_9$$

最上一级为

$$T = x_1 + x_2 + G_1$$
$$= x_1 + x_2 + x_3 + x_8 + x_9 + x_4 x_6 + x_4 x_7 + x_5 x_6 + x_5 x_7$$

【示例 7-4】

某自动炮故障树分析

自动火炮系统一般较少采用冗余设计,大多是单调关联系统。其可靠性逻辑关系主要是串联关系,即各零部件之间大多呈或门状态。换言之,系统大多数构件的原始事件的发生均能导致顶事件的发生,所以,结构函数式也比较简单。

1. 系统说明

某自动火炮由自动机和供弹机构组成。其主要任务是：在开启供弹机构并接通电击发机后，应能自动完成连续射击任务，包括炮弹的自动供给、装填、击发、抽筒、抛筒等动作，直至要求停止射击或空舱停射。

2. 确定顶事件

以某自动火炮发生停射故障为顶事件。

3. 建立故障树

通过对某自动火炮的分析，影响自动火炮完成任务的因素为自动机和扬弹机以及二者相互配合情况 3 种因素。

引起自动机故障的可能原因主要有首发装填故障、供弹输弹故障、击发故障、抽筒故障、抛筒故障、空舱不停射故障等。对各种故障仍可继续寻找故障原因。引起扬弹机故障的可能原因主要有不能将炮弹可靠送至进弹口、右路供弹时左路仍工作、左路供弹时右路仍工作等。各种故障仍可继续寻找故障原因：自动机与扬弹机之间相互配合不佳引起的主要故障，扬弹电机旋向与拨弹不合，链节旋转角过大，主动力与弹带阻力不合等。经过详细技术分析，直接引起自动炮不能完成任务的主要原因有 3 个中间事件；直接和间接引起这 3 个中间事件发生的原因共有 37 个中间事件和 65 个基本事件，如表 7 – 10 所示。建立的某自动火炮故障树如图 7 – 5 ~ 图 7 – 12 所示。

表 7 – 10　某自动火炮发生停射的主要事件

事件代号	事件名称	事件代号	事件名称
T	自动炮发生停射	x_{33}	转动杠杆断裂
y_1	自动机与扬弹机配合不佳	y_{24}	输弹故障
x_1	扬弹电机旋向与拨弹不合	x_{34}	抓弹钩变形
x_2	链节旋转角过大	y_{12}	抽筒故障
x_3	主动力与弹带阻力不合	x_{35}	贴膛
y_2	自动机故障	y_{25}	未开锁
y_4	首发装填故障	y_{26}	未挂机
x_4	方孔严重变形	x_{36}	自动阻铁断裂
y_5	滑套失效	y_{13}	抛筒故障
x_5	滑套断裂	x_{37}	抛筒器卡滞
x_6	凸块严重磨损	x_{38}	活动板卡滞
y_6	击发故障	x_{39}	异物阻塞
y_7	击发机构故障	y_3	扬弹机故障
x_7	击发机力偏小	y_{27}	炮弹不能可靠到进弹口
x_8	定位器变形	x_{40}	电机故障
x_9	抛筒器轴断裂	x_{41}	异物卡滞

续表

事件代号	事件名称	事件代号	事件名称
y_8	未闭锁	y_{28}	窜弹量过大
x_{10}	闩体轴断裂	x_{42}	抱弹力过小
x_{11}	炮尾抬卡锁面磨损	x_{43}	弹链与校正体干涉
y_9	底火未点燃	y_{29}	推弹力过小
x_{12}	底火受潮	y_{30}	过弹通道阻力过大
x_{13}	击针断裂	x_{44}	导引局部严重变形
x_{14}	击针磨损	x_{45}	滚柱过小
x_{15}	复进簧卡滞	y_{31}	推弹力不足
y_{10}	空舱不停射	x_{46}	圆盘侧面磨损
x_{16}	击发杠杆断裂	y_{32}	弹簧力不足
x_{17}	拨动杆头变形	x_{47}	弹簧疲劳
x_{18}	左右阀堵塞	x_{48}	弹簧预压量不足
y_{11}	供输弹故障	y_{33}	涌弹
y_{14}	除链故障	x_{49}	排链器阻滞
x_{19}	除链器断裂	x_{50}	导引接口不畅
y_{15}	除链力不足	x_{51}	驻卡销脱落、断裂
x_{20}	缓冲簧卡滞	y_{34}	打滑失灵
x_{21}	抱弹力太大	x_{52}	圆盘接触滞涩
y_{16}	排链故障	x_{53}	弹簧力过大
x_{22}	弹链严重变形	y_{35}	右进弹时左路部打滑
x_{23}	排链口不畅	y_{37}	强制部分失效
y_{17}	供弹故障	x_{54}	棘轮断裂
x_{24}	拨弹齿断裂	x_{55}	弹簧疲劳
y_{18}	身管未到位	x_{56}	柱销断裂
x_{25}	异物阻滞	y_{38}	打滑机构失效
x_{26}	反跳锁锁死	x_{57}	弹簧力太大
y_{19}	拨弹齿未越过待拨弹	x_{58}	柱销断裂
y_{20}	滑架上抬不到位	x_{59}	衬套轴间滑动不畅
x_{27}	炮尾斜面磨损	y_{36}	左进弹时右路部打滑
y_{21}	后坐太短	y_{39}	强制部分失效
x_{28}	后坐能量不足	x_{60}	棘轮断裂
x_{29}	缓冲簧刚度太大	x_{61}	弹簧卡滞

续表

事件代号	事件名称	事件代号	事件名称
y_{22}	待拨弹定位不准	x_{62}	柱销断裂
x_{30}	阻弹齿断裂	y_{40}	打滑机构失效
x_{31}	机构磨损空回大	x_{63}	弹簧力太大
y_{23}	滑架下压不到位	x_{64}	柱销断裂
x_{32}	炮尾凹槽磨损	x_{65}	衬套轴间滑动不畅

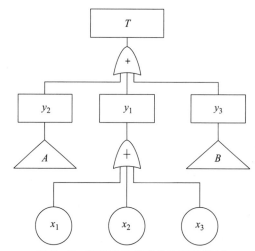

图 7-5 某自动火炮发生停射故障树

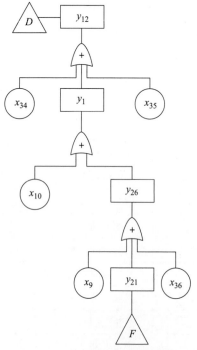

图 7-6 某自动火炮抽筒故障树

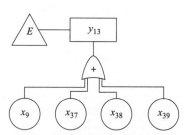

图 7-7 某自动火炮抛筒故障树

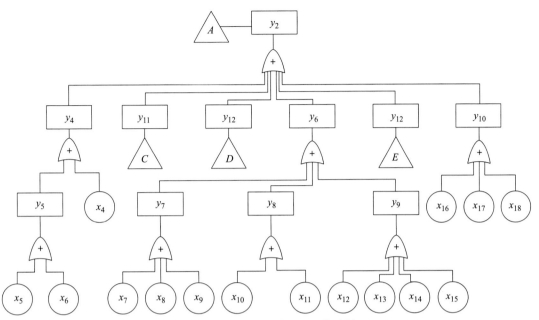

图 7-8 某自动火炮自动机故障树

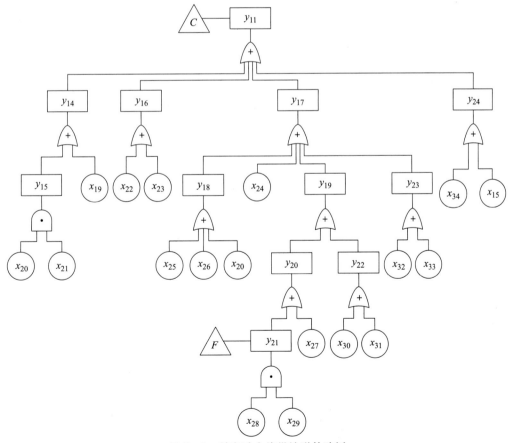

图 7-9 某自动火炮供输弹故障树

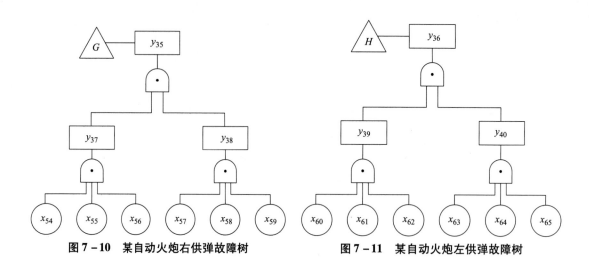

图 7-10 某自动火炮右供弹故障树

图 7-11 某自动火炮左供弹故障树

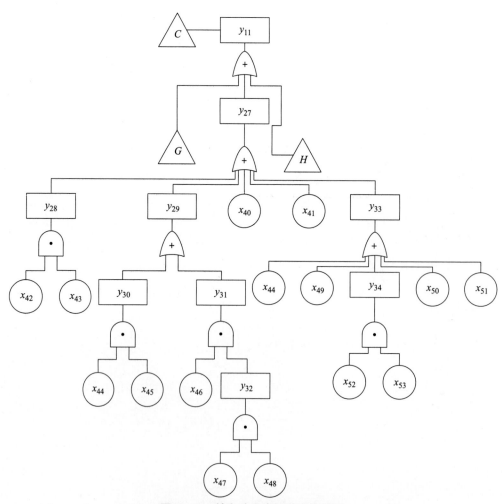

图 7-12 某自动火炮扬弹机故障树

4. 定性分析

寻找系统最小割集：

$$T = y_1 + y_2 + y_3 = x_1 + x_2 + x_3 + y_4 + y_6 + y_{10} + y_{11} + y_{12} + y_{13} + y_{27} + y_{35} + y_{36}$$
$$= \cdots$$
$$= \sum_{i=1}^{20} x_i + \sum_{i=22}^{27} x_i + \prod_{i=28}^{29} x_i + \sum_{i=30}^{41} x_i + \prod_{i=42}^{43} x_i + x_{44} + \prod_{i=46}^{48} x_i + \sum_{i=49}^{51} x_i + \prod_{i=52}^{53} x_i + \prod_{i=54}^{59} x_i + \prod_{i=60}^{65} x_i$$

某自动火炮不能完成任务的故障树共有最小割集48个，其中大部分为一阶割集，共42个；二阶割集3个，三阶割集1个，六阶割集2个。形成如此多的一阶割集，主要是因为该自动火炮系统的各功能单元均没有储备单元，并且在系统工作流程中这些功能单元都是必不可少的。对这样的系统结构，要保证系统可靠性达到一定的高水平，必须严格保证单元可靠性，在设计和制造过程必须采取相应措施。尤其是基本事件为一阶最小割集对应的相关零部件的设计、研制、装配等过程更应严格要求、严格把关。

5. 定量分析

定量分析主要是计算某自动火炮不能完成任务的概率以及各单元的重要度。由于大多数基本事件均为一阶最小割集，这些基本事件对应单元应是重要的，因此，重要度计算没有太大意义。

根据现有资料和经验，某自动火炮不能完成任务的各种基本事件及发生概率如表7-11所示。

表7-11　某自动炮不能完成任务的各基本事件及发生概率

事件代号	事件名称	发生概率	事件代号	事件名称	发生概率
x_1	扬弹电机旋向与拨弹不合	0.000 1	x_{34}	抓弹钩磨损	0.000 1
x_2	链节旋转角过大	0.002 0	x_{35}	贴膛	0.000 1
x_3	主动力与弹带阻力不合	0.000 1	x_{36}	自动阻铁断裂	0.000 2
x_4	方孔严重变形	0.001 0	x_{37}	抛筒器卡滞	0.000 1
x_5	滑套断裂	0.000 1	x_{38}	活动板卡滞	0.000 1
x_6	凸块严重磨损	0.003 0	x_{39}	异物阻塞	0.000 5
x_7	击发机力偏小	0.000 1	x_{40}	电机故障	0.000 1
x_8	定位器变形	0.000 1	x_{41}	异物卡滞	0.000 1
x_9	抛筒器轴断裂	0.000 1	x_{42}	抱弹力过小	0.000 1
x_{10}	闩体轴断裂	0.000 1	x_{43}	弹链与校正体干涉	0.000 1
x_{11}	炮尾抬卡锁面磨损	0.001 0	x_{44}	导引局部严重变形	0.000 1
x_{12}	底火受潮	0.002 0	x_{45}	滚柱过小	0.000 1
x_{13}	击针断裂	0.001 0	x_{46}	圆盘侧面磨损	0.000 5
x_{14}	击针磨损	0.001 0	x_{47}	弹簧疲劳	0.000 1

续表

事件代号	事件名称	发生概率	事件代号	事件名称	发生概率
x_{15}	复进簧卡滞	0.000 1	x_{48}	弹簧预压量不足	0.000 1
x_{16}	击发杠杆断裂	0.000 1	x_{49}	排链器阻滞	0.000 1
x_{17}	拨动杆头变形	0.000 1	x_{50}	导引接口不畅	0.000 1
x_{18}	左右阀堵塞	0.000 1	x_{51}	驻卡销脱落、断裂	0.000 1
x_{19}	除链器断裂	0.000 1	x_{52}	圆盘接触滞涩	0.000 1
x_{20}	缓冲簧卡滞	0.000 1	x_{53}	弹簧力过大	0.000 1
x_{21}	抱弹力太大	0.000 1	x_{54}	棘轮断裂	0.000 2
x_{22}	弹链严重变形	0.000 3	x_{55}	弹簧疲劳	0.000 1
x_{23}	排链口不畅	0.000 1	x_{56}	柱销断裂	0.000 1
x_{24}	拨弹齿断裂	0.000 1	x_{57}	弹簧力太大	0.000 1
x_{25}	异物阻滞	0.001 0	x_{58}	柱销断裂	0.000 1
x_{26}	反跳锁锁死	0.000 1	x_{59}	衬套轴间滑动不畅	0.000 1
x_{27}	炮尾斜面磨损	0.000 5	x_{60}	棘轮断裂	0.000 2
x_{28}	后坐能量不足	0.000 1	x_{61}	弹簧卡滞	0.000 1
x_{29}	缓冲簧刚度太大	0.000 1	x_{62}	柱销断裂	0.000 1
x_{30}	阻弹齿断裂	0.000 1	x_{63}	弹簧力太大	0.000 1
x_{31}	机构磨损空回大	0.000 1	x_{64}	柱销断裂	0.000 1
x_{32}	炮尾凹槽磨损	0.000 5	x_{65}	衬套轴间滑动不畅	0.000 1
x_{33}	转动杠杆断裂	0.000 1			

由于某自动火炮系统要求可靠性很高,其组成单元也具有很高可靠性。影响某自动火炮不能完成任务的各种基本事件发生的概率比较小,因此,可以近似计算顶事件(某自动火炮不能完成任务)的故障概率:

$$\begin{aligned}
Q_5(T) &= P(T) = P(\bigcup_{i=1}^{n} C_i) \approx \sum_{i=1}^{n} P(C_i) \\
&= \sum_{i=1}^{20} P(x_i) + \sum_{i=22}^{27} P(x_i) + \prod_{i=28}^{29} P(x_i) + \sum_{i=30}^{41} P(x_i) + \prod_{i=42}^{43} P(x_i) + \\
&\quad p(x_{44}) + \prod_{i=46}^{48} P(x_i) + \sum_{i=49}^{51} P(x_i) + \prod_{i=52}^{53} P(x_i) + \prod_{i=54}^{59} P(x_i) + \prod_{i=60}^{65} P(x_i) \\
&= \sum_{i=1}^{20} q_i + \sum_{i=22}^{27} q_i + \prod_{i=28}^{29} q_i + \sum_{i=30}^{41} q_i + \prod_{i=42}^{43} q_i + q_{44} + \prod_{i=46}^{48} q_i + \sum_{i=49}^{51} q_i + \prod_{i=52}^{53} q_i + \prod_{i=54}^{59} q_i + \prod_{i=60}^{65} q_i \\
&= 0.017\ 2
\end{aligned}$$

某自动火炮完成任务的概率为 0.982 8。

第 8 章
可靠性设计准则

可靠性工程的核心是持续不断地与故障做斗争。与故障做斗争的设计分析方法又可以分为可靠性定性设计分析和可靠性定量设计分析。工程实践表明，一方面可靠性定量设计分析方法的应用需要大量的基础数据，而基础数据的获得需要开展大量的基础工作；另一方面，由于影响产品的可靠性的因素很多，加之科学技术的发展迅速，产品的更新换代很快，要想得到准确的可靠性基础数据是非常困难的，因此可靠性的定性设计分析方法就非常重要。可靠性定性设计分析方法是在产品设计和开发中制定和实施产品可靠性设计准则，这是提高设计开发产品可靠性最为有效的方法。

新产品可靠性设计准则的制定依据：一是本单位的相似产品在开发、生产和使用过程中与故障做斗争的成功经验和失败教训的总结和升华；二是国内外相关专业和产品的标准、规范和手册中提出的可靠性设计准则；三是使用方或用户方的可靠性要求。

制定和实施可靠性设计准则是新产品设计开发中应开展的一项保证可靠性的重要工作，也是可靠性工程师和有经验的工程技术人员紧密配合、共同开展的一项重要的具体工作。可靠性设计准则是工程设计人员进行产品设计的重要依据，也是产品设计开发评审时的重要依据，凡是不符合可靠性设计准则要求的都必须加以说明。

8.1 通用可靠性设计准则

通用可靠性设计准则的内容有很多，主要包括以下几个方面：简化设计的可靠性设计准则；冗余设计的可靠性设计准则；热设计的可靠性设计准则。

8.1.1 简化设计的可靠性设计准则

（1）应对产品功能进行分析权衡，合并相同或相似功能，消除不必要的功能。
（2）应在满足规定功能要求的条件下，使其设计简单，尽可能减少产品层次和组成单元的数量。
（3）尽量减少执行同一或相近功能的零部件、元器件数量。
（4）应优先选用标准化程度高的零部件、紧固件、连接件、管线、缆线等。
（5）最大限度地采用通用的组件、零部件、元器件，并尽量减少其品种。
（6）必须使故障率高、容易损坏、关键的单元具有良好的互换性和通用性。
（7）采用不同工厂生产的相同型号成品件必须能安装互换和功能互换。
（8）产品的修改不应改变其安装和连接方式以及有关部位的尺寸，使新旧产品可以互换安装。

例如，在满足技术性要求的情况下，尽量简化方案及电路设计和结构设计，减少整机元器件数目及机械结构零件；尽量实施同一化设计，凡有可能均应用通用零件，保证全部相同的可移动模块、组件和零件都能互换。

8.1.2　冗余设计的可靠性设计准则

（1）当简化设计、降额设计及选用的高可靠性的零部件、元器件仍然不能满足任务可靠性要求时，则应采用冗余设计。

（2）在重量、体积、成本允许的条件下，选用冗余设计比其他可靠性设计方法更能满足任务可靠性要求。

（3）影响任务成功的关键部件如果具有单点故障模式，则应考虑采用冗余设计技术。

（4）硬件的冗余设计一般在较低层次（设备、部件）采用，功能冗余设计一般在较高层次（分系统、系统）采用。

（5）冗余设计中应重视冗余切换装置的设计，必须考虑切换装置的故障概率对系统的影响，尽量选择高可靠性的切换装置。

（6）冗余设计应考虑对共模/共因故障的影响。

例如，主要的信号线、电缆要选用高可靠性连接，必要时对继电器、开关、接插件等可采用冗余技术，如采取并联连接或将多余接点全部利用等；在设计时，对关键元器件、机械零件已知的缺点应给予补偿或采取特殊措施。

8.1.3　热设计的可靠性设计准则

（1）传导散热设计。例如，选用导热系数大的材料；加大与导热零件的接触面积；尽量缩短热传导的路径；在传导路径中不应有绝热或隔热件。

（2）对流散热设计。例如，加大温差，即降低周围对流介质的温度；加大流体与固体间的接触面积；加大周围介质的流动速度，使它带走更多的热量。

（3）辐射散热设计。例如，在发热体表面涂上散热的涂层以增加黑度系数；加大辐射体的表面面积。

（4）耐热设计。例如，接近高温区的所有操纵组件、电线、线束和其他附件均应采取防护措施并用耐高温材料制成；导线间应有足够的间隙，在特定高温源附近的导线要使用耐高温绝缘材料。

（5）保证热流通道尽可能短，横截面尽量大。

（6）尽量利用金属机箱或底盘散热。

（7）力求使所有的接触面都能传热；必要时，加一层导热硅胶提高传热性能。尽量加大热传导面积和传导零件之间的接触面积，提高接触表面的加工精度，加大接触压力或垫入可展性导热材料。

（8）器件的方向及安装方式应保证最大热对流。

（9）将热敏部件装在热源下面，或将其隔离，或加上光滑的热屏蔽涂层。

（10）安装零件时，应充分考虑到周围零件辐射出的热，以使每一器件的温度都不超过系统最高工作温度。

（11）尽量确保热源具有较好的散热性能。

（12）玻璃环氧树脂线路板是不良散热器，不能全靠自然冷却。若该线路板不能充分散发所产生的热量，则应考虑加设散热网络或改用金属印制电路板。

（13）选用导热系数大的材料制造热传导零件，如银、紫铜、铜、氧化铍陶瓷及铝等。

（14）尽可能不将通风孔及排气孔开在机箱顶部或面板上。

（15）尽量减低气流噪声与振动，包括风机与设备箱间的共振。

（16）尽量选用以无刷交流电动机驱动的风扇、风机和泵，或者适当屏蔽的直流电动机。

例如，尽量保持热环境近似恒定，以减轻因热循环与热冲撞而引起的忽然热应力对设备的影响；必须假定所设计的设备会靠近比环境温度更高的其他设备。

8.2 总体可靠性设计准则

（1）应将产品的可靠性要求转化为可考核验证的可靠性设计要求，作为可靠性设计依据。

（2）总体可靠性设计应根据寿命剖面、任务剖面确定载荷谱、工作模式和环境条件以及应力条件。

（3）应对产品性能、可靠性、维修性、安全性、经济性等指标进行综合权衡。

（4）对已投入使用的相似产品，应对其常见故障模式、薄弱环节及对可靠性有显著影响的因素进行分析，确定提高当前研制产品可靠性的有效措施。

（5）应对可能危及安全的主要故障模式进行分析，提出消除不安全因素的措施。

（6）严重影响任务可靠性的主要装置应有完全独立的应急设施。

（7）对影响产品安全的关键系统应进行冗余设计。

（8）对于一旦发生故障易引起严重后果的零部件、不易接近检查的部件应进行高可靠性设计。

（9）应进行系列化设计。在原成熟产品上逐步扩展成系列。应优先选用经过充分验证、技术成熟的设计方案，提高产品设计的继承性；不采用未经验证的新技术、新工艺、新材料。

（10）严格控制新技术采用比例，新技术系数一般情况下不应高于20%。

（11）应制订元器件优选清单，严格控制元器件的选择。

（12）在满足技术性能要求的前提下，应简化设计，减少零部件、元器件的规格、数量，并满足标准化、通用化要求。

（13）产品设计时应考虑生产工艺对产品可靠性的影响。

（14）零件应有合理的设计基准，并尽量与工艺基准一致。

（15）充分考虑人机工程学要求。产品的噪声、振动、照明、温度等，都应在人体的承受能力范围内。各种操纵装置的操纵力、操纵行程、机件的重量等，都应在人力所能及的范围之内。

（16）当系统、分系统的重要工况参数超过正常范围时，应设有报警信号或显示装置。

（17）应考虑环境对产品可靠性的影响，进行环境防护设计，尤其是防盐雾、防腐蚀、防潮湿、防霉菌设计等。

（18）可靠性设计应使产品能满足在预期的极限环境中或产品诱发的极限环境中工作。

（19）总体可靠性设计应使人员不会接近高温、有毒性的物质和化学制剂、放射性物质以及处于其他有危害的环境，否则，应设防护与报警装置。

（20）尽量避免采用在工作时或在不利条件下可燃或产生可燃物的材料；必须采用时，应与热源、火源隔离。

（21）对可能发生火险的器件，应该用防火材料封装。容易起火的部位，应安装有效的报警器和灭火设备。

（22）通过高温区的所有管、线及其设施应具有耐高温措施或防护装置。

（23）应进行接口可靠性设计，保证接口局部故障不会引起故障的扩散。

（24）应考虑安装对产品可靠性的影响，避免由于安装设计不当而引起的定位困难、安装差错、相互之间干涉等。

（25）设计中应考虑功能测试、包装、贮存、装卸、运输、维修对可靠性的影响。

8.3　电子产品可靠性设计准则

（1）尽量实施通用化、系列化、模块化设计，采用成熟的标准零部件、元器件、材料等。

（2）采用新技术、新工艺、新材料、新元器件时，必须验证合格，提供验证报告和通过评审或鉴定。

（3）应对电子、电气系统和设备进行电/热应力分析，并进行降额设计。电子元器件应遵照国家军用标准 GJB/Z 35《元器件降额准则》的要求进行降额使用。

（4）应根据型号元器件大纲和型号元器件优选目录的要求进行元器件的选择和控制。

（5）应选用军用等级并符合相应的国家军用标准要求的元器件，要求如下：

①半导体分立器件应符合 GJB 33 的要求。

②微电路应符合 GJB 597 的要求。

（6）应当按最恶劣的气象条件和作战条件设计产品及其有关硬件，使其具有在严酷条件下正常工作的能力。

（7）为保证运输和储存期间的可靠性，产品在出厂时应按有关标准进行包装，做到防潮、防雨、防振、防霉菌等。

（8）产品内各单元之间的接口应密切协调，确保接口的可靠性。

（9）系统某一部件或设备的故障或损坏不应导致其他部件或设备的故障。

（10）硬件、软件都应尽量标准化。

（11）应进行简化设计，在简化设计过程中应考虑以下因素：

①所有的部件和电路对完成预定功能是否都是必要的。

②不会给其他部件施加更高的应力或性能要求。

（12）如果用一种规格的元器件来完成多个功能时，应对所有的功能进行验证，并且在验证合格后才能采用。

（13）应保证一个模块的故障只影响本模块的输出，以使备份功能不受其影响，同时可降低线路的复杂性，提高可靠性。

（14）当采用简化设计、降额设计时，选用高可靠性的零部件、元器件及设备仍然不能满足任务可靠性和安全性要求时，应在体积、重量、费用与可靠性等之间进行权衡，采用必要的冗余设计。

（15）元器件、接插件、印制板应有相应的编号，这些编号应便于识别。某些易装错的连接件和控制板应有机械的防错措施，如采用不同型号或不同形状的接插形式。具有安装方向要求的结构件也应有防错措施。

（16）电线的接头和端头应尽量少，电缆的插头（座）及地面检测插座的数量也应尽量少。

（17）应尽可能使用固定式而不是可变式（或需要调整的）的元器件（如电阻器、电容器、电感线圈等）。

（18）所有电气接头均应予以保护，以防产生电弧火花。

（19）对电气调节装置（导电刷与滑环）、电动机件（微电机等）、指示器和传感器应尽量加以密封并充以惰性气体，以提高其工作可靠性与寿命。

（20）电路设计要考虑输入电源的极性保护措施，保证一旦电源极性接错时，即使电路不能正常工作，也不会损坏电路。

（21）根据需要，电缆应该合理组合成束，或分路，或互相隔开，以便载有大电流的电缆发生故障时，将重要电路的损害减至最低限度。

（22）应防止因与各种多余物接触造成短路。

（23）电路设计应考虑到各部件的击穿电压、功耗极限、电流密度极限、电压增益的限制、电流增益的限制等有关因素，以确保电路工作的稳定性和减少电路故障。

（24）电子、电气设备应规定装配方法及程序，防止在装配过程中损坏元器件。

（25）对重要结构件应进行损伤容限及耐久性设计。

（26）轴承、电机及其他各种结构等应选用足够的安全系数，以确保安全。

（27）线束的安装和支撑应当牢固，以防在使用期间绝缘材料被磨损。在强烈振动和结构有相对运动的区域中，要采用特殊的安装预防措施，包括采用排得很密的支撑卡箍来防止电线磨损；连接在运动件上的电线要防止电线与运动件的相对运动。

例如，电子设备的元器件和机械零件存在着存贮失效，在设计上应有减少这种失效措施，同时采取正确存贮方法。电路设计应容许电子元器件和机械零件有最大的公差范围。电子器件（直径超过 1.3 mm 或每一引头重量超过 7 g）应夹住或用其他方法固定在底盘上或板上，防止由于疲劳或振动而引起的断裂。在选用元器件时，不仅考虑满足电气性能要求，而且应经可靠性验证，选择能满足可靠性要求的元器件。

8.4　机械产品可靠性设计准则

（1）在满足功能和性能要求的前提下，机械设计应尽可能考虑采用简单结构形式，减少不必要的环节，部组件之间的装配关系和传力路线应尽可能简化。

（2）设计关键产品变量时应进行灵敏度分析，考虑外部条件的变化对设计的影响。

（3）设计构件时尽量减少应力集中，减少或避免附加弯矩，控制应力水平。

（4）机械结构应进行应力—强度优化设计，找出应力与强度的最佳匹配。

(5) 设计承受动载的重要结构，应进行动力响应分析、模态分析、动强度校核以及可靠性分析。

(6) 进行结构裕度设计，可通过提高平均强度、降低平均应力、减小应力变化和减小强度变化来实现。

(7) 为防止某个构件失效引起的连锁失效，在设计时应采用止裂措施、多路传力设计、多重元件设计等。

(8) 设计大型复杂结构时，应进行结构刚度和可靠性设计，提高抗弯强度和抗扭刚度。结构必须能够承受限制的峰值载荷而不产生有害变形。

(9) 应考虑公差配合和表面粗糙度对可靠性的影响。

(10) 正确选择结构的表面处理方法，如正确选择金属镀层及化学处理方法，优选防腐漆、防霉剂等。

(11) 严格控制结构的相对位置，考虑在静力、热力和动力下产生变形对可靠性的影响。

(12) 相邻结构若有较大温差，设计时必须注意因热变形引起的松脱、胀裂等故障。

(13) 应进行环境防护设计，特别是暴露于恶劣环境的关键机械结构。

(14) 为了提高抗振动、抗冲击的能力，应尽可能使产品小型化，使产品结构紧凑和惯性力小。

(15) 紧固件建议采用系留式结构。

(16) 机械防松结构可广泛采用防松性能好的紧固件，如错齿垫圈、尼龙圈螺母、钢丝螺套等。

(17) 应保证受力较大的锻件关键部位流线方向与最大拉应力方向一致。例如，航空零件中承受高应力部位上的金属流线，必须与主应力方向平行，不能有穿流和明显的涡流。

(18) 焊接件应具有可焊性。焊缝的布置应有利于减小焊接应力及变形，便于采用自动、半自动焊。应合理确定焊接接头的形式、位置和尺寸。

(19) 抗电磁干扰的结构设计所选用的材料和结构形式应对电磁发射和敏感性产生固有衰减，使设备既能满足抗电磁干扰要求又不会降低其他机械要求。

(20) 机构设计应有适宜的防磨损措施或采用安全裕量准则。

(21) 对易磨损的部位，应选择耐磨损的材料，并采用防磨损的机构设计。

(22) 机构设计应有适宜的防卡滞措施。卡滞失效指机构在需要运动或启动时被卡住或动作涩滞至不能接受的程度。

(23) 机构设计应防运动终止产生过大冲击。为防止因终止运动过大的冲击载荷引起结构变形或破坏发生，对于终止阶段的速度变化应有一定的要求，在需要时应配合一定的缓冲装置。

(24) 连接解锁机构的高强度钢连接件的工艺选择需防止脆性断裂。

(25) 在真空低温情况下，运动副要有防冷焊设计措施；在高低温交变情况下，运动副间隙及材料间膨胀系数应匹配。

(26) 尽量采用成熟技术或成熟产品，并采取合理的冗余设计措施。

(27) 避免采用悬臂式安装器件，如采用时，必须经过仔细计算，使其强度能在使用的设备最恶劣的环境条件下满足要求。

（28）沉重的部件应尽量靠近支架，并尽可能安装在较低的位置。假如设备很高，要在顶部安装防摇装置或托架，则应将沉重的部件尽可能地安装在设备的后壁。

（29）设备的机箱不应在 50 Hz 以下发生共振。

（30）大型平面薄壁金属零件应加折皱或加支撑架。

（31）加速力传到机柜内部时会逐渐变小，不能经受高加速应力的零部件应在机柜中心处安装。

（32）陶瓷元件及其他较脆弱的元件和金属件连接时，它们之间最好垫上橡皮、塑胶、纤维及毛毡等衬垫。

（33）为了提高抗振动和冲击的能力，应尽可能地使设备小型化，其优点是易使设备有较坚固的结构和较大的固有频率，在既定的加速度下，惯性力也小。

（34）在结构设计时，除要认真进行动态强度、动态刚度等计算外，还必须进行必要的模型模拟试验，以确保抗击振动性能。

第 9 章
电子产品的可靠性设计

电子产品是指由电子元件、电子器件和电路板等组成的设备、装置或系统。随着电子技术的迅速发展,电子产品几乎无处不在,从玩具到家电,从民品到武器装备。电子产品的可靠性历来备受关注,可靠性工程这门学科的诞生和发展就是从研究电子产品的可靠性开始的。电子产品可靠性经过了五十多年的发展,已经形成一套较为完整和成熟的技术和方法。其标志性成果是美国国防部于 20 世纪 80 年代制定的军用标准 MIL – HDBK – 338B《电子设备可靠性设计手册》。电子产品可靠性建模、预计和分配、故障模式以及影响分析和故障树分析等内容在前面已经做了介绍,下面介绍电子产品可靠性的其他技术方法,主要包括电子元器件的选用与控制、降额设计、热设计、电路容差分析、潜在电路分析等。

9.1 电子元器件的选用与控制

电子元器件是电子产品可靠性的基础。国内外对电子产品的大量故障统计分析表明,电子产品的故障有 1/3 ~ 1/2 是由于元器件的选择和使用不当引起的,因此,提高电子产品的可靠性,必须首先对元器件的使用全过程进行控制。必须正确选择并压缩元器件的品种、规格;必须压缩元器件的制造厂家;必须正确选择质量等级;必须对元器件的采购、监制、验收、筛选、保管、静电防护、评审和信息管理等进行控制。这里既有设计分析工作,也有管理工作。

9.1.1 元器件的选用原则和顺序

1. 元器件选用原则

设计人员必须按照《开发产品元器件优选目录》(PPL)选择合适的元器件。
如需选用目录外的元器件必须遵循下列原则:
(1)选择的元器件,其技术性能和质量等级应满足开发产品的要求。
(2)选择成熟的、质量稳定的、有质量等级的标准元器件。
(3)选择有发展前途的元器件,尽量减少或不选择限制使用的元器件。
(4)不允许选择已经淘汰的或者国内外已经停产的或将要停产的元器件。

2. 元器件选用顺序

(1)国产元器件选用顺序。
①《开发产品元器件优选目录》中规定的国产元器件。
②经军用电子元器件质量认证委员会认证的符合《军用合格产品目录》(QPL)及《军

用电子元器件合格制造厂商目录》（QML）中的元器件。

③有成功应用经验、符合开发产品的使用环境要求的元器件。

④通过质量管理体系认证的生产厂商生产的元器件。

（2）进口元器件选用顺序。

①《开发产品元器件优选目录》中规定的进口元器件。

②国外权威机构的 QPL 和 PPL 中的元器件。

③生产过程中经过严格筛选的高可靠元器件，或者有可靠性指标的元器件。

④国外能够提供符合开发产品要求的著名元器件厂商和良好信誉的代理商的元器件。

9.1.2 元器件选用与控制

1. 元器件选用过程控制原则

元器件使用全过程控制包括对元器件的选择、采购、监制、验收、筛选、破坏性物理分析（DPA）、保管、使用、静电防护、失效分析、评审、信息管理等。

元器件使用全过程控制原则如下：

（1）严格控制选择《开发产品元器件优选目录》外的元器件。

（2）设计时元器件降额设计、热设计应满足产品的要求。

（3）对超出元器件采购清单的采购进行严格控制。

（4）对关键、重要或"七专"质量等级及以上的半导体器件应到元器件生产单位进行监制和验收。

（5）除国家军用标准合格产品目录及国外合格产品目录中的元器件，原则上应对所有元器件 100% 进行二次筛选。

（6）对关键、重要的元器件应按各产品类型（如航天、航空产品）的规定进行破坏性物理分析。

（7）控制好受控库房的保管条件，对元器件进行定期测试及超期复验。

（8）装机的元器件应检查是否有检测和二次筛选标识。

（9）从元器件验收到装机调试过程各使用环节，执行和监督元器件的防静电要求。

（10）对关键、重要元器件或重复出现失效的元器件应进行专门的失效分析。

（11）对元器件质量和可靠性工作进行评审和检查。

（12）对元器件质量和可靠性信息收集、传递、反馈、统计、分析和处理进行监控。

2. 元器件选用控制的具体要求

（1）在新产品设计开发策划时应制定《开发产品元器件优选目录》。

（2）元器件的选择要求。

①应按《开发产品元器件优选目录》选择元器件。

②选用《开发产品元器件优选目录》外元器件，必须按规定办理审批手续。

③不应选择低于产品开发时规定的元器件选用的最低质量等级，选用《开发产品元器件优选目录》外元器件的型号一般不应超出元器件型号总数的 30%。

④控制需要研制的新元器件，新元器件一般不应超过元器件型号的 20%。

⑤从国外进口的元器件，其型号也应实施总量控制。

⑥关键件、重要件不应选用工业品级元器件。
⑦严格控制国外元器件的选择。一般不选择国外元器件，如果选择应加强元器件和整机的测试和筛选等工作。

（3）元器件的采购要求。
①应按元器件采购规范或采购要求进行采购。
②采购合同中除型号、规格、数量、价格、交付日期外，还应填写技术标准、质量等级、是否下厂监制和验收、包装等信息。
③采购的元器件一般应是当年生产的产品。
④应对国外元器件的供应商和代理商进行调研，并编制合格供货商目录。

（4）监制与验收要求。
①应按型号制定的元器件监制和验收实施细则进行。
②对于高质量等级关键半导体元器件，应在半导体器件封帽前到元器件生产厂进行产品生产工艺质量监制。
③对监制中发现的工艺质量存在问题的元器件，应进一步做键合力和剪切力的试验。
④元器件监制的淘汰率不应大于8%（或按合同执行），否则应做出元器件不合格结论。
⑤下厂验收的元器件最好应贮存1个月后进行验收。
⑥元器件生产厂生产的元器件在通过各项交付试验、有完整质量证明等文件后才能验收。

（5）元器件二次筛选要求（补充筛选）。
①应按产品开发中元器件二次筛选规范或要求的规定项目和方法进行，不能仅做部分项目，原则上应对所用元器件100%进行二次筛选。
②应执行元器件二次筛选规定中对总的不合格品率和单项不合格品率控制的要求，如不满足上述两项中任意一项的规定，该批元器件不能装机使用（总的不合格品率，航空、航天产品一般为15%～20%）。
③对国内无法进行二次筛选的元器件应报批，并按有关要求采取弥补措施。

（6）元器件装机的使用要求。
①保管元器件的受控库房应做到按元器件分类、分批、不同质量等级等要求分别进行保管。
②对有定期测试要求的元器件进行质量检验，发现不合格元器件应按要求进行处理。
③对超贮存期的元器件应按细则要求进行处理。

（7）元器件的静电防护要求。
①应按元器件防静电要求和细则进行。
②从元器件入厂验收（或复验）到电装操作和调试，均应按要求采取必要的防静电措施。
③加强对静电敏感元器件的静电防护。

（8）元器件的失效分析要求。
①应按失效分析工作要求和程序进行。
②对关键件、重要件以及多次出现失效的元器件应进行失效分析（失效物理分析），以便了解元器件失效机理，采取有效纠正措施。

③对批次性质量问题的元器件失效，应组织专家确认分析结论，并及时发出质量问题报警。

(9) 元器件的评审要求。

①元器件是否从优选目录选用，关键、重要元器件的选择是否符合要求。

②是否按规定进行了元器件验收、复验、二次筛选和破坏性物理分析。

③元器件的使用（降额、热设计、安装工艺等）是否符合要求。

④元器件失效分析、信息反馈以及纠正措施等。

(10) 元器件的信息管理。

①按元器件质量信息（包括收集、传递、反馈、统计、分析与处理等）管理办法进行。

②要建立元器件使用全过程的质量档案，包括元器件各种数据资料。

③信息管理应能提供下列资料查询：

a. 元器件优选目录、目录外选用的元器件、实际使用的元器件目录。

b. 元器件验收（复验）、二次筛选、失效分析等有关数据。

c. 各种试验、性能调试、环境试验、环境应力筛选、可靠性试验中有关元器件问题的资料及数据。

d. 元器件发放去向与装机元器件清单。

e. 合格元器件供应商名单。

f. 国外进口元器件型号、规格、质量等级、数量及货源等。

9.2 电子产品的降额设计

电子产品的降额设计是指通过有目的的设计使元器件或设备工作时所承受的工作应力低于元器件或设备规定的额定值，从而达到降低元器件或设备的故障率，并提高电子产品工作可靠性的目的。

降额设计是电子产品或机电产品可靠性设计的重要内容。其工作内容是确定产品使用的元器件应采用的降额等级、降额参数和降额因子。降额因子是指元器件实际工作应力与额定应力之比。

关键的元器件一定要保证满足标准规定的降额因子，一般的元器件的降额因子可根据实际情况进行适当的调整。

元器件降额是有一定限制的，通常在相关标准中给出的降额范围是最佳的。若过度降额会使效益下降，产品的体积、重量和成本都会增加，有时甚至还会使某些元器件不能正常工作。不应采用过度的降额来弥补选用低于要求质量等级的元器件；同样也不能由于采用高质量等级的元器件而不进行降额设计。

国产的元器件降额设计可以按照 GJB/Z 35《元器件降额准则》进行，美国元器件降额设计可按照美国国防部可靠性分析中心（RAC）规定的降额要求进行。

9.2.1 推荐的降额等级

1. 降额等级的划分

降额等级表示产品中的元器件降额的程度。军用标准 GJB/Z 35《元器件降额准则》把元器件在最佳降额范围内划分为 3 个降额等级，划分与比较情况如表 9-1 所示。

表 9-1 降额等级的划分与比较情况

情况	降额等级		
	Ⅰ级	Ⅱ级	Ⅲ级
降额程度	最大	中等	最小
元器件使用	最大	适中	较小
适用情况	设备故障导致人员伤亡或装备与保障设备的严重破坏	设备故障引起装备与保障设备损坏	设备故障不会造成人员和设备的破坏
	对设备有高可靠性要求	对设备有较高可靠性要求	采用成熟的标准的设计
	采用新技术、新工艺设计	采用某些专门设计	故障设备可迅速、经济地加以修复
	故障设备无法或不宜维修	故障设备的维修费用较高	
	设备内部的结构紧凑，散热条件差		
降额设计的实现	较难	一般	容易
降额增加的费用	略高	中等	较低

2. 推荐应用的降额等级

GJB/Z 35《元器件降额准则》对不同类型的武器装备推荐应用的降额等级如表 9-2 所示，民用电子产品可根据产品特点参照表 9-2 的应用范围选择合适的降额等级。

表 9-2 不同类型装备应用的降额等级

应用范围	降额等级	
	最高	最低
航天器与运载火箭	Ⅰ	Ⅰ
战略导弹	Ⅰ	Ⅱ
战术导弹系统	Ⅰ	Ⅲ
飞机与舰船系统	Ⅰ	Ⅲ
通信电子系统	Ⅰ	Ⅲ
武器与车辆系统	Ⅰ	Ⅲ
地面保障设备	Ⅱ	Ⅲ

3. 降额等级的确定

对于开发的新产品,其降额等级除了参考上述推荐的降额等级,还可以根据开发的新产品的可靠性、维修性、安全性、尺寸、重量及寿命期内的维修费用等因素来确定。美国国防部可靠性分析中心的元器件降额等级考虑的因素及分数如表 9-3 所示。表 9-4 为降额等级与总计及分数的关系。

表 9-3　元器件降额等级考虑的因素及分数

因素	情况	分数
可靠性	采用标准的元器件能完成的设计	1
	有高可靠性要求,需进行专门的设计	2
	采用新概念、新工艺的设计	3
系统维修	能很容易、很快和经济地对设备进行维修	1
	系统维修费用高,对维修有一定限制,要求较高的维修技术以及只允许很短的维修时间	2
	对不可能进行维修的设备系统或者难以承受的维修费用	3
安全	通常对安全不会有影响	1
	为了安全系统或设备可能要较高的成本	2
	可能危及人员生命	3
尺寸、重量	通常没有对设计者的特殊限制	1
	进行专门的设计并对满足设备尺寸、重量要求有一定困难	2
	要求设计紧凑	3
寿命周期内修理的费用	修理费用低,通常备件费用也不高	1
	修理费用可能高或备件费用高	2
	对各系统要求备有全部的替换产品	3

表 9-4　降额等级与总计分的关系

降额等级	总计分数
Ⅰ	11~15
Ⅱ	7~10
Ⅲ	6 或 6 以下

9.2.2　元器件降额参数

元器件降额参数是指影响电子产品中元器件失效率的元器件有关参数及环境应力参数。

对元器件失效率有影响的主要降额参数和关键降额参数如表 9-5 所示。降额设计应主要针对关键降额参数,但也应适当考虑其他的主要降额参数。

表9-5 各类元器件的主要降额参数和关键降额参数

元器件类型		主要降额参数和关键降额参数
模拟电路	放大器 比较器 模拟开关 电压调整器	电源电压、输入电压、输出电流、功率、最高结温*、电源电压、输入电压、输入输出电压差、输出电流、最高结温*
数字电路	双极型	频率、输出电流、最高结温*、电源电压
	MOS型	电源电压、输出电流、频率、最高结温*、电源电压
混合集成电路		薄膜功率密度、最高结温*
存储器	双极型 MOS型	频率、输出电流、最高结温*、电源电压
微处理器	双极型 MOS型	频率、输出电流、最高结温*、电源电压
大规模集成电路		最高结温*
晶体管	普通微波	反向电压、电流、功率、最高结温*、功率管安全工作区的电压和电流 最高结温
二极管	普通	电压(不包含稳压管)、电流、功率、最高结温*
	微波、基准	最高结温
可控硅		电压、电流、最高结温*
半导体光电器件		电压、电流、最高结温*
电阻器		电压、功率*、环境温度
热敏电阻器		功率*、环境温度
电位器		电压、功率*、环境温度
电容器		直流工作电压*、环境温度
电感元件		热点温度*、电流、瞬态电压/电流、介质耐压、扼流圈电压
继电器		触点电流*、触点功率、温度、振动、工作寿命
开关		触点电流*、触点电压、功率
电连接器		工作电压、工作电流*、接插件最高温度
导线与电缆		电压、电流*
旋转电器		工作温度*、负载、低温极限
灯泡		工作电压*、工作电流*
电路断路器		电流*、环境温度
保险丝		电流*
晶体		最低温度、最高温度*

续表

元器件类型		主要降额参数和关键降额参数
电真空器件	阴极射线管	温度*
	微波管	温度、输出功率*、反射功率、占空比
声表面波器件		输入功率
纤维光学器件	光源	输出功率、电流*、结温
	探测器	反向压降*、结温
	光纤与光缆	环境温度*、张力、弯曲半径
	光纤连接器	环境温度*

注：*为关键降额参数。

9.2.3 元器件降额设计效果

元器件降额设计效果比较如表9-6所示。

表9-6 元器件降额设计效果比较

元器件名称	额定下实际失效率/$\times 10^{-9}$	降额后实际失效率/$\times 10^{-9}$
电阻器	147	25.2
电容器	1 080	120
二极管	31 500	1 417
稳压二极管	2 250	375
三极管	1 687	202
电位器	9 000	4 300
变压器	2 400	120

9.3 电子产品的热设计

电子产品的热设计是指控制电子产品内部的所有电子元器件的温度使其在产品所处的工作环境条件下不超过规定的最高允许温度，从而保证电子产品正常、可靠地工作。

大量的工程实践表明，温度对电子产品的可靠性影响十分显著，过高的温度将使元器件的失效率大幅增加。从 GJB/Z 299《电子设备可靠性预计手册》中，可以查到不同工作温度下元器件的基本失效率，如表9-7所示。

表 9-7 不同温度下的典型元器件基本失效率（λ_b）

元器件类别	$\lambda_b/(10^{-6} \cdot h^{-1})$		温度差 /℃	λ_b 升高倍数	备注
	室温（25℃）	高温			
锗普通二极管	0.038	0.387（75 ℃）	50	10.2	应力比 0.3
锗 PNP 晶体管	0.125	1.205（75 ℃）		5.6	
硅普通二极管	0.030	0.273（125 ℃）	100	9.1	
硅 PNP 晶体管	0.206	1.084（125 ℃）		5.3	
金属膜电阻器	0.003 5	0.011（125 ℃）		3.1	
2 类瓷介质电容器	0.005 5	0.007 1（125 ℃）		1.3	

从表 9-7 可见，不同的元器件在高温下工作将使基本失效率上升，但上升的幅度随着元器件类型的不同而有很大差异，其中半导体分立元器件、电阻器等发热元器件基本失效率上升幅度较大；锗半导体元器件失效率上升的幅度又大于硅的元器件。而对于发热很少的瓷介质电容，其失效率上升的幅度较小。但是，不论上升幅度大小如何，元器件的基本失效率都是随着温度的升高而增加，即元器件的工作寿命在一定的条件下都是随着温度的升高而降低，所以必须采取措施降低元器件的工作温度。降低元器件工作温度有两种途径：一是通过降额设计降低元器件的功耗和温度；二是通过对元器件所在的电子设备或印制电路板进行热设计以达到降低元器件温度的目的，从而提高元器件的工作寿命和降低失效率。

9.3.1 热设计的基本原则

（1）应通过控制散热量的大小来控制温度上升。

（2）选择合理的热传递方式（传导、对流、辐射）。传导冷却可以解决许多热设计问题，对于中等发热的产品，采用对流冷却往往是合适的。

（3）尽量减小各种热阻，控制元器件的温度。电子产品热设计中可能遇到 3 种热阻：内热阻、外热阻和系统热阻。内热阻是指产生热量的点或区域与器件表面指定点（安装表面）之间的热阻；外热阻是指器件上任意参考点（安装表面）与换热器间，或与产品、冷却流体和环境交界面之间的热阻；系统热阻是指产品外表面与周围空气间或冷却流体间的热阻。

（4）采用的冷却系统应该简单经济，并适应元器件所在的环境条件的要求。

（5）应考虑尺寸和重量、耗热量、经济性、与失效率对应的元器件最高允许温度、电路布局、产品的复杂程度等因素。

（6）应与电气及机械设计同时进行。

（7）不得有损于元器件的电性能。

（8）最佳热设计与最佳电路设计有矛盾时，应采用折中的解决方法。

（9）应尽量减少热设计中的误差。

9.3.2 热设计的方法和流程

电子产品热设计应首先根据产品的可靠性指标及产品所处的环境条件确定热设计目标，热设计目标一般为产品内部元器件允许的最高温度。热设计应根据热设计目标及产品的结构、体积、重量等要求进行，主要的热设计方法包括冷却方法的选择、元器件的安装与布局、印制电路板散热结构的设计和机箱散热结构的设计。常见的电子产品热设计流程如图 9-1 所示。

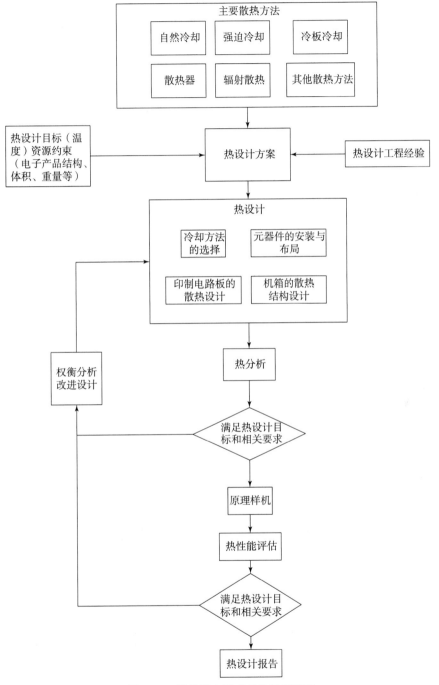

图 9-1 常见的电子产品热设计流程

9.3.3 热设计目标的确定

热设计目标通常根据产品的可靠性指标与工作的环境条件来确定。已知可靠性指标，依据 GJB/Z 299《电子设备可靠性预计手册》中元器件失效率与工作温度之间的关系可以计算出元器件允许的最高工作温度,此温度为元器件的热设计目标。工程上为了简便计算,通常采用元器件经降额设计后允许的最高温度值作为热设计目标。

9.3.4 常用冷却方法的选择及设计要求

(1) 常用的冷却方法。电子产品的冷却方法包括自然冷却、强迫空气冷却(也称强迫风冷)、强迫液体冷却、蒸发冷却、热电制冷(半导体制冷)、热管传热和其他冷却方法(如导热模块冷却、冷板技术冷却、静电制冷等),其中自然冷却、强迫空气冷却、强迫液体冷却和蒸发冷却是常用的冷却方法。

(2) 冷却方法的选择。常用冷却方法的优选顺序:自然冷却、强迫风冷、液体冷却、蒸发冷却。冷却方法的确定流程如图 9-2 所示。在所有的冷却方法中应优先考虑自然冷却,因为这种冷却方法无须外加动力源,且成本低,但其热流密度小,散热效果有限。当自然冷却无法满足要求时,则应选择其他的散热方式。图 9-3 给出了自然散热、金属导体散热、强迫风冷、直接液冷和蒸发冷却的体积功率密度。

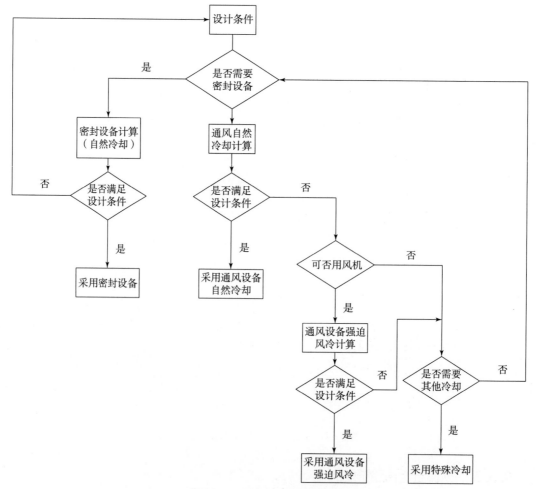

图 9-2 冷却方法的确定流程

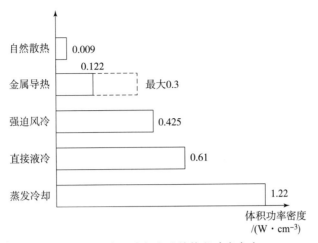

图 9-3 常用冷却方法的体积功率密度

（3）常用冷却方法的设计要求。常用冷却方法的设计要求如表 9-8 所示。

表 9-8 常用冷却方法的设计要求

冷却方法	设计要求
自然冷却	最大限度地利用导热、自然对流和辐射散热 缩短传热路径，增大换热或导热面积 减小安装时的接触热阻，元器件的排列有利于流体的对流换热，采用散热印制电路板、热阻小的边缘导轨 印制电路板组装件之间的距离控制在 19~21 mm 增大机箱表面黑度，增强辐射换热
强迫空气冷却	用于冷却设备内部元器件的空气必须经过过滤 强迫空气流动方向与自然对流空气流动方向应一致 入口空气温度与出口空气温度的温差一般不超过 14 ℃ 冷却空气入口与出口位置应远离 通风孔尽量不开在机箱的顶部 在湿热环境中工作的风冷电子设备，应避免潮湿空气与元器件直接接触，可采用空芯印制电路板或采用风冷冷板冷却的机箱 尽量减小气流噪声和通风机的噪声 大型机柜强迫风冷时，应尽量避免机柜缝隙漏风 设计机载电子设备强迫空气冷却系统时，应考虑飞行高度对空气密度的影响 舰船电子设备冷却空气的温度不应低于露点温度
强迫液体冷却	冷却剂优先选用蒸馏水，有特殊要求的应选用去离子水 确保冷却剂在最高工作温度时不沸腾，在最低工作温度时不结冰 应考虑冷却剂的热膨胀，机箱应能承受一定的压力 直接液体冷却的冷却剂与电子元器件应相容 应配置温度、压力（或流量）控制保护装置，并装有冷却剂过滤装置 为提高对流换热程度，可在设备的适当位置安装紊流器

续表

冷却方法	设计要求
蒸发冷却	保证沸腾过程处于核态沸腾 冷却剂的沸点温度应低于设备中发热元器件的最低允许工作温度 直接蒸发冷却时，电子元器件的安装应保证有足够的空间，以利于气泡的形成和运动 冷却液应黏度小、密度高、体积膨胀系数大、导热性能好，且具有足够的绝缘性能 封闭式蒸发冷却系统应有冷凝器，其二次冷却可采用风冷或液冷 冷却系统应易于维修

9.3.5 功率器件的热设计

功率器件发热量大，靠自身散热难以满足要求，一般需安装散热器来辅助散热。功率晶体管大多具有较大且平整的安装表面，可使用螺钉或导热螺栓将其安装在散热器上。管壳与集电极有电连接时，安装设计必须保证电绝缘。对某一特定的晶体管而言，内热阻是固定的。为减小管壳与散热器之间的界面热阻，应选用导热性能好的绝缘衬垫（如导热硅橡胶片、聚四氟乙烯片、氧化铍陶瓷片、云母片等）和导热绝缘胶，并且增大接触压力。

1. 散热器的种类

散热器的种类很多，如平板式、柱式、扇顶式、辐射肋片式、型材和叉指形等。表9-9列出了两种常用散热器的特点。

表9-9 两种常用散热器的特点

散热器种类	特点
扇顶式散热器	管壳与散热器有良好的热接触，散热效果较好，适用于小功率晶体管的散热。耗散功率范围为0.5~2 W
型材散热器	可根据需要截取长度，其热阻并不直接随长度的增加而减小

2. 散热器的选择和使用原则

（1）根据功率器件的功耗、环境温度及允许的最大结温（T_m），并保证工作结温 $T_j \leqslant (0.5 \sim 0.8) T_m$ 的原则下，选择合适的散热器。

（2）散热器与功率器件的接触平面应保持平直光洁，散热器上的安装孔应去毛刺。

（3）在功率器件、散热器和绝缘片之间的所有接触面处应涂导热膏或加导热绝缘硅橡胶片。

（4）型材散热器应使肋片沿其长度方向垂直安装，便于自然对流。

（5）散热器应进行表面处理，以增强辐射换热。

（6）应考虑体积、重量及成本的限制和要求。

9.3.6 元器件的安装

1. 元器件的安装与布局的原则

（1）元器件的安装位置应保证元器件在允许的工作温度范围内工作。

（2）元器件的安装位置应得到最佳的自然对流。
（3）元器件应牢靠地安装在底座或底板上，以保证得到最佳的传导散热。
（4）热源应与机架有良好的热传导。
（5）元器件、部件的引线腿的横截面应大，长度应短。
（6）温度敏感元器件应放置在低温处。若邻近有发热量大的元器件，则需对温度敏感元器件进行热防护，可通过在发热元器件与温度敏感元器件之间放置较为光滑的金属片来实现。
（7）元器件的安装板应垂直放置，以利于散热。

2. 元器件的安装方法

常用元器件的安装方法如表9-10所示。

表9-10 常用元器件的安装方法

元器件种类	安装方法
电阻器	大功率电阻器发热量大，不仅要注意自身的冷却，而且应考虑减少对附近元器件的热辐射。长度超过100 mm的电阻器要水平安装，如果元器件与功率电阻器之间的距离小于50 mm，则需要在大功率电阻器与热敏元件之间加隔热屏蔽板
半导体元器件	小功率晶体管、二极管及集成电路的安装位置应尽量减少从大热源及金属导热通路的发热部分吸收热量，可以采用隔热屏蔽板。对功率等于或大于1 W，且带有扩展对流表面散热器的元器件，应采用自然对流冷却效果最佳的安装方法
变压器和电感器	电源变压器是重要的热源，当铁芯器件的温度比较高时，要特别注意其热安装，应使安装位置最大限度地减小与其他元器件间的相互作用，最好将它安装在外壳的单独一角或安装在一个单独的外壳中
传导冷却的元器件	最好将元器件分别安装在独立的导热构件上，如果将其安装在一个共同的散热金属导体上，可能会出现明显的热的相互作用
不发热元器件	置于温度最低的区域，一般是靠近与散热器之间热阻最低的部分
温度敏感元器件	与发热元器件之间采用隔热屏蔽措施 尽可能将热通路直接连接至热沉

9.4 电路容差分析

容差是在给定条件下一个物理量可能值的最大范围。容差分析技术是一种预测电路性能参数稳定性的方法。容差分析技术主要研究电路组成部分的参数偏差，在规定的使用温度范围内电参数容差及寄生参数对产品性能的影响。系统性能不稳定或发生漂移或退化的主要原因为制造公差、环境条件及退化效应。制造公差是由于组成系统的元器件参数通常是以标称值表示的，其实际数值存在公差。这种偏差是固定的。如标称值为1 000 Ω、精度为±10%的电阻，其实际值在900～1 100 Ω范围之内。忽略公差，电路参数还可能超出允许范围发生电路参数漂移。环境条件是指温度的变化会使电子元器件参数发生漂移。这种漂移在许多情况下是可逆的，随条件而变，参数可能恢复到原来的数值。退化效应是指随着时间的积累电子元器件参数会发生变化，这种变化是不可逆的。因此，必须尽早提出需要进行容差分析的功能块和电路清单,并确定设备的使用温度范围和所分析元器件及电路的选择原则。由于容差分析中的计算比较烦琐,对于较复杂的电路需要借助计算机进行分析。

容差分析的方法很多,常用的方法有最坏情况分析法、仿真法、阶矩法。各种分析方法的比较如表 9-11 所示。

表 9-11 各种容差分析方法的比较

名称	一般描述	应用方式	电路参数取值	分析结果	适用范围	优缺点
最坏情况分析法	在电路组成部分参数最坏组合情况下,分析电路性能参数偏差的一种非概率统计方法	手工计算;软件仿真	额定偏差值或寿命结束时的极限值	电路性能参数偏差	线性展开法适用于分析精度较低的电路;直接代入法适用于分析精度较高的电路	简便、直观,但分析结果偏于保守
仿真法	当电路参数服从某种分布时,由其抽样值分析电路性能参数偏差的一种统计分析方法	软件仿真	额定偏差的分布值	电路性能参数的分布特性	适用于分析可靠性要求较高的电路	最接近实际情况,能用 CAD,但计算比较复杂
阶矩法	根据电路组成部分参数的均值和方差,分析电路性能参数偏差的一种概率统计方法	手工计算	均值和方差	电路输出参数均值和方差及容许偏差出现的概率	适用于分析线性电路和非线性电路	能反映实际情况,能用 CAD,但计算比较复杂

9.5 潜在电路分析

潜在电路是电子产品中存在的一种设计意图之外的状态,在一定的条件下,能够导致产品产生非期望功能或抑制期望功能。潜在电路具有潜藏性,而一旦激励条件得以满足,往往表现出突然发生、出人意料等特点。潜在电路对电子产品的危害很大。在新产品研发过程中,由于系统复杂,各部件的设计人员可能缺乏对产品的整体把握,对设计要求理解不一致等原因,很容易在设计中引进潜在电路。大多数潜在电路在某种特定条件下才会被激发,一般很难通过试验或仿真手段发现。潜在电路分析的目的就是在假设所有元器件及部件均未失效的情况下,从系统工程的角度,通过事先进行的分析工作,发现电路中可能存在的或在一定的激励条件下可能产生非期望功能或抑制期望功能的潜在状态,并事先采取有效的预防措施,以保证电路安全可靠。

潜在电路分析技术原则上适用于任何电子产品系统,分析规模可以是一个功能电路、分系统,也可以是整个电路系统。由于潜在电路分析的工作强度较大,研制单位可以根据需要,着重对影响人员安全或任务成败的关键电路进行潜在电路分析。

对于元器件总数不超过 50 个的电子产品系统的潜在电路分析,可以采用人工方法进行,但超过上述规模时,建议借助潜在电路分析软件工具进行分析。

潜在电路分析是用来识别潜在的电路、设计、图纸差错的工程方法,通常不考虑环境变化的影响,也不识别由于硬件故障、制造或对环境敏感所引起的潜在通路。有时潜在电路并不是一种不良的状况,如当其他电路出现故障时,某些潜在通路却完成了其任务。因此在采取任何措施前,必须对潜在电路的内涵本质加以仔细研究,并确定它对电路功能的影响。

1. 潜在电路的类型

潜在电路是设计者无意中设计进入系统的,属于非失效相关的设计问题。潜在电路包括 4 种表现形式:潜在路径、潜在时序、潜在指示、潜在标识。

(1) 潜在路径:电流沿非预期的路径流动。

(2) 潜在时序:数据或逻辑信号以非期望或矛盾的时间顺序,或在非期望的时间,或延续一个非期望的时间段发生,从而使系统出现异常状态。

(3) 潜在指示:产品在正常运行状况出现的模糊或错误的指示。潜在指示可能误导产品或操作人员做出非期望的反应。

(4) 潜在标识:产品功能(如控制、显示)的错误或不确切的标识。潜在标识可能会误导操作人员。

2. 潜在电路分析的常用方法

潜在电路分析的常用方法是基于网络树生成和拓扑图形识别。

(1) 对系统进行适当的划分以及结构上的简化,生成网络树。

(2) 识别网络树中的拓扑图形。

(3) 结合线索表对网络树进行分析,识别出系统中存在的潜在状态。

【示例 9-1】

电路容差分析(分析调谐电子电路的最坏情况和灵敏度)

有一个简单的调谐电子电路设计方案。电路的组成部分包括一个 $50 \pm 10\%$ μHz 的电感器和一个 $(30 \pm 5)\%$ pF 的电容器。试对该电路进行最坏情况分析和灵敏度分析。若最大允许频移为 ± 200 kHz,该设计方案能否满足要求?若不能满足,应采取什么措施?

解:第一步,写出元器件的名义值及公差,即

$$L_0 = 50 \text{ μHz}, \left|\frac{\Delta L}{L_0}\right| = 10\%$$

$$C_0 = 30 \text{ pF}, \left|\frac{\Delta C}{C_0}\right| = 5\%$$

第二步,建立数学模型,即建立频率 f 与电感 L 和电容 C 之间的函数关系,即

$$f = \frac{1}{2\pi\sqrt{LC}}$$

为了计算方便,可把上式转换成对数形式,即

$$\ln f = -\ln 2\pi - \frac{1}{2}\ln L - \frac{1}{2}\ln C$$

第三步，计算灵敏度：

$$S_L = \left.\frac{\partial \ln f}{\partial \ln L}\right|_0 = -\frac{1}{2}$$

$$S_C = \left.\frac{\partial \ln f}{\partial \ln C}\right|_0 = -\frac{1}{2}$$

第四步，写出相应的偏差公式并计算：

$$\frac{\Delta f}{f_0} = -\frac{1}{2}\left(\frac{\Delta L}{L_0}\right) - \frac{1}{2}\left(\frac{\Delta C}{C_0}\right)$$

$$= -\frac{1}{2} \times 10\% - \left(-\frac{1}{2} \times 5\%\right)$$

$$= -7.5\%$$

第五步，计算频率的名义值：

$$f_0 = \frac{1}{2\pi\sqrt{50 \times 10^{-6} \times 30 \times 10^{-12}}} = 4.11 \text{ (MHz)}$$

第六步，写出允许频移值，并计算允许的相对频移值：

$$\Delta f_{\text{最大}} = 200 \text{ kHz}$$

$$\frac{\Delta f_{\text{最大}}}{f_0} = \frac{200 \times 10^3}{4.11 \times 10^6} = 4.9\%$$

第七步，将实际偏差与允许的频移值相比较（即把第四步与第六步的计算结果比较），发现

$$\left|\frac{\Delta f_{\text{最大}}}{f_0}\right| = 7.5\% > \left|\frac{\Delta f_{\text{最大}}}{f_0}\right| = 4.9\%$$

按最坏情况法分析后得出的结论为：原设计方案有漂移故障，不能满足规定的设计要求，需要改进原设计方案。

改进措施：根据分析结果，首先应减小电感器的公差范围，因为仅电感器所产生的频移偏差分量就大于允许的频移偏差（4.9%）。但是，减小电容的公差需要的资金可能少一些。合理的折中方案是把偏差的2/3分给电感器，1/3分给电容器。

计算出新的实际频移：

$$\left(\frac{\Delta L}{L_0}\right) = 4.9\% \times \frac{\frac{2}{3}}{\frac{1}{2}} = 6.5\%$$

$$\left(\frac{\Delta C}{C_0}\right) = 4.9\% \times \frac{\frac{1}{3}}{\frac{1}{2}} = 3.3\%$$

$$\left|\left(\frac{\Delta f}{f_0}\right)_{\text{新}}\right| = \left(\frac{1}{2} \times 6.5\%\right) + \left(\frac{1}{2} \times 3.3\right) = 4.9\%$$

所以新的设计方案中，电感器应为 $50 \pm 6.5\% \mu\text{Hz}$，电容器应为 $30 \pm 3.3\% \text{pF}$。这样就

能满足设计规定的最大允许频移为 ±200 kHz 的要求。

由这个示例可以看出，采用最坏情况分析法，一方面可以预测某系统的设计方案是否会产生漂移故障，另一方面也可以给改进设计提供方向。这是一种较为保守的方法，它适用于可靠性要求比较高的系统。虽然这种最坏情况不一定发生，但是可以作为一种较保守而可靠的措施。

工程应用要点如下：

（1）电路容差分析一般在研制阶段的中后期开展，此时已经具备了电路的详细设计资料。

（2）电路容差分析工作应该以设计人员为主来完成，并在可靠性工程师的配合下完成容差分析报告。

（3）尽可能采用成熟的电子设计自动化软件实现自动化的容差分析，这样不仅可以提高分析的精度，而且可以降低复杂电路的分析难度。

（4）对于容差分析合格的电路，在设计改动后，应该再次进行容差分析。

（5）对于容差分析不合格的电路，应该首先考虑缩小灵敏度最大的设计参数的偏差范围，然后再考虑缩小所有设计参数的偏差范围。

（6）当采用缩小设计参数偏差范围的改进方法仍然不能满足要求时，应该考虑重新选择设计参数的标称值，使系统性能参数更稳定。如果没有更合理的设计参数可供选择，则应考虑修改电路的结构设计，采用更合理的电路结构来实现相同的功能。

（7）在应用最坏情况分析法时，要注意在设计参数变化范围内电路性能参数的变化趋势是否单调，如果不单调，应用最坏情况分析法则会导致错误结果。

第10章

机械产品的可靠性设计

10.1 概　　述

机械产品的可靠性是在规定的使用条件和规定时间内机械产品完成规定功能的能力。机械产品可靠性设计理论的基本任务是在失效机理的基础上提出可供设计计算用的可靠度和寿命模型及方法，从而在设计阶段估计、预测机械产品及主要零部件在规定的工作条件下完成规定功能的概率或寿命，保证所设计的产品达到规定的可靠性要求。

机械产品可靠性设计方法主要可分为定性设计法和定量设计法。

定性设计法本质上是成功的设计经验，把这些设计经验有针对性地应用到产品设计中，可避免重复以前发生过的故障或设计缺陷。

概率设计法是机械产品可靠性定量设计的主要方法。概率设计法以应力—强度干涉模型和功能失效极限状态函数理论为基础，将与设计有关的载荷、强度、尺寸、寿命等都视为服从一定分布的随机变量，掌握它们的分布规律并利用概率方法计算出给定设计条件下产品的失效概率和可靠度，以保证所设计的机械产品符合给定的可靠性要求。

10.1.1　机械产品可靠性的特点

与电子产品可靠性相比，机械产品可靠性具有许多不同的特点。了解并分析这些特点，对于开展机械产品可靠性设计具有重要的意义。

（1）电子产品的失效模式比较简单，而机械产品的失效模式比较复杂。

（2）电子产品在使用过程中发生的故障主要是由偶然因素造成的，而机械产品的故障原因主要是疲劳、老化、磨损、腐蚀等，因而主要是耗损型故障。

（3）电子产品可以通过环境应力筛选等剔除早期失效，在经济上是合理、有效的，而机械产品要开展这项工作在经济上和方法上通常是困难的。

（4）电子产品一般都是由标准的元器件组成的，其基本失效率接近常数，可利用国家军用标准 GJB/Z 299《电子设备可靠性预计手册》或美国的 MIL – HDBK – 217F《电子设备可靠性预计手册》进行电子产品的可靠性预计。机械产品的零部件大多是专用件，标准件少，环境影响更严劣，因此难以有零部件通用的失效率数据。

（5）电子产品的维修主要以更换元器件为主，而机械产品的维修常采用预防性维修和更换相结合的方式进行。

（6）机械产品的寿命和可靠性试验一般是小子样，而且为了检测耗损型故障，所要求的试验时间较长。机械产品的寿命特别是零部件寿命往往不服从指数分布。

（7）电子产品的可靠性数据已经形成标准手册，而机械产品的可靠性数据还十分缺乏。

机械产品可靠性的上述特点导致了机械产品可靠性与电子产品可靠性设计之间的差异。当然，机械产品可靠性与电子产品可靠性设计的目标是一致的，都是要在有限经费和时间内获得尽可能可靠的产品。可靠性工程的基本方法，例如可靠性建模、预计、分配、故障模式及影响分析等对机械产品同样适用，其中许多方法都可直接用于机械产品的可靠性设计，本节仅叙述与机械可靠性设计和分析关系密切的有关方法。

10.1.2 机械产品的主要失效模式

机械产品可靠性设计的根本任务是预防潜在故障及纠正故障，因此从产品的故障现象入手，利用失效分析方法找出可能发生的故障模式，通过失效物理分析和化学分析，找出失效的原因和机理，进而开展机械产品可靠性设计。

为了便于分析和统计失效模式，一般将失效模式进行分类。我国在相关的军用标准，如GJB 3554《车辆系统质量与可靠性信息分类和编码要求》中，将机械产品的失效模式主要分为6类：

（1）功能失效型，如操纵失灵、不启动、不工作、卡死等。
（2）功能失常型，如压力过高或过低、转速异常、功率不足等。
（3）损坏损伤型，如断裂、破碎、裂纹、扭曲变形、点蚀、剥落等。
（4）松脱漏堵型，如松动、脱落、漏油、漏水、漏气、堵塞等。
（5）退化变质型，如老化、变质、腐蚀、锈蚀、积碳等。
（6）其他类型。

尽管机械产品种类繁多，不同机械产品的失效模式和失效机理各异，但由于疲劳、磨损、腐蚀而导致的失效在整个机械产品失效中所占比例超过80%，因此机械可靠性定量设计也往往针对这三种失效机理进行分析计算，其中强度不足产生的断裂往往会引发重大安全事故，因此在机械产品设计时，强度是机械零件可靠性的最基本要求。

10.1.3 机械产品可靠性设计分析的主要步骤

1. 明确可靠性要求

明确所要设计的机械产品的可靠性要求是开展可靠性设计的前提。可靠性要求包括定性和定量的要求，如可靠度、寿命、平均故障间隔里程等。定性和定量要求的提出必须根据机械产品的使用要求，包括寿命剖面、任务剖面、故障判别准则等。

2. 调查分析相似产品的使用情况

根据相似产品的常见故障模式、故障发生频率、故障发生的原因、成功的设计经验和失败的教训，制订可靠性设计准则。

3. 可靠性分配

产品的可靠性依赖于产品的各组成单元，因此必须把产品整机的可靠性要求按一定的规则合理地依次分配到部件和零件。

4. 进行失效分析和故障树分析

根据影响产品可靠性的薄弱环节，进而对关键件、重要件进行失效分析和故障树分析。

5. 一般零件的可靠性设计

对于一般的非关键件、非重要件，可以借鉴以往成功的设计经验，采用常规设计方法进行设计。

6. 关键件、重要件的可靠性设计

对于可靠性关键件、重要件，除了借鉴成功的设计经验进行可靠性定性设计，还应积极创造条件开展可靠性的定量设计。采用定量设计必须明确给定设计工况和可靠性要求，然后利用概率设计法进行可靠性定量设计分析。

7. 可靠性分析计算

根据所设计的零部件，通过分析与计算，估计所设计零部件的可靠性，并与分配的可靠性要求进行分析比较。如达到规定的要求，则设计结束；如未能达到规定的要求，则重新设计。

8. 设计评审

为了保证设计与分析结果的正确性，应组织同行专家进行认真的设计评审，对发现的设计缺陷进行改进设计。

9. 可靠性增长

设计完成后，应严格按规定要求进行产品制造。制造出的产品必须进行充分的试验，以便进一步暴露设计缺陷，并采取措施加以改进。改进后一定要加以验证，以实现机械产品的可靠性提升。

10.2 机械产品的概率计算方法

10.2.1 概率设计的基本原理

传统的机械设计和强度校核方法是基于确定性分析，即设计中所采用的几何尺寸、载荷、材料性能等数据，都是它们的平均值，没有考虑数据的分散性。实际上，随机因素都带有一定的随机性。随机因素主要可以分为3类。

1. 几何尺寸

机械产品的几何尺寸的随机波动源于制造过程，不同制造工艺所能达到的尺寸精度也不相同。表10-1列出了常见的不同加工方法的尺寸误差。

表10-1 常见的不同加工方法的尺寸误差

加工方法	误差/(±)mm		加工方法	误差/(±)mm	
	一般	最高		一般	最高
火焰切割	1.5	0.5	锯	0.5	0.125
冲压	0.25	0.025	车	0.125	0.025

续表

加工方法	误差/(±)mm		加工方法	误差/(±)mm	
	一般	最高		一般	最高
拉拔	0.25	0.05	刨	0.25	0.025
冷轧	0.25	0.025	铣	0.125	0.025
挤压	0.5	0.05	滚切	0.125	0.025
金属模铸	0.75	0.25	拉	0.125	0.012 5
压铸	0.25	0.05	磨	0.025	0.005
蜡模铸	—	0.05	研磨	0.005	0.001 2
烧结金属	1.25	0.05	钻孔	0.25	0.05
烧结陶瓷	0.75	0.5	绞孔	0.05	0.012 5

2. 材料性能

材料经冶炼、轧制、锻造、机加工、热处理等工艺过程，其机械性能指标（如弹性模量、屈服应力、疲劳应力等）必然有分散性，呈现出随机变量的特性，这已被大量的金属材料试验数据证明。

表10-2列出了一些常用材料性能的变异系数（变异系数＝标准差/均值）。

表10-2 常用材料性能的变异系数

性能参数	变异系数
金属抗拉强度	0.05
金属屈服强度	0.07
金属疲劳极限	0.08
焊接结构疲劳极限	0.1
金属的断裂韧性	0.07

3. 载荷

机械产品工作过程中承受的力、扭矩、温度等往往都在一个较宽的范围内波动，具有较强的随机性。

为了保证机械产品不发生故障，常规机械设计方法一般采用对载荷、强度等数据分别乘以各种系数，并引入安全系数来考虑这些随机因素的影响。这种方法是设计人员对这些因素的随机变化所做的经验估计。由于没有对这种随机性加以量化，而且安全系数的选取往往与设计者的经验和指导思想有很大关系，因此安全系数法不能回答所设计的产品在多大程度上是安全的，也不能预测产品在使用中发生失效的概率。

机械可靠性设计方法则不同，它将载荷、材料性能与强度、零部件结构尺寸等都视为服从某种概率分布的随机变量，利用概率论与数理统计理论及强度理论，计算出在给定设计条件下产品的失效概率和可靠度，甚至可以在给定可靠度要求下直接确定零部件的结构尺寸。

从对可靠性的评价来看，常规机械设计只有安全系数一个指标，而机械可靠性设计则有可靠度和安全系数两个指标。

10.2.2 应力—强度干涉模型

从可靠性的角度考虑，影响机械产品失效的因素可概括为应力和强度两类。应力是引起产品失效的各种因素的统称，强度是产品抵抗失效发生的各种因素的统称。应力除通常的机械应力外，还包括载荷（力、力矩、转矩等）、位移、应变、温度、磨损量、电流、电压等。同样，强度除通常的机械强度外，还包括承受上述各种形式应力的能力。

机械可靠性理论认为，产品所受的应力小于其强度，就不会发生失效；应力大于强度，则会发生失效。显然，受工作环境、载荷等因素的影响，应力和强度都是服从一定分布的随机变量。设应力 X 的概率密度函数为 $f(x)$，强度 Y 的概率密度函数为 $g(y)$。在机械设计中，由于应力和强度具有相同的量纲，因此可以将它们的概率密度绘制在同一个坐标系中，如图 10-1 所示。通常零件的强度高于其工作应力，但由于应力和强度的离散性，使应力和强度的概率密度函数曲线在一定条件下可能相交，这个相交的干涉区（图 10-1（b）中阴影部分）表示强度可能小于应力，有可能发生失效。通常把这种干涉称为应力—强度干涉模型。根据干涉情况就可以计算发生失效的概率和可靠度。

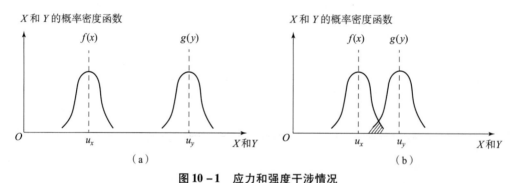

图 10-1　应力和强度干涉情况

（a）强度大于应力；（b）强度与应力相交干涉

机械可靠性理论认为，产品所受的应力大于其强度就会发生失效，可靠度即为零件不发生失效的概率，故可靠度 R 和失效概率 P_f 分别为

$$R = P(Y > X) = P(Y - X > 0) \tag{10-1}$$

$$P_f = P(Y < X) = P(Y - X < 0) \tag{10-2}$$

且有

$$P_f + R = 1 \tag{10-3}$$

对于机械产品，即使应力和强度在工作初期没有干涉，如图 10-1（a）所示，但在动载荷、磨损、腐蚀、疲劳载荷的长期作用下，强度也会逐渐衰减，可能会发生图 10-1（b）中所示的干涉。因此，随着工作时间的延长，机械产品的可靠度一般逐渐降低直至产品失效，如图 10-2 所示。

从图 10-2 可以看出，当零件的强度和工作应力的离散程度大时，干涉部分就会加大，零件的失效概率增大；当材料性能好、工作应力稳定而使应力与强度的离散程度小时，干涉

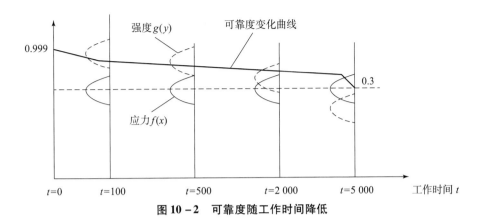

图 10-2　可靠度随工作时间降低

部分就会减小,零件的可靠度就会增大。另外,由图 10-2 还可以看出,即使在安全系数大于 1 的情况下,也会存在一定的失效概率。所以,按常规机械设计方法只进行安全系数的计算是不够的,还需要进行可靠度计算,这正是可靠性设计与常规设计的重要区别。机械可靠性设计就是要掌握零件应力和强度的分布规律,严格控制发生失效的概率,以满足设计要求。

式(10-1)可以利用概率方法进行计算。设应力 X 和强度 Y 是相互独立的两个随机变量,令 $Z = Y - X$,故 Z 的联合概率密度函数

$$f(z) = f(x)g(y) \tag{10-4}$$

根据可靠度的定义,强度 Y 大于应力 X 的概率(即可靠度)R 为

$$R = P(Y > X) = P(Z > 0) = \iint_{y-x>0} f(x)g(y)\mathrm{d}x\mathrm{d}y$$

因此上式的积分区域为直线 $y - x = 0$ 左上方的半平面(图 10-3),化成累次积分,得到

$$\begin{aligned}R &= \int_{-\infty}^{\infty}\Big[\int_{x}^{\infty}f(x)g(y)\mathrm{d}y\Big]\mathrm{d}x = \int_{-\infty}^{\infty}f(x)\Big[\int_{x}^{\infty}g(y)\mathrm{d}y\Big]\mathrm{d}x \\ &= \int_{-\infty}^{\infty}\Big[\int_{-\infty}^{y}f(x)g(y)\mathrm{d}x\Big]\mathrm{d}y = \int_{-\infty}^{\infty}g(y)\Big[\int_{-\infty}^{y}f(x)\mathrm{d}x\Big]\mathrm{d}y\end{aligned} \tag{10-5}$$

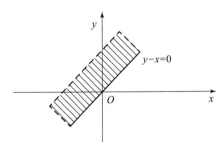

图 10-3　求可靠度的积分区域

10.2.3　应力强度均为正态分布时的可靠度计算

当应力与强度均服从正态分布时,可靠度的计算可大大简化。设应力 X 和强度 Y 的概

率密度函数

$$f(x) = \frac{1}{\sigma_x \sqrt{2\pi}} e^{-\frac{1}{2}\left(\frac{x-u_x}{\sigma_x}\right)^2} \qquad (10-6)$$

式中：u_x、u_y 分别为应力和强度的均值；σ_x、σ_y 分别为应力和强度的标准差。

因此，$Z = Y - X$ 也服从正态分布，利用概率论的知识可以得到 Z 的均值和标准差分别为

$$u_z = u_y - u_x \qquad (10-7)$$
$$\sigma_x = \sqrt{\sigma_x^2 + \sigma_y^2}$$

故

$$R = P(Z > 0) = \int_0^\infty \frac{1}{\sqrt{2\pi}\sigma_z} e^{-\frac{1}{2}\left(\frac{x-u_z}{\sigma_z}\right)^2} dz = \int_{-\infty}^\beta \frac{1}{\sqrt{2\pi}} e^{-\frac{1}{2}t^2} dt = \varphi(\beta) \qquad (10-8)$$

$$\beta = \frac{u_z}{\sigma_z} = \frac{u_y - u_x}{\sqrt{\sigma_y^2 + \sigma_x^2}} \qquad (10-9)$$

式中，$\varphi(\cdot)$ 为标准正态分布函数。

式（10-9）把应力的分布参数、强度的分布参数和可靠度三者联系起来，称为联结方程，这是可靠性设计中一个重要的表达式。β 称为联结系数，又称为可靠度系数。利用式（10-9）即可求出 β，通过查标准正态分布表可得到可靠度的值。

根据式（10-8）和式（10-9）可知：

（1）当 $u_x > u_y$ 时，$\beta > 0$，可靠度 $R > 0.5$。σ_x 和 σ_y，越小，说明应力和强度的分散性越小，则可靠度就越高。相反，应力和强度的分散性越大，可靠度则越小，失效概率越大。

（2）当 $u_x = u_y$ 时，$\beta = 0$，可靠度 $R = 0.5$。此时，可靠度 R 与应力和强度的方差无关。

（3）当 $u_x < u_y$ 时，$\beta < 0$，可靠度 $R < 0.5$。在设计中应避免这种情况出现。

10.2.4 应力强度服从其他分布时的可靠度计算

利用可靠度计算的一般公式可以导出应力和强度服从其他分布时的可靠度计算公式，如表 10-3 所示。表 10-3 中的部分可靠度计算公式是积分的形式，可采用数值积分法进行计算，例如梯形法、辛普森法或高斯法等。这些数值积分法都可以找到现成的计算程序，这里不再赘述。

表 10-3　几种典型应力、强度分布的可靠度计算公式

序号	应力	强度	可靠度公式
1	对数正态分布 $N(u_{\ln x}, \sigma_{\ln y}^2)$	对数正态分布 $N(u_{\ln x}, \sigma_{\ln y}^2)$	$R = \phi(\beta)$
2	指数分布 分布参数 λ_x	指数分布 分布参数 λ_y	$R = \dfrac{\lambda_x}{\lambda_x + \lambda_y}$
3	正态分布 $N(u_x, \sigma_y^2)$	指数分布 分布参数 λ_y	$R = e^{\frac{1}{2}\lambda_y^2 \sigma_x^2 - \lambda_y u_x} \varphi\left(\dfrac{\lambda_y - \lambda_y \sigma_x^2}{\sigma_x}\right)$
4	指数分布 分布参数 λ_x	正态分布 $N(u_x, \sigma_y^2)$	$R = \phi\left(\dfrac{u_y}{\sigma_y}\right) - e^{\frac{1}{2}\lambda_x^2 \sigma_y^2 - \lambda_x u_y} \phi\left(\dfrac{u_y - \lambda_x \sigma_y^2}{\sigma_y}\right)$

续表

序号	应力	强度	可靠度公式
5	正态分布 $N(u_x,\sigma_y^2)$	威布尔分布 形状参数 β 尺度参数 y 位置参数 θ	$R = \varphi(A) + \dfrac{C}{\sqrt{2\pi}}\int_0^\infty e^{-\frac{1}{2}(G+A)^2} - t^\beta dt$ 式中，$C = \dfrac{\eta}{\sigma_x}, A = \dfrac{\theta - u_x}{\sigma_x}$
6	指数分布 分布参数 λ_x	Γ 分布 分布参数 α 分布参数 β	$R = 1 - \left(\dfrac{\beta}{\beta + \lambda_x}\right)^\alpha$
7	Γ 分布 分布参数 α 分布参数 F	指数分布 分布参数 λ_y	$R = \left(\dfrac{\beta}{\beta + \lambda_y}\right)^\alpha$
8	威布尔分布 形状参数 β 尺度参数 η 位置参数 θ,	威布尔分布 形状参数 β 尺度参数 p 位置参数 0	$R = 1 - \int_0^\infty e^{-t - \left(\frac{\eta_Y}{\eta_x}\frac{1}{\beta_y} + \frac{\theta_x + \theta_Y}{\eta_x}\right)^{\beta_x}} dt$

10.2.5 可靠度计算的工程方法

前面介绍了应力—强度干涉模型和可靠度计算的公式，这些公式是概率设计的基础，但很多情况下难以直接应用于工程实践中，其主要原因如下：

（1）应力—强度干涉模型要求已知应力和强度的分布，但大多数情况缺乏这样的数据。

（2）影响机械产品可靠性的随机变量不止两个，而是一个 n 维向量。这种情况下，应力—强度干涉模型无法直接应用。

例如，渐开线圆柱齿轮传动，其齿根弯曲应力的计算公式为

$$\sigma_F = \dfrac{2 \times 9\,549 \times 10^3 P}{bdm_n n} Y_{FS} Y_{e\beta} K_A K_V K_{F\beta} K_{Fa} \tag{10-10}$$

式中：P 为齿轮传递的功率，单位为 kW；n 为齿轮的转速，单位为 r/min；K_A 为使用系数；K_V 为动载系数；$K_{F\beta}$ 为齿向载荷分配系数；K_{Fa} 为齿间载荷分配系数；Y_{FS} 为复合齿形系数，考虑齿形对齿根弯曲应力的影响；$Y_{e\beta}$ 为重合度与螺旋角系数；d 为齿轮分度圆直径；b 为工作宽度；m_n 为法面模数。

齿根弯曲强度的计算公式为

$$\sigma_{FS} = \dfrac{\sigma_{FE} Y_N Y_{\partial el} Y_{Rel} Y_X}{S_{Fmin}} \tag{10-11}$$

式中：σ_{FE} 为齿轮材料弯曲强度的基本值；Y_N 为寿命系数；$Y_{\partial el}$ 为相对齿根圆角敏感系数；$Y_{\partial el}$ 为相对表面状况系数；Y_x 为尺寸系数；S_{Fmin} 为弯曲强度最小安全系数，$S_{Fmin} \geq 1.5$。

上述应力和强度的计算公式虽然是针对圆柱渐开线齿轮的，但却反映了工程实践中的一种普遍情况，即机械产品的应力和强度都可以看做结构尺寸、载荷、材料性能、工况、加工制造因素等多个随机变量的函数。尽管从理论上可以利用应力和强度的计算公式对其分布参数进行推导，但计算量往往很大且计算比较烦琐，工程实践中难以应用。因此，需要把应力—强度干涉模型推广到 n 个随机变量的一般情况。

如前所述，强度 Y 和应力 X 都是随机变量，都是结构尺寸、载荷、材料性能等随机变量的函数，而强度与应力差 $Z = Y - X$ 也是随机变量，可用一个多元函数来表示，即

$$Z = Y - X = G(x_1, x_2, \cdots, x_n) \quad (10-12)$$

式中，随机变量 x_n 为影响机械产品功能的各种随机因素，如载荷、材料、尺寸、表面粗糙度、应力集中等。这个函数称为功能失效极限状态函数，简称功能函数，它表示产品所处的状态，即 $Z > 0$，强度大于应力，产品能完成规定的功能；$Z < 0$，强度小于应力，产品不能完成规定的功能，处于失效状态；$Z = 0$，表示产品处在一种极限状态，即

$$Z = G(x_1, x_2, \cdots, x_n) = 0 \quad (10-13)$$

称为极限状态方程，由于其在空间几何上表示一个 n 维曲面，因此也称为极限状态曲面。

于是，机械产品的可靠度 R，也就是能完成规定功能的概率 R 为

$$R = P[Z = G(x_1, x_2, \cdots, x_n) > 0] \quad (10-14)$$

机械产品不能完成该功能的概率，也就是失效概率 P_f 为

$$P_f = P[Z = G(x_1, x_2, \cdots, x_n) < 0] \quad (10-15)$$

绝大多数情况下 $x_i (i = 1, 2, \cdots, n)$ 都是连续型随机变量，因此，

$$P[Z = G(x_1, x_2, \cdots, x_n) = 0] = 0 \quad (10-16)$$

故有

$$R + P_f = 1 \quad (10-17)$$

式（10-14）的计算可以采用蒙特卡罗抽样方法，其基本思路是首先生成 0~1 之间均匀分布的随机数，根据各随机变量的分布类型变换为相应分布的随机数，然后作为随机变量的值代入功能函数中，计算功能函数是否大于 0，最后统计功能函数大于 0 的抽样次数与总抽样次数的比值作为可靠度。由于机械结构及零部件的可靠度要求通常比较高，要求的抽样次数比较多，因此工程上更多的是应用近似计算方法，其中最著名的就是一次二阶矩法。

1969 年康纳尔（Cornell）提出了可靠度系数的基本概念，初步建立了结构可靠度分析的一次二阶矩法。其基本思路是把功能函数在各随机变量的均值处泰勒线性展开，可靠度系数 β 定义为功能函数的均值和标准差之比。由于功能函数是在各随机变量的均值处展开的，故也称为均值点法。

$$\begin{cases} Z = G(u_1, u_2, \cdots, u_n) + \sum_{i=1}^{n}(x_i - u_i) \dfrac{\partial G}{\partial x_i}\bigg|_{u_i} \\ u_Z = G(u_1, u_2, \cdots, u_n) \\ \sigma_Z = u_i^2 \\ \beta = \dfrac{u_Z}{\sigma_Z} \\ R = \varphi(\beta) \end{cases} \quad (10-18)$$

式中，u_i、σ_i 为随机变量 x_i 的均值和标准差，$i = 1, 2, \cdots, n_0$。

随后，人们发现这种方法存在的最大问题是对于极限状态曲面相同而数学形式不同的功能函数，会得出不同的可靠度计算结果。1974 年，哈索弗（Hasofer）和林德（Lind）针对

随机变量服从独立标准正态分布的情况，将可靠度系数 β 定义为坐标原点到极限状态曲面切平面的最小距离，明确了一次二阶矩法的几何意义（图 10-4）。相应的极限状态曲面上距离原点最近的点称为设计点（也称为最可能失效点）。哈索弗和林德提出用设计点作为唯一的泰勒展开点，从而避免了康纳尔方法的缺点。哈索弗和林德的方法只适用于随机变量服从独立标准正态分布的情况，拉克维茨（Rackwitz）和菲斯勒（Fiessler）提出用等效正态变量的方法来处理非标准正态分布随机变量情况。上述工作奠定了一次二阶矩法的理论基础，并为国际结构安全委员会（JCSS）推荐使用，也称为 JC 法。

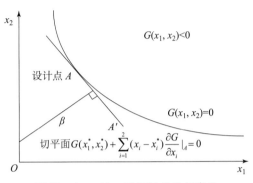

图 10-4　一次二阶矩法的几何意义

可以看出，一次二阶矩法的核心在于确定设计点（$x_1^*, x_2^*, \cdots, x_n^*$）。一旦确定了设计点，就可以沿用康纳尔的思路，可靠度计算公式为

$$\begin{cases} Z = G(x_1^*, x_2^*, \cdots, x_n^*) + \sum_{i=1}^{n}(x_i - x_i^*)\dfrac{\partial G}{\partial x_i}\bigg|_{x_i^*} \\ \mu_Z = G(x_1^*, x_2^*, \cdots, x_n^*) \\ \sigma_Z = \sqrt{\sum_{i=1}^{n}\left(\sigma_i \dfrac{\partial G}{\partial x_i}\bigg|_{x_i^*}\right)^2} \\ \beta = \dfrac{\mu_Z}{\sigma_Z} \\ R = \phi(\beta) \end{cases} \quad (10-19)$$

从设计点的定义可知，设计点的确定本质上是一个求最小距离的数学优化问题。目前工程计算已经发展了多种迭代计算方法，比较常用的是线性搜索法，也称为验算点法或改进的一次二阶矩法。下面不做原理推导，直接给出线性搜索法的计算步骤。

设 $x_i(i=1,2,\cdots,n)$ 服从正态分布，均值为 μ_i，标准差为 σ_i，各变量相互独立，则线性搜索法确定设计点的主要步骤如下：

步骤 1：给出各随机变量赋初值 $x^* = x_1^*, x_2^*, \cdots, x_n^*$，一般可取各随机变量的均值。

步骤 2：计算功能函数在各随机变量当前取值点的偏微分 $\dfrac{\partial G}{\partial x_i}(i=1,2,\cdots,n)$。

步骤 3：按照式（10-19）计算灵敏度系数 $\lambda_i(i=1,2,\cdots,n)$。

$$\lambda_i = \frac{\sigma_i \frac{\partial G}{\partial x_i}\Big|_{x^*}}{\sqrt{\sum_{i=1}^{n}\left(\sigma_i \frac{\partial G}{\partial x_i}\Big|_{x^*}\right)^2}} \qquad (10-20)$$

步骤4：按照式（10-20）计算功能函数在各随机变量当前取值点的可靠度系数 β。

$$\beta = \frac{\mu_z}{\sigma_z} = \frac{G(x_1^*, x_2^*, \cdots, x_n^*) + \sum_{i=1}^{n}(y_i - x_i^*)\frac{\partial G}{\partial x_i}\Big|_{x'}}{\sqrt{\sum_{i=1}^{n}\left(\sigma_i \frac{\partial G}{\partial c_i}\Big|_{x'}\right)^2}} \qquad (10-21)$$

步骤5：将求得的 β 代入式（10-21），求得 x_i^*（$i=1,2,\cdots,n$）的新值。

$$x_i^* = u_i - \beta \lambda_i \sigma_i \qquad (10-22)$$

重复步骤2至步骤5，直到所得到的 β 值与上一次的 β 值之差小于容许误差，此时所求得 $x^* = x_1^*, x_2^*, \cdots, x_n^*$ 即为设计点，代入式（10-17）即可求得可靠度。

除了上述一次二阶矩法，还发展了其他很多方法，例如二次二阶矩法、响应面法、重要抽样法等，感兴趣的读者可进一步参考有关的文献。下面通过算例说明一次二阶矩法的应用。

10.3 安全系数与可靠度的关系

传统的机械设计中，一个零件是否会发生失效，可用安全系数 S 大于或等于许用安全系数 $[S]$ 来判断，即

$$S > [S] \qquad (10-23)$$

$$[S] = \frac{[\sigma]}{\sigma} \qquad (10-24)$$

式中：$[\sigma]$ 为零件的强度极限（如屈服极限、疲劳极限等）；σ 为零件危险截面上的应力。许用安全系数 $[S]$ 一般根据零件的重要性、材料性能数据的准确性、计算的精确性以及工况情况等确定。

上述安全系数法一直沿用至今，其特点是表达方式直观明确。但这种设计方法把安全系数、强度、应力等都处理成单值确定的变量，尽管有些零件的安全系数大于1，但往往仍有零件在规定的使用期内失效，这是因为强度、应力和尺寸等都是随机变量，存在一定的分散性。为了追求安全性，传统机械设计有时往往盲目地选用优质材料或加大零件尺寸，造成不必要的浪费。

如果将应力与强度的随机性概念引入上述安全系数中，便可得出可靠性意义下的安全系数，从而把安全系数与可靠度的概念联系起来。设应力 X 和强度 Y 是随机变量，则安全系数 $S = Y/X$ 也是随机变量。当已知强度 Y 和应力 X 的概率密度函数时，利用二维随机变量的概率知识，可以计算出安全系数 S 的概率密度函数 $f(s)$。因此，可通过下式计算零件的可靠度，即

$$R = P\left(S = \frac{Y}{X} > 1\right) = \int_{1}^{\infty} f(s)\,\mathrm{d}s \qquad (10-25)$$

上式表明,可靠度 R 是安全系数 S 大于 1 的概率,这就是发全系数与可靠度 R 的关系。下面重点讨论设计中经常采用的均值安全系数和概率安全系数的概念及其与可靠度的关系。

1. 均值安全系数

从可靠性的角度出发,常规设计中的安全系数实际上是零件强度的均值 u_y 和零件危险截面上应力的均值 u_x 的比值,称为均值安全系数,即

$$\bar{S} = \frac{u_y}{u_x} \tag{10-26}$$

将上式代入式(10-27),得到可靠度的表达式为

$$R = \phi\left(\frac{\bar{S}-1}{\sqrt{C_y^2 \bar{S}^2 + C_s^2}}\right) \tag{10-27}$$

工程中常给出强度的变异系数 $C_y = \dfrac{\sigma_y}{u_y}$ 和应力的变异系数 $C_x = \dfrac{\sigma_x}{u_x}$,将这两个参数代入式(10-27),最终得到

$$R = \phi\left(\frac{u_y/y_x - 1}{\sqrt{(\sigma_y/u_x)^2 + (\sigma_x/u_y)^2}}\right) \tag{10-28}$$

式(10-28)直观地表达了均值安全系数与可靠度、强度和应力变异系数之间的关系。给定可靠度 R 下均值安全系数 $\bar{S}$ 与 C_x,C_y 的关系可通过曲线族的形式表示。图 10-5~图 10-7 给出了可靠度 R 为 0.99、0.999、0.999 9 的曲线 $\bar{S} \sim (C_x, C_y)$ 关系。

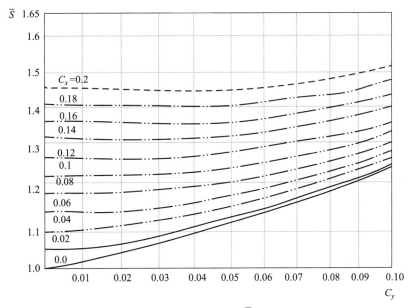

图 10-5 可靠度 R 为 0.99 的曲线 $\bar{S} \sim (C_x, C_y)$ 关系

从式(10-28)可以看出,即使均值安全系数 $\bar{S}$ 不变,强度和应力的变异系数取不同值时,其可靠度也不一样。因此,均值安全系数 $\bar{S}$ 不能全面评价产品的可靠性。

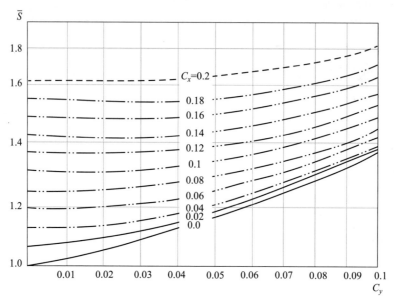

图 10-6 可靠度 R 为 0.999 的曲线 $\bar{S} \sim (C_x, C_y)$ 关系

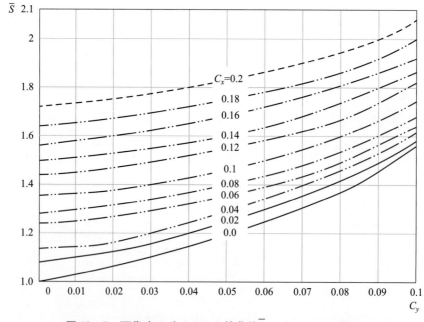

图 10-7 可靠度 R 为 0.999 9 的曲线 $\bar{S} \sim (C_x, C_y)$ 关系

2. 概率安全系数

设应力和强度均服从正态分布，强度 Y 在某一概率值 a 下的下限值为 Y_a，即

$$P(Y > Y_a) = 1 - P(Y \leqslant Y_a) = 1 - \Phi\left(\frac{Y_a - u_y}{\sigma_y}\right) = \Phi\left(-\frac{Y_a - u_y}{\sigma_y}\right) = a \qquad (10-29)$$

应力 X 在某一概率值 b 下的上限值为 X_b，即

$$P(X \leqslant X_b) = \phi\left(\frac{X_b - u_x}{\sigma_x}\right) = b \qquad (10-30)$$

则概率安全系数 S_p 定义为 Y_a 与 X_b 之比，即

$$S_p = \frac{Y_a}{X_b} \qquad (10-31)$$

将上式与联结方程（10-9）及式（10-29）、式（10-31）联立，可以得到概率安全系数与均值安全系数的关系，即

$$S_p = \frac{1 - C_y \Phi^{-1}(a)}{1 + C_x \Phi^{-1}(b)} \bar{S} \qquad (10-32)$$

通常，工程设计中取概率为 95%（$a = 95\%$）的强度下限值，取概率为 99%（$b = 99\%$）的应力上限值。由标准正态分布表可查得 $\Phi^{-1}(0.95) = 1.65$，$\Phi^{-1}(0.99) = 2.33$，因此，式（10-32）可以写成

$$S_p = \frac{1 - 1.65 C_y}{1 + 2.33 C_x} \bar{S} \qquad (10-33)$$

从式（10-33）可以看出，与均值安全系数相比，概率安全系数还可以同时考虑应力和强度变异系数的影响。概率安全系数可以看作在可靠度意义下对传统的均值安全系数的扩展，目前已被国内外很多公司广泛采用。由于式（10-32）中 $\frac{1 - 1.65 C_y}{1 + 2.33 C_x}$ 小于 1，故 S_p 小于 $\bar{S}$，这说明均值安全系数偏于保守，而概率安全系数更接近实际情况。

为了进一步说明可靠性设计方法比安全系数法更科学合理，假设应力分布和强度分布都是正态分布，保持应力和强度的均值不变，而标准差在一个较大范围内变化，如表 10-4 所示。从表 10-4 可以看出，从序号 1 到序号 7，安全系数都等于 2.5，而其可靠度却各不相同，从低自 0.662 8 到约等于 1。由此可见，对于同一安全系数，由于应力和强度的分散性，其可靠度也是不一样的，这足以证明安全系数法的不合理性。为了保证结构不失效而采用过大的安全系数，也不一定能保证较高的可靠性。

表 10-4　规定应力和强度分布下的安全系数与可靠度

序号	强度均值 u_y	强度标准差 G_y	应力均值 u_x	应力标准差 G_y	均值安全系数 S	可靠度 R
1	172.4	6.9	69	10.3	2.5	≈1
2	172.4	34.5	69	20.7	2.5	0.994 9
3	172.4	55.2	69	20.7	2.5	0.959 9
4	172.4	34.5	69	51.7	2.5	0.952 5
5	172.4	55.2	69	51.7	2.5	0.914 6
6	172.4	69.0	69	41.4	2.5	0.899 7
7	172.4	172.4	69	175.9	2.5	0.662 8

【示例 10-1】

计算某一汽车零件的强度标准差

设计某一汽车零件,根据应力分析,得知该零件的工作应力为拉应力,服从正态分布,均值和方差分别为:$u_o = 352$ MPa,$d = 40.2^2$。为了提高其疲劳寿命,制造时通过喷丸处理使其表面产生残余压应力,也服从正态分布 $N(100, 16^2)$。零件的强度也服从正态分布,均值 $u_y = 502$ MPa。为了保证零件的可靠度不低于 99.9%,强度的标准差 σ_y 应该控制为多少?

解:

由概率论可知,有效应力也服从正态分布,可以求出:

$$u_1 = 352 - 100 = 252 \text{ (MPa)}$$

$$d = 40.2^2 + 16^2 = 1\,872.04 = 43.267^2$$

因为给定 $R = 99.9\%$,查标准正态分布表可得到 $\beta = 3.1$,代入联结方程(10-9),得到

$$\beta = \frac{u_y - u_x}{\sqrt{\sigma_x^2 + \sigma_y^2}} = \frac{502 - 252}{\sqrt{\sigma_y^2 + 43.267^2}}$$

对上式进行计算可以得到 $d = 68.056^2$。因此,只要将强度标准差控制在 68.056^2 之内,可靠度就能达到给定的要求。

【示例 10-2】

悬臂梁可靠度计算方法

一个长为 L、截面为 $b \times h$ 的矩形悬臂梁,上面作用均匀载荷为 q(图 10-8),梁的屈服强度为 f。根据材料力学,梁的最危险截面的屈服应力的计算公式为 $\sigma = 3\dfrac{qL^2}{bh^2}$。按照应力—强度干涉理论,梁的屈服应力大于屈服强度时发生失效,因此可建立可靠度计算的功能函数为

$$Z = f - \sigma = f - 3\frac{qL^2}{bh^2} \tag{10-34}$$

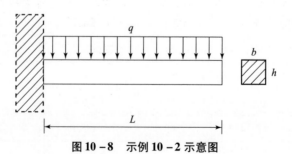

图 10-8 示例 10-2 示意图

式（10-22）中各随机变量均服从正态分布，且相互独立，其分布参数如表10-5所示。

表 10-5　式中随机变量的分布参数

随机变量	均值	标准差
q	1.15	0.033 3
L	60	0.60
b	4	0.12
h	1	0.03
f	3 600	300

下面利用均值点法和验算点法计算梁不发生屈服失效的可靠度。

① 以各随机变量均值作为初值，即
$$q^{(1)} = 1.15, L^{(1)} = 60, b^{(1)} = 4, h^{(1)} = 1, f^{(1)} = 36$$

② 对功能函数求偏导，并将各随机变量值代入，得
$$\frac{\partial Z}{\partial q} = -2\ 700, \frac{\partial Z}{\partial L} = -104, \frac{\partial Z}{\partial b} = 768.6, \frac{\partial Z}{\partial h} = 6\ 118, \frac{\partial Z}{\partial f} = 1$$

③ 计算灵敏度系数，得
$$\lambda_q = -0.236\ 8, \lambda_L = -0.164\ 4, \lambda_b = 0.243, \lambda_k = 0.483, \lambda_f = 0.79$$

④ 计算在均值点的可靠度系数，得
$$\beta = 1.303\ 7$$

查标准正态分布表得到可靠度 $R = 0.903\ 8$，即为均值点法计算的可靠度。

⑤ 将求得的 β 代入式（10-22），得到各随机变量的新值为
$$q^{(2)} = 1.16, L^{(2)} = 60.13, b^{(2)} = 3.96, h^{(2)} = 0.98, f^{(2)} = 3\ 291$$

⑥ 重复②到④的计算步骤，当迭代计算的 β 与上一次的 β 值之差小于 0.000 001 时，停止迭代。

⑦ 经过4次迭代（具体计算过程略），最终得到设计点为
$$q^{(*)} = 1.16, L^{(*)} = 80.13, b^{(*)} = 3.96, h^{(*)} = 0.98, f^{(*)} = 3.305\ 5$$

设计点的偏导数为
$$\frac{\partial Z}{\partial q} = -2\ 848.8, \frac{\partial Z}{\partial L} = -110.5, \frac{\partial Z}{\partial b} = 826.6, \frac{\partial Z}{\partial h} = 6\ 643, \frac{\partial Z}{\partial f} = 1$$

⑧ 计算在设计点的可靠度系数，得
$$\beta = 1.279\ 7$$

查标准正态分布表得到可靠度 $R = 0.899\ 7$，即为验算点法计算的可靠度。表10-6为可靠度计算结果对比表明，验算点法的计算精度要高于均值点法。

表 10-6　计算结果对比

方法	可靠度系数 β	可靠度 R	相对误差/%
均值点法	1.303 7	0.903 8	4.65
验算点法	1.279 7	0.899 7	0.38
理论精确解	1.261 0	0.896 3	—

从示例10-2可以看出，机械可靠性设计方法是一种以常规机械设计方法为基础并在设计过程中系统考虑载荷、材料和结构尺寸的随机性的设计方法。机械产品的可靠性设计分析分为两部分：一是失效模式的确定；二是计算该失效模式发生的概率，即失效概率或可靠度。可靠度计算是可靠性设计分析的目的，而失效模式的确定以及每个失效模式的功能函数的建立是可靠度计算的基础。利用概率设计法进行机械产品可靠性定量设计分析的主要步骤如下：

（1）失效模式的确定。失效模式可以利用常规的失效分析技术，如光学显微镜、扫描电镜、超声波等装置以及应力分析、振动试验等手段来确定，也可以根据相似产品的经验数据以及潜在故障模式影响分析（FMEA）和故障树分析（FTA）来确定。FMEA可以剖析机械产品的潜在故障情况，不仅可以指导设计，而且可以进一步为可靠度的计算奠定基础。FTA则可以进一步剖析机械产品故障的原因。

（2）根据失效的原因确定失效的判据。机械产品常见的失效原因有材料屈服、断裂、疲劳、过度变形、腐蚀、磨损和振幅过大、噪声过大、蠕变等。较常用的判据有最大正应力、最大剪应力、最大变形能、最大应变能、最大变形以及最大许用腐蚀量、最大许用磨损量、最大许用振幅、最大允许声逐、最大许用应变等。

（3）确定影响强度和应力的因素及相应的计算公式，建立功能函数。如前所述，强度 Y 和应力 X 都是随机变量，都是结构尺寸、截荷、材料性能等随机变量的函数，因此根据结构失效的原因分别得出应力的计算公式和强度的计算公式，然后利用应力—强度干涉模型建立功能函数。

由于导致机械产品发生失效的应力、应变一般需要借助各种计算机辅助工程（CAE）工具来仿真计算，因此在机械产品可靠性设计分析的过程中，几乎会涉及所有的机械设计专业内容，如机构运动学、动力学等，以及疲劳、断裂、磨损、腐蚀、振动、噪声等故障模式。随着各种计算机辅助设计分析工具的不断涌现，很多成熟的计算机辅助设计工具不仅自成体系，而且具有开放的接口实现与其他软件的数据共享和集成。如何利用计算机辅助设计工具来进行可靠度的仿真计算，也是机械可靠性技术应用的重要研究方向。

按照机械可靠性理论，影响应力和强度的设计参数都是随机变量，它们应当是经过多次试验测定的实际数据并经过统计检验后得到的统计数据。理想的情况是掌握这些设计参数的分布形式与参数，但是这些设计参数的统计数据和分布形式等资料却很缺乏。例如，在利用有限元（FEA）计算应力的情况下，可以获得应力的均值，但是应力的标准差却很难方便地计算。这种情况下，一般按照 3σ 原则估计标准差，并近似作为正态分布来处理。

（4）利用均值点法或验算点法计算可靠度。当计算的可靠度达不到设计要求时，可以通过灵敏度分析确定各影响因素对可靠度影响的重要性，然后从控制参数均值和参数标准差两方面入手来提高可靠性。

从上述机械产品可靠性设计分析的一般过程可以看出，机械产品可靠度的计算以失效模式和失效机理为基础，这也是机械可靠性方法与常规的基于统计的可靠性建模和预计方法的根本区别。

【示例 10 – 3】

某拉杆可靠度设计

设计一种圆截面拉杆,拉杆所承受的拉力 P 服从正态分布,均值 $u_p = 40\,000$ N,标准差 $\sigma_p = 1\,200$ N,拉杆拟采用 45 号钢为制造材料,要求不发生屈服的可靠度为 0.999,试确定拉杆截面半径 r 的均值和标准差。

解:

(1) 建立可靠度计算模型(功能函数)。查阅相关手册,可以确定 45 号钢的屈服强度 Y 的均值 $u_y = 667$ MPa,标准差 $\sigma_y = 25.3$ MPa。根据材料力学,在一定拉力下圆截面拉杆的应力的计算公式为

$$X = \frac{P}{\pi r^2}$$

按照应力—强度干涉理论,拉杆的屈服应力 X 大于屈服强度 Y 时发生失效,因此建立可靠度计算的功能函数

$$Z = Y - X = Y - \frac{P}{\pi r^2}$$

(2) 可靠度计算与设计。根据相似结构的设计经验,初选截面半径 r 均值 $u_r = 4.8$ mm,标准差 $\sigma_r = 0.2$ mm,利用验算点法计算可靠度,具体计算步骤如下:

①以各随机变量均值作为初值,即

$$Y^{(1)} = 667, P^{(1)} = 40\,000, r^{(1)} = 4.8$$

②对功能函数求偏导,并将各随机变量值代入,得

$$\frac{\partial Z}{\partial Y} = 1, \frac{\partial Z}{\partial P} = -0.013\,8, \frac{\partial Z}{\partial r} = 226.85$$

③计算灵敏度系数,得

$$\lambda_Y = 0.464, \lambda_P = -0.304, \lambda_r = 0.832$$

④计算在均值点的可靠度系数,得

$$\beta = 2.098$$

⑤将步骤④求得的 β 代入式(10 – 22),得到各随机变量的新值,即

$$Y^{(1)} = 642.38, P^{(1)} = 40\,765.3, r^{(1)} = 4.45^{(1)}$$

⑥重复②到④的计算步骤,当迭代计算的 β 与上一次的 β 值之差小于 0.000 001 时,停止迭代。

⑦经过 4 次迭代(具体计算过程略),最终得到设计点为

$$Y^{(1)} = 642.38, P^{(1)} = 40\,765.3, r^{(1)} = 4.45^{(1)}$$

设计点的偏导数为

$$\frac{\partial Z}{\partial Y} = 1, \frac{\partial Z}{\partial P} = -0.015\,9, \frac{\partial Z}{\partial r} = 285.95$$

计算在设计点的可靠度系数,得

$$\beta = 1.898$$

查标准正态分布表得到可靠度 $R=0.9721$，不满足设计要求，因此需要增大截面半径 r 的均值或减小截面半径 r 的标准差。这里采用减小截面半径 r 的标准差的方法，取 $\sigma_r = 0.08$，利用验算点法重新计算可靠度为 $R=0.9992$，满足可靠度要求。因此，确定截面半径 r 的均值 $u_r = 4.8$，标准差 $\sigma_r = 0.08$ mm。

（3）与常规设计方法的比较。

如果取常规设计的安全系数 $S=1.5$，按照常规方法，有

$$X = \frac{P}{\pi r^2} \leqslant \frac{Y}{S} = \frac{667}{1.5} = 444.667$$

即有

$$\frac{40\,000}{\pi r^2} \leqslant 444.667, \quad r \geqslant \sqrt{\frac{40\,000}{\pi 444.667}} = 5.35 \text{ (mm)}$$

得拉杆截面半径 $r \geqslant 5.35$ mm。

由于常规设计中安全系数的选取是设计师根据经验确定的，经验不足的设计师往往选择较保守的安全系数。如果取安全系数 $S=3$，则按照常规设计方法获得的拉杆截面半径 $r \geqslant 7.57$ mm，显然，常规设计获得的结构尺寸比可靠性设计的结构尺寸大了许多。如果将 $u_r = 4.8$ mm 代入常规设计方法，则其计算的安全系数仅为 1.2，这么小的安全系数常规设计往往不敢采用，但利用可靠性设计方法，其可靠度竟达到 0.9992，即拉杆破坏的概率仅有 0.1%。

由此可以看出，以概率论和数理统计理论为基础的可靠性设计方法比常规安全系数设计方法更合理。可靠性设计能得到较小的零件尺寸、体积和重量，而常规的安全系数法为了保险而取过大的安全系数往往导致保守的设计。可靠性设计可以预测零部件的失效概率，而安全系数法则不能。从提高可靠性的角度看，安全系数法只能从控制参数的均值方面入手，而可靠性设计方法则可以从控制参数均值和控制参数标准差两方面入手，这会在节省原材料和降低设计或加工工艺要求等方面带来较好的经济效益。

第 11 章

CAE 在可靠性设计中的应用

11.1 概　　述

计算机辅助工程（CAE）技术是一种利用计算机软件进行工程分析和设计的技术，CAE 技术可以在产品开发的各个阶段提高设计质量、降低成本和缩短周期。CAE 技术在可靠性设计中的应用主要包括以下几个方面：

（1）可靠性建模和仿真：通过建立产品的可靠性模型，运用概率论和统计学的方法，对产品的失效模式、失效机理、失效分布和失效影响进行分析和预测，从而评估产品的可靠性水平和寿命。

（2）可靠性试验和验证：通过实施可靠性试验，收集和处理试验数据，对产品的可靠性模型进行验证和修正，对产品的可靠性指标进行检验和评价。

（3）可靠性优化和改进：通过运用优化算法和工具，对产品的结构、参数、材料、工艺等因素进行优化选择，以提高产品的可靠性；同时，通过分析试验数据和现场数据，找出产品的可靠性问题和改进方向，采取相应的措施进行改进。

11.1.1 CAE 分析软件

Ansys 和 Adams 是两种常用的 CAE 分析软件，它们在可靠性分析中有着广泛的应用。

Ansys 可以进行静力学、动力学、热力学、流体力学等多领域的耦合分析，可以考虑材料的非线性、疲劳、损伤等因素，从而预测其寿命和可靠性。

Adams 主要用于动力学仿真，可以模拟各种机械系统的运动和受力情况，从而评估其性能和寿命。Adams/Insight 是 Adams 中的一个附加模块，可以设计复杂的试验方案，专门用于参数化虚拟样机的试验设计及试验结果的统计分析。运用 Adams/Insight 提供的仿真试验设计功能，可以在考虑多随机因素影响下对机构进行多次仿真试验，并对每次仿真试验的输出参数进行仿真分析，通过统计分析来完成机构的工作可靠性评估与分析。

将 Ansys 和 Adams 结合使用，可以实现更高精度和更全面的可靠性分析，为机械设计和优化提供有力的支持。

11.1.2 可靠性仿真分析

11.1.2.1 振动仿真分析

随着数字化设计技术逐渐成熟并在装备产品研制工作中广泛应用，对产品并行设计和集成制造具有极大支撑作用。数字化设计和制造等先进技术手段的出现彻底改变了传统"试验—分析—改进"的串行研制模式,产品数字样机将逐渐取代研制过程中用于工程分析的实物模型或物理样机。依托产品数字化研制环境的计算机辅助工程技术强大建模和仿真能力,为克服现有可靠性技术设计分析存在的不足、创新可靠性工程技术以及实现可靠性与产品性能的一体化设计等,提供了极为重要的基础支撑条件。对产品可靠性影响较大的振动载荷条件,可以利用 CAE 技术分析复杂产品结构强度、刚度、屈曲稳定性和动力响应等特性,并进一步定量分析产品薄弱环节的应力和应变,以及应力和应变历程对产品可能的损伤或其他影响。

振动载荷对产品可靠性的影响主要是振动会导致产品的动态变形、位移和损伤等。振动诱发的典型故障模式包括疲劳、断裂、磨损、紧固件松动、机械卡塞、电触点的间断、带电元件间的短路、密封失效、光学上的失调等。

1. 振动仿真分析的过程

振动仿真分析的过程主要包括有限元(FEA)建模、模态分析、模型修正与验证、振动响应分析等。其步骤如下:

第一步是建立产品的计算机辅助设计(CAD)模型。一般应按照产品结构的详细设计图纸建立 CAD 模型,在满足分析要求的情况下可对几何模型进行适当简化。

第二步是建立 FEA 模型分析产品的动态特性,FEA 仿真模型可以在第一步所建立的 CAD 模型基础上,根据产品振动分析的特点(如细节的简化、降维处理、结构等效和对称的利用等)进行建模。FEA 建模主要包括模型简化、网格划分、单元选择、材料属性和边界条件设定等工作。

第三步是根据建立的 FEA 模型进行模态分析,识别出产品的模态参数,为结构系统的振动特性分析、对产品的影响提供分析依据。

第四步是 FEA 模型的修正。为了保证 FEA 模型的准确性,可通过实物试验对初始模型进行修正。一般根据测试结果对 FEA 模型进行修正,直至计算与试验相对误差满足要求。

第五步,将修正后的 FEA 模型通过加载振动环境载荷,计算产品在稳态振动激励和随机振动激励载荷下的响应,计算产品各位置点的最大位移以及薄弱区域的应力水平。

第六步是分析振动载荷对产品的影响以及影响的程度,例如累积疲劳循环数是否满足规定的要求。

2. 影响振动仿真分析准确性的主要因素

(1) 产品的结构参数,如产品的几何参数、材料参数和阻尼参数等。

(2) 产品的约束参数,如内部约束和外部约束条件等。

(3) 有限元分析建模方法,如网格划分节点数、有限单元的类型等。

(4) 有限元的求解方法,如分析的参数和分析的方法等。

(5) 影响分析,如疲劳损伤模型分析的精度等。

11.1.2.2 温度仿真分析

温度是产品贮存、运输和使用中遇到的环境条件之一。温度自身及温度与其他环境综合作用,可对产品可靠性产生重要影响。例如,高温往往引起热老化、氧化、结构变化、化学反应、软化熔化及升华,以及液体黏度下降和蒸发、物理膨胀等现象。低温使液体黏度增加和固化,出现材料脆化、物理收缩、产品内结冰等现象。温度循环或温度冲击造成不同材料结合部位由于热胀冷缩的不同步而产生热机械应力。温度和其他环境条件如湿度、盐雾等会对产品产生综合性影响。

1. 温度仿真分析的流程

采用计算流体分析(CFD)技术进行温度仿真分析的流程一般包括产品 CFD 建模、温度求解和后处理、温度场或温度场变化对产品的影响分析等。其中,建模工作需要建立产品的 CAD 几何模型,设定几何材料属性、边界条件、环境条件和初始状态等参数条件,进行模型的网格划分以及后台的求解和前台的显示等。

2. 影响温度仿真分析准确性的主要因素

(1)模型参数。初始建立的 CAD 模型应在保留传热特性的基础上尽量简化几何细节,简化处理是为了适应网格划分的需要。

(2)材料参数。需要设定几何材料属性,如材料导热率和泊松比等参数。CFD 软件通过这些参数来描述具体的温度相关的物理问题,这些参数的设定是否准确将直接影响求解结果的正确性。在参数的选取过程中,由于各种原因,部分参数可能不容易获得,这需要建模分析人员的相关经验来处理类似问题,例如电路板的综合导热率等。

(3)网格划分。网格划分的目的是将连续的物理场分割成离散的物理场。每一个离散的网格内保存了描述传热问题的物理变量,因为需要求解各离散变量之间的数学关系方程。离散变量的分布即网格质量的好坏对计算结果有显著的影响,所以在划分网格过程中需要关注生成的网格质量。衡量网格质量好坏的标准一般包括网格变化率、扭曲率、长宽比等。

(4)输入经验参数建模。经常会遇到某种或者多种参数无法确认的情况,此时需要根据工程经验来输入经验参数,因此在有物理实测时尽可能通过物理实测来修正参数。

11.1.2.3 电应力仿真分析

采用电路设计自动化分析(EDA)技术的建模与仿真手段,建立电路功能的计算机仿真模型,分析电路在元器件电参数偏差与退化、环境温度偏差,以及元器件、功能模块各种故障情况下的电路输出特性,分析电路在寿命周期内的健壮性和可靠性水平,并采取必要的设计改进措施优化电路设计,提高电子产品的可靠性。

1. 电应力仿真分析的过程

电应力仿真分析的过程包括产品 EDA 仿真模型建模(含元器件建模和产品电路建模)和电路功能可靠性分析两部分。

元器件建模根据器件类型分为模拟器件建模、数字逻辑门器件建模、软件编程器件建模、硬件编程器件建模、数模混合器件建模等各种器件的建模方法;按照目前 EDA 软件提供的建模方式,又可分为参量化模板、宏模型、MAST 语言描述、协同建模等;电路功能单元或设备级的电路建模是在器件模型基础上的搭接,需要根据产品研制进度和产品层次选择合适的建模方式,分为自顶向下和自底向上两种建模方式。建立的电路 EDA 模型应经过测试验证其对电路模拟的正确性。

2. 建立影响因素的可仿真的基础故障模型

要实施器件故障、电性能退化等对产品影响的仿真分析，还应建立这些影响因素的可仿真的基础故障模型。基于 EDA 建模可以通过修改器件电路参数等方式实现，器件级别的故障模式建模方法及其分类主要包括：模拟器件的开路、短路、参数漂移；数字器件的开路、短路；输出固定的高电平、输出固定的低电平；输出逻辑错误、接口电平范围模糊、输入输出延时增加、与时间历程相关的电性能参数退化等。

在上述建立的 EDA 模型及基础故障模型的基础上，可以开展电应力瞬态和稳态降额分析、电性能退化分析以及电磁干扰等外部激励影响分析，一般通过故障注入的仿真分析方式进行。根据分析结果对电路及其设计防护措施进行优化。

11.1.2.4 耐久性仿真分析

耐久性通常用耗损故障前的时间来度量，而可靠性常用平均寿命和故障率来度量。传统的耐久性分析适用机械产品，也可用于机电和电子产品。耐久性仿真分析的重点是尽早识别和解决与过早出现耗损故障有关的设计问题，通过分析产品的耗损特性可以估算产品的寿命，确定产品在超过规定寿命后继续使用的可能性，为制订维修策略和产品改进计划提供有效的依据。

估计产品寿命必须以所确定的产品耗损故障特性为依据。如果可能，最好的办法是进行寿命试验来评估，也可以通过使用中的耗损故障数据来评估。威布尔分析法是目前常用的一种寿命估算方法，该法利用图解分析来确定产品故障概率（百分数）与工作时间、行驶里程和循环次数的关系。

耐久性仿真分析的基本步骤如下：

（1）确定工作与非工作寿命要求。

（2）确定寿命剖面，包括温度、湿度、振动和其他环境因素，从而可量化工作载荷和环境载荷，确定运行比。

（3）识别材料特性，通常采用手册中的一般材料特性；若考虑采用特殊材料，则需进行专门试验。

（4）确定可能发生的故障部位。

（5）确定在所预期的时间（或周期）内是否发生故障。

（6）通过建模仿真分析或者用相似产品数据计算零部件的寿命。

耐久性仿真分析涉及复杂的分析和计算工作，在注重基础数据积累的同时，应充分利用数字化建模仿真分析手段进行。

11.2 有限元方法

GJB 450B《装备可靠性工作通用要求》明确提出了进行有限元分析的工作项目要求，即"在设计过程中对产品的机械强度和热特性等进行分析和评价，尽早发现承载结构和材料的薄弱环节及产品的过热部分，以便及时采取设计改进措施"。实际上，有限元方法除了在应力强度分析和热分析方面的应用外，还可以应用于振动分析、疲劳寿命分析以及可靠性分析等。

11.2.1 有限元方法的基本思想

有限元方法是在差分法和变分法的基础上发展起来的一种数值方法,其基本思想可归结为两个方面:①离散;②分片插值。

11.2.1.1 离散

离散就是将一个连续的求解域人为地划分为一定数量的单元。网格单元之间的连接点称为节点,单元之间的相互作用只能通过节点传递。通过离散,一个连续体便分割为由有限数量单元组成的组合体,如图 11-1 所示。

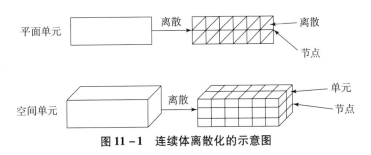

图 11-1 连续体离散化的示意图

离散处理的目的是将原来具有无限自由度的连续变量微分方程和边界条件转换为只包含有限个节点变量的代数方程组,以利于用计算机求解。有限元方法的离散思想借鉴差分法,但做了适当改进。首先,差分法是对计算对象的微分方程和边界条件进行离散,而有限元方法是对计算对象的物理模型本身进行离散,即使该物理模型的微分方程尚不能列出,但离散过程依然能够进行。其次,有限元法的单元形状并不限于规则网格,各个单元的形状和大小也并不要求一样,因此在处理具有复杂几何形状和边界条件以及在处理具有像应力集中这样的局部特性时,有限元方法的适应性更强,离散精度更高。

11.2.1.2 分片插值

变分法是在整个求解域用一个统一的试探函数逼近真实函数。当真实函数性态在求解域内趋于一致时,这种处理是合理的;但如果真实函数的性态很复杂,再用统一的试探函数就很难得到较高的逼近精度,或者说要得到较高的精度就需要阶次很高的试探函数。同时,由于不能在求解域的不同部位对试探函数提出不同的精度要求,往往由于局部精度的要求使求解很困难。所以变分法一般用于求解函数较规则和边界条件较简单的问题。分片插值的思想是有限元方法与里兹法的一个重要区别,它是针对每一个单元选择试探函数(也称插值函数),积分计算也是在单元内完成。由于单元形状简单,所以容易满足边界条件且用低阶多项式就可获得整个区域的适当精度。对于整个求解域而言,只要试探函数满足一定条件,当单元尺寸缩小时,有限元解就能收敛于实际的精确解。

有限元方法是差分法的一种发展,又可以看作里兹法的一种新形式,它既兼顾了两者的优点,同时又克服了各自的不足,具有更大的优越性和实用性,主要表现在以下几个方面:

(1) 能够分析形状复杂的结构。

(2) 能够处理复杂的边界条件。
(3) 能够保证规定的工作精度。
(4) 能够处理不同类型的材料。

11.2.2 有限元分析的基本过程

有限元模型（FEM）是进行有限元分析的计算模型。有限元模型为有限元计算提供所有必需的原始数据。有限元建模是整个有限元分析过程的关键，模型是否合理将直接影响计算结果的正确性和精度、计算时间的长短、存储容量的大小以及计算过程是否能够完成。尽管分析各类问题（如静力分析、动力分析、热分析等）的内容不尽相同，相应的有限元方程也不同，但分析过程是相似的。从应用角度出发，有限元分析过程如图 11 – 2 所示，可划分为 3 个阶段：前处理、计算求解和后处理。

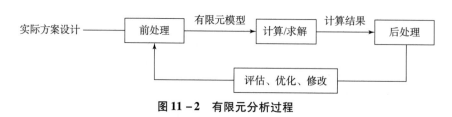

图 11 – 2　有限元分析过程

1. 前处理

前处理的任务就是建立有限元模型，又称建模。其主要任务是将实际问题或设计方案抽象为能为数值计算提供所有输入数据的有限元模型，该模型定量地反映了分析对象的几何、材料、载荷、约束等各个方面的特性。建模的中心任务是离散，围绕离散需要完成很多与之相关的工作，如结构形式处理、几何模型建立、单元类型和数量的选择、单元特性定义、网格划分、单元质量检查、编号顺序优化以及模型边界条件定义等。

2. 计算

计算的任务是基于有限元模型完成有关的数值计算，并输出需要的计算结果。其主要任务包括单元和总体矩阵的形成边界条件的处理和特性方程的求解。由于计算的运算量非常大，这部分工作主要由计算机完成。除计算前需要对计算方法、计算内容、计算参数和工况条件等进行必要的设置和选择外，一般不需要人工干预。

3. 后处理

后处理的任务是对计算输出的结果进行必要的处理，并按一定方式显示或打印出来，以便对分析对象的性能或设计的合理性进行分析、评估，进一步进行相应的改进或优化。

在有限元分析的 3 个阶段中，前处理（建模）是最为关键的环节，图 11 – 3 为有限元建模的一般步骤。

11.2.3 有限元方法的应用场合

有限元方法可以应用在与可靠性密切相关的静力分析、动力分析、热应力分析、疲劳寿命分析以及随机概率有限元分析等场合。

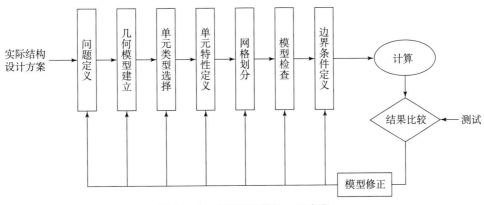

图 11-3 有限元建模的一般步骤

11.2.3.1 静力分析

静力分析是有限元方法最简单、最基本、最常见的一类应用领域,主要用于计算结构(件)在固定不变的载荷(静力)作用下的响应,如应力和应变和力。静力分析不考虑惯性和阻尼的影响。静力分析可以是线性的也可以是非线性的,其中非线性的情形包括大变形、塑性蠕变、应力钢化、接触单元以及超弹性单元等。

在可靠性分析工作中,静力分析的结果(包括应力、应变等)可直接作为进一步进行其他深入分析的基础数据,如机械可靠性中的应力与强度分析、结构件的耐久性分析、电子产品封装的故障机理分析等。

11.2.3.2 动力分析

工程中有许多承受动载荷(随时间变化)作用的产品,如受路面激励的车辆、受风载干扰的雷达、受海浪冲击的海洋平台等,需要对其进行动态分析,了解其动态特性;同时,还要对其在动载荷作用下的可靠性进行分析(如机载设备结构在气动载荷下的可靠性)。动态分析又称动力分析,包括固有特性分析和响应分析。固有特性由固有频率、模态振型、模态刚度和模态阻尼比等一组模态参数定量描述,它由结构本身(质量和刚度分布)决定,而与外部载荷无关,但决定了结构对动载荷的响应。固有特性分析就是对模态参数进行计算,其目的就是避免结构出现共振和有害的振型,同时为响应分析提供必要依据。响应分析是计算结构对给定动载荷的各种响应特性,包括位移响应、速度响应、加速度响应以及动应力和动应变等。

在动态分析中结构的各种响应常常用时间历程曲线表示,结构的振型常用变形图或动画显示,其他模态参数可通过列表方式列出。

在可靠性分析工作中可应用的情形包括零部件受振动、冲击载荷作用以及飞机结构受气动载荷作用、电子封装结构受跌落冲击作用等。

11.2.3.3 热应力分析

热分析的目的是计算在给定热边界条件(热环境)下结构或区域内部的温度分布,进而求出由于温度变化引起的热变形和热应力。

热量传递有3种方式：传导、对流和辐射。在可靠性分析中主要是解决热传导问题。在热分析中，一般首先计算每个节点的温度值（即温度分布），然后计算结构的热变形和热应力。结构温度变化时将发生热变形，如果热变形是自由的，它不会引起内部应力。但如果结构内部受热不均匀或受外界约束时，其热变形就要受到内部各部分的相互制约和外界的限制，从而在结构内部产生应力，这种温度变化而形成的应力称为热应力。可以将产生热应力的温度变化视为一种载荷，称为温度载荷。这是一种典型的热—应力两场合问题。

在热分析中，可以按一定方式显示结构的温度、热变形热应力分布和热流情况，进一步研究分析结果的合理性和精度，用以评估设计的优劣，并采取相应的改进措施或控制措施。

11.2.3.4 疲劳寿命分析

疲劳是指结构在低于静态极限强度载荷的重复作用下出现断裂破坏的现象，如一根能承受 300 kN 拉力作用的杆件，在 100 kN 的循环载荷作用下，经历 10^6 次循环后可能发生破坏。影响疲劳故障的主要因素如下：

(1) 载荷的循环次数。
(2) 每个循环的应力幅。
(3) 每个循环的平均应力。
(4) 存在局部应力集中现象

在疲劳寿命评估中要综合考虑上述各个因素。在有限元分析中，疲劳计算必须在完成应力计算（可以是静应力、热应力等）之后进行，通过定义结构材料的疲劳性质（如 $S-N$ 曲线）设定结构可能发生疲劳的位置来计算在一定应力（载荷）下的疲劳寿命。

完成应力分析后，进行疲劳寿命评估的一般步骤如下：

(1) 定义应力位置事件和载荷数的最大值。
(2) 定义材料的疲劳性质参数。
(3) 确定应力位置和定义应力集中系数。
(4) 保存不同事件和不同载荷下潜在故障位置的应力并指定事件的重复次数和比例系数。
(5) 进行疲劳计算，查看结果。

11.2.3.5 随机有限元/概率有限元与可靠度评估

传统的有限元方法不能考虑变量的随机性，这样限制有限元方法在可靠性分析中的应用，为此产生了随机有限元（又称概率有限元）分析，用于计算和评价系统的可靠性。随机有限元/概率有限元类似于一般的有限元分析，但在分析中考虑了变量的不确定性。随机有限元分析已有一些专用的软件，例如美国应用研究公司（Applied Research Associates，ARA）开发的 Pro FES 机械/机构可靠性分析软件。通用软件 ANSYS 也有概率设计系统（即随机有限元）的分析功能，可以将用户待解的模型、公式或有限元模型快速地生成概率分析模型。该方式的应用除了依赖于相应的算法是否具有足够的分析精度外，还取决于所掌握的随机变量的数据，这也是目前开展可靠性概率设计的主要难处。

不确定因素的来源可能有以下几种：

(1) 载荷的不确定性。

(2) 材料参数的不确定性。

(3) 几何尺寸的不确定性。

(4) 初始条件和边界条件的不确定性。

(5) 计算模型的不确定性等。

在传统的确定性分析中，随机因素的影响被忽略或通过使用比较保守的假定来考虑，如引入意义不明确的安全系数，这些不确定因素有时会导致不经济或者错误的设计。

人们最初的思路是将蒙特卡罗法与有限元法直接结合，称为直接蒙特卡罗法。该方法是建立在大量确定性有限元计算的基础上，对于大型或复杂结构其计算量极大，因而很不实用。从严格意义来讲，该方法还不是真正的随机有限元。之后，分别发展了基于泰勒展开法的摄动法以及诺依曼（Neumann）展开蒙特卡罗法等真正的随机有限元。

有限元分析中的可靠性分析技术可以用来评估模型中的不确定因素对分析结果的影响程度。在可靠性分析中，这些不确定因素是通过统计分布函数进行描述的。常见的分布函数包括正态分布、指数分布、威布尔分布等。可靠性分析可以得到结构发生故障的概率，甚至可以定量地研究结构的安全性，从而在保证可靠性和安全性的基础上，避免不经济的设计。

另外，通过随机概率有限元分析可以一次性地得出所有参数的敏感性而无须反复计算，且在计算可靠度对随机变量的敏感性时无须事先计算出可靠度。通过敏感性分析可以达到以下目的：

(1) 优化结构参数设计。

(2) 指导试验参数设计以及工艺参数的质量控制等。

(3) 方便进行结构（件）的强度和刚度校核。

(4) 提高结构（件）可靠度评估的效率。

11.2.4 有限元分析的注意事项

1. 应用时机

在产品研制进展到材料和设计特性能清晰确定时进行有限元分析最为有效。一般是在初始设计方案确定之后、产品详细设计完成之前进行。

2. 应用对象

对安全和任务关键的机械结构件和产品应尽量实施有限元分析。选择的准则应包括：采用了新材料或新工艺；承受严酷的环境负载条件；承受苛刻的机械负载或热负荷。

3. 建立正确的模型

进行有限元分析的关键是要正确建立产品结构和材料对负载或环境响应的模型，为建立正确的模型需要考虑以下因素：

(1) 产品的几何结构应符合产品实际情况，进行简化时不能忽略产品中特殊形体的结构或部位（如尖角、凸台接头等）。

(2) 产品的材料参数设置应准确，必要时可做适当试验，获取实际的材料特性参数。

(3) 施加的载荷和约束应反映了产品的实际工况，尤其应关注产品寿命周期内最大（最严酷）的载荷条件。

(4) 根据产品结构的实际情况选择合适的单元划分网格，对结构重要部位或潜在故障部位应进行更细化的网格划分。

4. 成本权衡

由于有限元分析费时，所需费用也高，对于所分析项目应当仔细选择，一般需要识别出有可能对安全性产生影响的产品、材料或结构。在有限元分析中，单元网格划分是十分烦琐和效率低下的工作，现在已经有很多有限元分析软件实现了网格自动生成功能，并有极强的前后处理功能，因此工程人员进行有限元分析时应当尽量利用成熟的有限元分析软件。

11.2.5 击针有限元分析（以某击发机构为例）

1. 分析背景

以某击发机构为例。某击发机构是转管武器的重要组成部分，在武器发射时，击针在冲击力的作用下猛烈地撞击底火，使底火壳发生变形；底火内的击发药受到猛烈的挤压而被点燃，并进而引燃发射药。击发机构在武器发射中占有重要的地位。

2. 几何建模

在有限元前处理过程中，最重要的工作就是几何建模。以 7.62 mm 转管武器机械击发机构为例，将几何模型导入有限元中的 Design Modeler 平台，如图 11-4 所示。在几何模型中，考虑闭锁完全时，击针在释放的瞬间到撞击底火的过程，其中击针尖与弹药底火壳的距离为 5 mm。

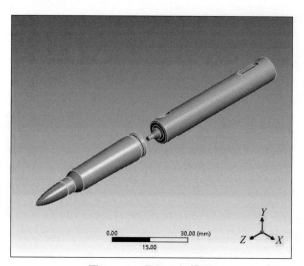

图 11-4 导入几何模型

建立工程数据（有限元在分析系统中采用的材料数据），击针和底火壳的材料特性参数如表 11-1 所示。

表 11-1　击针和底火壳的材料特性参数

名称	材料	材料模型	弹性模量 E/GPa	泊松比 μ	密度 ρ /(kg·m^{-3})	屈服极限 σ /MPa
击针	25Gr2NiWA	随动弹性	217	0.27	7 900	1 030
底火壳	7H68	随动塑性	100	0.42	8 530	400

在有限元计算中，只有网格的节点和单元参与计算。有限元采用 Design Meshing 平台生成网格，如图 11-5 所示。由于击针、弹药几何尺寸相对较小，故采用四面体网格划分中的 Patch Conforming 法，在收缩控制和虚拟拓扑时会基于最小尺寸限制改变默认损伤外貌，有高级尺寸功能。Element Size 设为 0.5mm，Relevance Center 设置为 Fine，可以达到细化网格的目的。

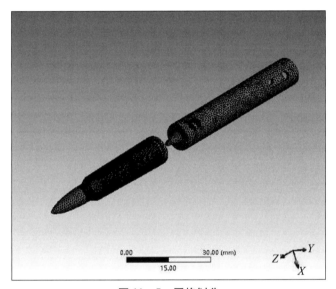

图 11-5　网格划分

在网格划分结束后，查看单元格质量。

3. 边界条件设置

（1）根据击针在释放的瞬间到撞击底火时的速度，将该速度以表格的形式施加在击针上。

（2）击针尖和底火壳之间施加接触。

4. 仿真结果分析

击针尖在和底火壳撞击的过程中，总变形分析云图如图 11-6 所示，最大值出现在击针尾端处，最小值出现在击针头处。通过碰撞处截面图来看，在底火壳处可以清晰看到塑性变形出现。

通过等效应力云图（图 11-7）分析，得到击针与底火壳碰撞时击针尖处的等效应力值最大，为 979.41 MPa；击针材料的屈服极限为 1 030 MPa。在碰撞过程中，可能会出现击针尖局部塑性变形。

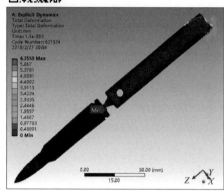

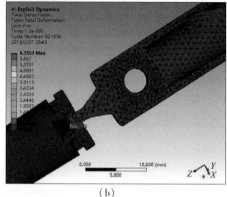

(a)   (b)

图 11-6　总变形分析云图

(a) 全局显示；(b) 局部显示

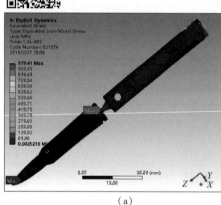

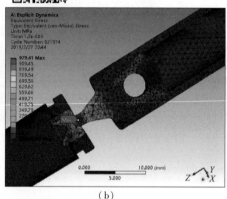

(a)   (b)

图 11-7　等效应力云图

(a) 全局显示；(b) 局部显示

通过等效应变分析云图（图 11-8）可以看出，碰撞过程中，最大等效应变值为 0.152 mm，最小等效应变值为 2.7~7 mm。在局部显示中，清晰看到底火壳产生塑性变形，最大等效应变值发生在底火壳处。

安全系数云图如图 11-9 所示。击针在撞击底火过程中，整体来说击针安全系数都比 1 大，满足强度安全要求。如图 11-10 所示，安全余量云图也证明击针安全余量足够，满足强度可靠性要求。

在碰撞过程中，应力比云图如图 11-11 所示，最大应力比出现在击针尖处，说明击针尖容易发生裂纹，应考虑材料处理。击针尖在撞击底火过程中，不考虑击针尖的磨损情况，其疲劳寿命为 6 026 次，击针疲劳寿命云图如图 11-12 所示。击针工作过程中，可以利用材料处理等方式增强击针的使用寿命，进而提高可靠性。

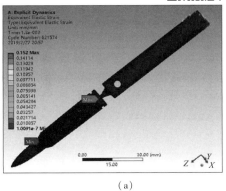
(a)

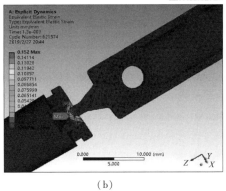
(b)

图 11-8 等效应变云图

(a) 全局显示；(b) 局部显示

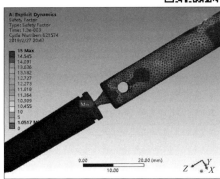

图 11-9 安全系数云图

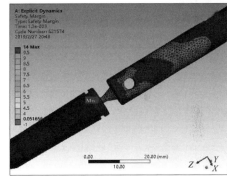

图 11-10 安全余量云图

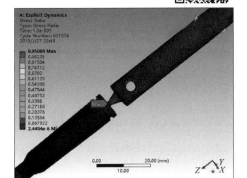

图 11-11 应力比云图

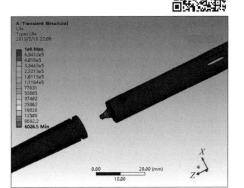

图 11-12 击针疲劳寿命云图

11.3 可靠性设计分析集成平台与应用

可靠性设计与分析集成平台以实现可靠性与性能的并行设计为目标，以软件数字化环境为依托，充分考虑可靠性性能进行构建。该平台可以实现可靠性与专业间进行充分的数据共享，同时能将可靠性工作合理地融入产品研制过程当中，形成规范有序的并行设计流程。在此基础上，充分发挥可靠性与专业之间的协同效应，最终实现可靠性与性能的同步设计与综合优化。

11.3.1 搭建集成平台的步骤

在数字化环境中建立可靠性设计与分析框架是一项较大的系统工程，需要以可靠性系统工程思想为指导，以满足系统工程过程为约束进行实施。主要工作分为4个阶段。

第一阶段：需求调研与分析阶段

充分调研企业现有的数字化环境现状以及可靠性设计分析工具使用情况、可靠性与性能并行设计的需求，从而评估集成平台的构建可行性及主要问题，并明确需要进一步开发的主要内容。

第二阶段：并行开发与实施阶段

系统梳理可靠性工作项目间的数据共享需求，经过归纳和综合，建立全局的数据模型。根据各项工作之间的数据依赖关系以及并行设计经验和工程习惯，制订并行设计流程。通过对软件平台进行二次开发，建立集成平台；同时，根据可靠性应用实际需求，开发并完善可靠性设计分析工具、工程数据库并进行集成。

第三阶段：配置、调试和试用阶段

在集成平台的基础上，根据产品开发需求，进行人员、组织、权限、工具、流程等的配置与实施。经调试通过后进行试用。

第四阶段：效果评价与正式运行阶段

对集成平台运行效果进行评价，并进行适应性改进，全部完成后，转为正式运行。

11.3.2 某转管武器可靠性设计分析平台

为研究某转管武器的机构运动可靠性，基于Adams环境，进行可靠性设计与分析集成平台的搭建。Adams环境下机构运动可靠性分析系统流程如图11-13所示。

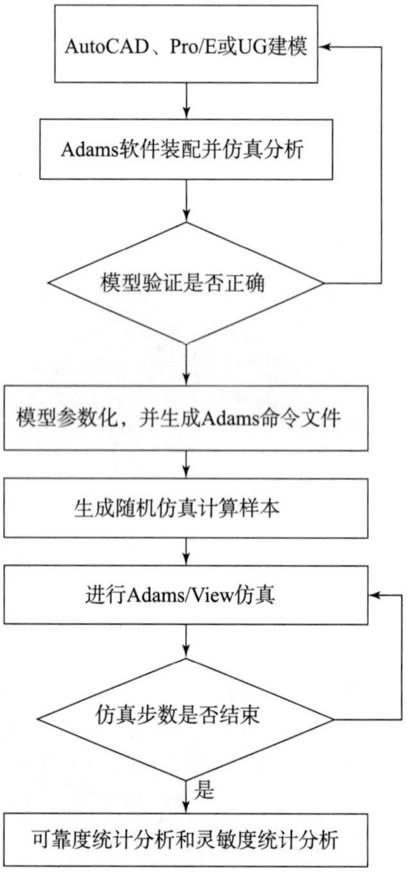

机构运动可靠性分析系统数据流设计如图11-14所示。

图11-13 Adams环境下机构运动可靠性分析系统流程

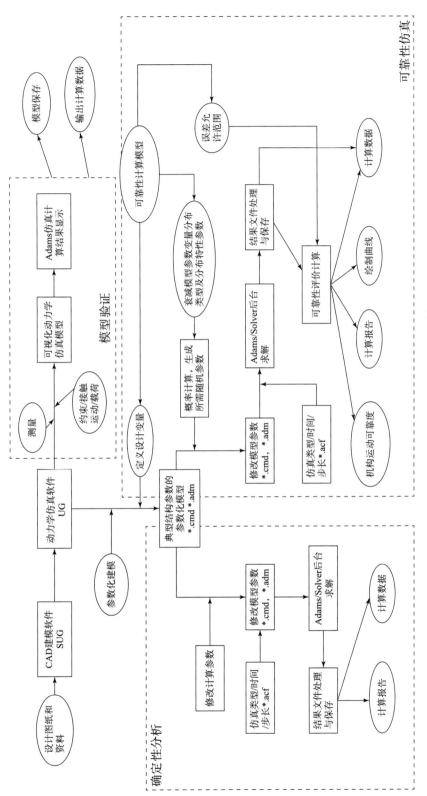

图11-14 机构运动可靠性分析系统数据流设计

机构运动可靠性仿真分析系统主要由机构动作确定性分析、机构动作可靠性仿真分析、仿真结果分析、计算数据与计算报告 4 部分组成，如图 11 – 15 所示。

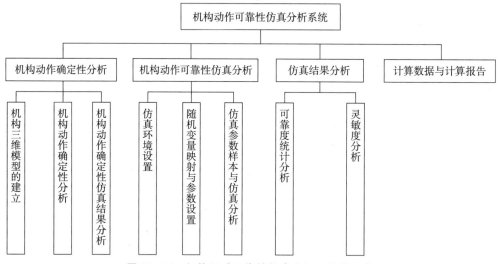

图 11 – 15　机构运动可靠性仿真分析系统的组成

通过调用商业 CAD 软件（UG、Pro/E、Auto CAD）和 CAE 软件（MSC Adams）实现机械机构参数化模型的建立与动力学仿真。在机构动力学仿真的基础上，应用可靠性理论对仿真结果数据进行机构动作可靠性仿真分析与灵敏度分析，评估机构的可靠性水平，确定机构动作可靠性影响因素的程度，软件系统界面如图 11 – 16 所示。

图 11 – 16　软件系统界面

11.3.2.1　机构动作确定性仿真分析模块

机构动作确定性仿真分析模块主要实现对参数化模型进行确定性仿真，仿真后所得到的数据作为理想运动规律值。

机构动作确定性仿真分析模块主要包括以下 3 项：

（1）三维实体建模。

（2）确定性仿真。

(3) 确定性仿真结果分析。

机构动作确定性分析模块主要实现以下功能：

(1) 调用专业三维实体建模软件，如 Solid Edge、Pro/E、Solid Works 等，实现对各类自动机和供输弹机等复杂机构的三维实体建模（CAD 建模）。

(2) 调用 MSC. Adams/View 模块，实现 CAD 模型的导入和模型约束、运动、载荷等添加，构建机构动力学模型。

(3) 依据建模指南的规定添加或修改设计变量，实现模型结构的参数化，构建动作可靠性数字化样机。

(4) 保存模型文件，导出为模型命令文件（*.cmd）。

进行机构动作确定性仿真分析时，首先，设置工作路径、Adams 安装路径（即 mdi.bat 路径）、仿真输入 *.cmd 文件（模型命令文件）以及结果输出文件；其次，设置计算方案，点击增加计算方案，在这里可以修改变量的数值（设 DV_1 为 0.8 N/mm，DV_2 为 28 N），然后设置仿真时间 $t=0.025$ s、仿真步长 Step = 100，选择仿真方案号：1；最后确定仿真设置，进行仿真。设置完毕后，仿真环境设置界面如图 11 - 17 所示。

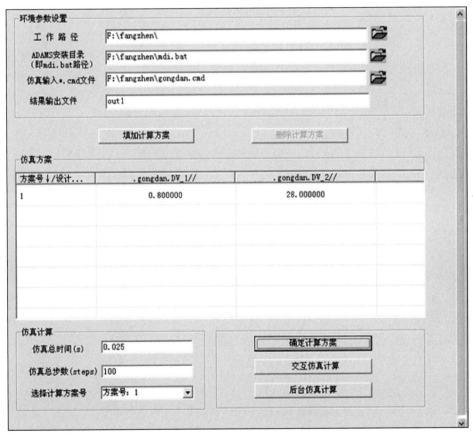

图 11 - 17 仿真环境设置界面

参数设置界面如图 11 - 18 所示。

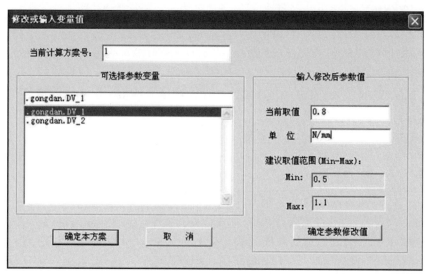

图 11-18　参数设置界面

点击机构动作确定仿真结果分析,弹出结果,显示对话框结果,数据界面如图 11-19 所示,进而可以显示仿真所得到的击针的速度、加速度和位移曲线,并可查看各项结果数据。

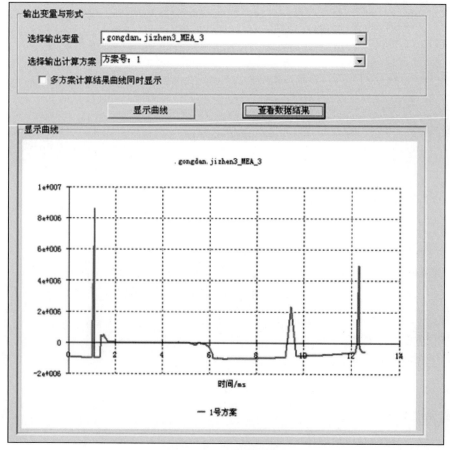

图 11-19　结果数据界面

11.3.2.2 机构动作可靠性分析模块

机构动作可靠性仿真模块可以根据机构动作可靠性分析的需要,自动生成可靠性仿真分析模型,执行运动学/动力学仿真以及保存仿真结果的循环操作。机构动作可靠性分析模块是机构运动可靠性分析系统的核心模块,其主要功能如下:

(1)仿真环境的设置。
(2)随机变量的映射和参数设置。
(3)仿真参数样本和仿真分析。

该模块的执行流程步骤如下:

第一步:根据需要设置循环仿真次数(即仿真样本数目)N、仿真的时间 T 和步长 Step。

第二步:建立伪随机数子程序。

第三步:调用产生随机数的子程序生成随机样本,进而修改模型结构尺寸,生成以便分析用的可靠性模型。

第四步:建立测量对象子程序。

第五步:执行 Adams 仿真,输出仿真结果文件(包括速度、加速度、位移),保存测量结果。

第六步:调用删除测量对象子程序。

在上述步骤中,第一步中的循环仿真次数为机构运动可靠性的抽样次数,其中样本的抽样类型包括随机抽样、标准抽样和拉丁抽样。仿真时间 T 和步长 Step 可以根据需要进行自行设定。

第二步至第六步是循环仿真部分,直到次数达到抽样次数 N 为止,并输出仿真结果。

第二步和第三步是产生随机数的过程,首先根据设计变量的数目,产生区间均匀分布一组伪随机数,然后根据变量的分布类型抽样公式生产随机数据,产生符合实际的、适用于机构动作可靠性分析的模型。

第四步是建立测量对象子程序。

第五步是执行 Adams 仿真,输出仿真结果文件,保存测量结果。需要注意的是,所输出的仿真结果文件的名称是一个变量,从而保证每次仿真的结果文件被保存下来不被下一次的仿真结果文件覆盖。

第六步是调用删除测量对象子程序。

进行机构动作可靠性分析时,首先要设置仿真初始条件。主要包括工作路径、Adams 的安装目录(即 mdi.bat 路径)、仿真输入 .cmd 文件,结果输出文件名称:random。设置完毕后,点击保存输入数据,将上面的设置保存起来,如图 11-20 所示。

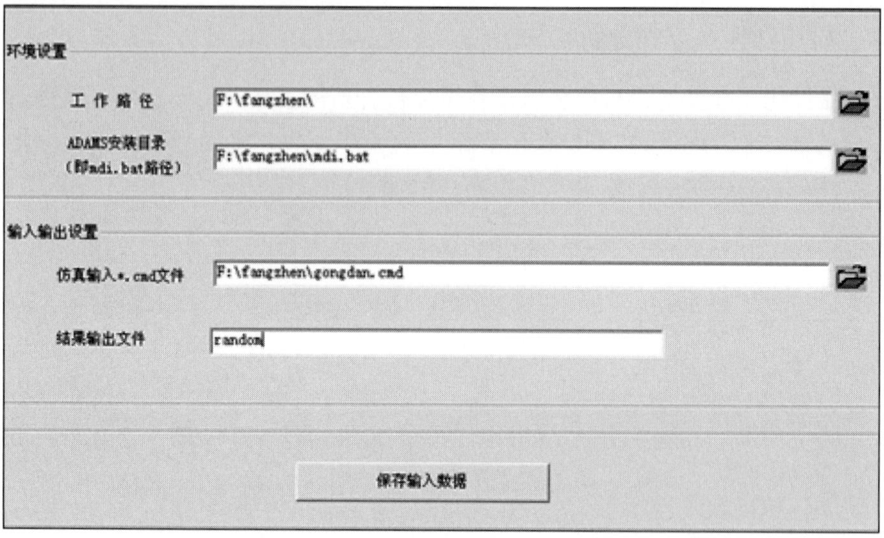

图 11-20 动作可靠性仿真初始设置界面

然后是击针参量设置，主要内容包括变量值的大小、变量的分布类型（包括正态分布、对数正态分布、威布尔分布、指数分布）设置等。以上这些设置是很关键的，因为根据这些设置，将生成用来下次仿真所需的随机样本，如图 11-21 所示。

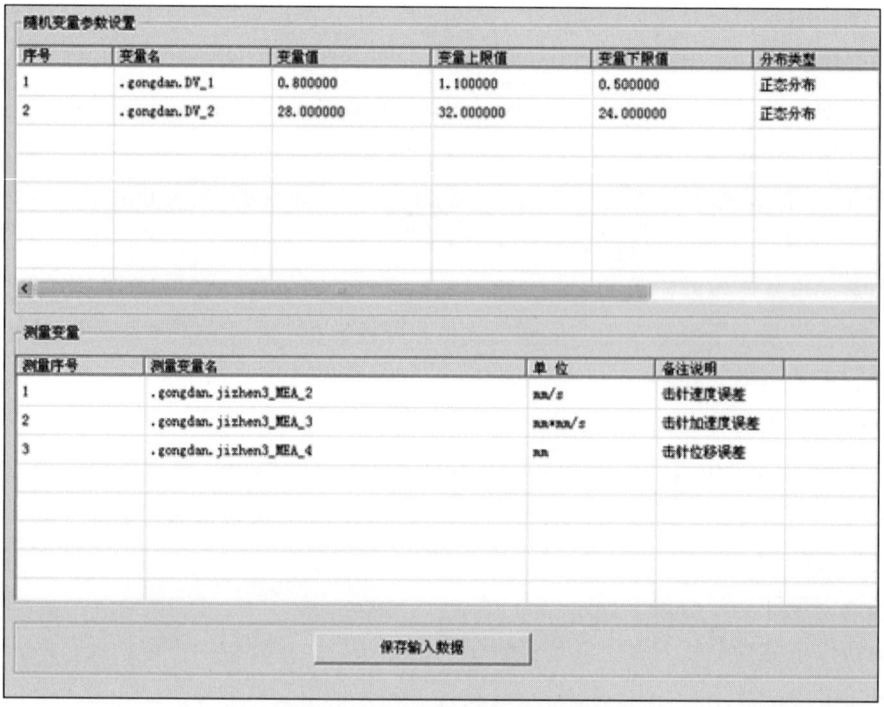

图 11-21 击针参量设置界面

最后进行可靠性仿真分析。首先对上一步产生的随机数据进行抽样（包括标准随机抽样、拉丁抽样、分层抽样），得到两个参量的 50 组随机样本数据（图 11-22），然后依据要

求设置仿真时间 $t = 0.022$ s、仿真步长 Step = 100 步,起始仿真计算样本号:1。

图 11 – 22　随机样本数据界面

保存当前数据设置后点击 AView 后台仿真计算,系统调用 Adams 进行后台解算,由 gongdan_Random_simulate. cmd 文件循环调用生成的 50 组随机样本 gongdan_1. cmd ~ gongdan_50. cmd 进行后台仿真,保存后的数据结果文件为 gongdan_1.0 ~ gongdan_50.0。对这 50 组数据进行分析即可得到击针的速度、加速度、位移可靠度。

某供弹机构可靠性分析

第 12 章
可靠性试验与数据分析

12.1 可靠性试验

12.1.1 可靠性试验的目的

可靠性试验是通过施加典型环境应力和工作载荷的方式,用于剔除产品早期缺陷、增长或测定产品可靠性水平、验证产品可靠性指标、评估产品寿命指标的一种有效手段。可根据需要达到的目的在产品的设计、研制、生产和使用阶段,进行不同类型的可靠性试验。

可靠性试验是对产品的可靠性进行调查、分析和评价的一种手段。它不仅是为了用试验数据来证明产品可靠性(可以接受或拒收、合格与不合格等),其主要的目的是对产品在试验中发生的每一个故障的原因和后果都要进行细致的分析,并且采取有效的纠正措施。可靠性试验主要有以下目的:

1. 发现产品在设计、元器件、零部件、原材料和工艺方面的缺陷

产品的可靠性是设计出来的,因此提高产品可靠性的关键是充分利用各种可靠性设计和分析技术对产品进行严格设计。然而,即使是经验丰富、功底深厚的设计师,设计的产品也不可能没有缺陷,这些设计缺陷仅靠图纸检查、原理演示甚至仿真试验是不可能全部识别的。经验表明,大约有 70% 的设计缺陷是通过对样件进行试验发现的,这为改进设计提供了信息。产品设计完善的整个过程实际上是设计(再设计)—试验—分析—改进的反复迭代。因此,可靠性研制试验通常被看成产品设计的组成部分,是强化设计的一种有效手段。

2. 确认是否符合可靠性定量要求或评价产品的可靠性水平

可靠性鉴定试验是设计定型把关的手段之一。在产品设计定型时,通过可靠性鉴定试验可以判断产品的设计是否符合规定的可靠性要求,防止可靠性设计较差、固有可靠性未达到合同规定的产品转入批生产。在产品投入批生产以后,对批生产出厂的产品抽样进行可靠性验收试验,可以判断某批产品的可靠性水平是否达到了规定要求,防止将可靠性达不到规定要求的产品交付给用户,保证交付产品的可靠性。

3. 为产品研制、使用和保障提供信息

如前所述,试验是获取产品信息的过程。各种可靠性试验,特别是可靠性研制试验,除了获取产品的故障信息以外,还可以对新材料、新工艺、新元器件、新设计进行评价,暴露使用过程中可能出现的不安全因素,研究预防故障及危险发生的措施,获取产品对应力响应的特性、产品薄弱环节、产品功能、性能变化趋势等信息,这些信息使人们对产品有了更为全面的了解，可为产品的改进、使用和保障以及评估产品的战备完好性、任务成功性、维修人力费用和保障资源费用提供信息，并为进行有效的可靠性管理提供依据。

12.1.2 可靠性试验的分类

按 GJB 450B《装备可靠性工作通用要求》的规定，可靠性试验分为多个工作项目，如图 12-1 所示。各类可靠性试验工作项目的目的、适用对象和适用时机如表 12-1 所示。

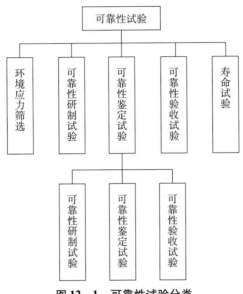

图 12-1 可靠性试验分类

表 12-1 各类可靠性试验工作项目的目的、适用对象和适用时机

工作项目	目的	适用对象	适用时机
环境应力筛选	在产品交付使用前发现和排除不良元器件、制造工艺和其他原因引入的缺陷造成的早期故障	主要适用电子产品（包括元器件、组件和设备），也可用于电气、机电、光电和电化学产品	产品的研制阶段、生产阶段和大修过程
可靠性研制试验	通过对产品施加适当的环境应力、工作载荷，寻找产品中的设计缺陷，以改进设计，提高产品的固有可靠性水平	主要适用电子、电气、机电、光电、电化学产品和机械产品	产品研制阶段的前期和中期
可靠性鉴定试验	验证产品的设计是否达到规定的可靠性要求	主要适用电子、电气、机电、光电、电化学产品和成败型产品	产品设计定型阶段，同一产品已通过环境应力筛选，同批产品已通过环境鉴定试验，产品的技术状态已经固化

续表

工作项目	目的	适用对象	适用时机
可靠性验收试验	验证批生产产品的可靠性是否保持规定的水平	主要适用电子、电气、机电、光电、电化学产品和成败型产品	产品批生产阶段
寿命试验	验证产品在规定条件下的使用寿命、储存寿命是否达到规定的要求	主要适用有使用寿命、储存寿命要求的各类产品	产品设计定型阶段，产品已通过环境鉴定试验，产品的技术状态已经固化

除 GJB 450B《装备可靠性工作通用要求》规定的可靠性试验工作项目外，从当前可靠性试验技术发展与应用的趋势来看，可靠性研制试验包括可靠性仿真试验、可靠性测定试验、可靠性摸底增长试验等。

在产品的不同研制阶段，可根据预期要达到的目标，选择对应的可靠性试验项目。由此可见，明确可靠性试验的目的对如何选取可靠性试验项目及如何设计可靠性试验方案具有指导性和决定性的作用。

12.1.3 环境应力筛选

环境应力筛选（ESS）是为减少早期故障对产品施加规定的环境应力，以发现和剔除制造过程中的不良零部件、元器件和工艺缺陷的一种工序和方法。它用于产品的生产阶段，迫使产品早期的缺陷提前变成故障，以便在产品投入使用前就加以剔除，保障产品在设计过程中获得高可靠性，并对产品的质量和可靠性进行持续监控。

环境应力筛选主要适用于电子产品，也可用于电气、机电、光电和电化学产品。国内外的实践均表明，采用环境应力筛选技术对提高产品可靠性、降低使用维修费用均产生了很大的效益。

一般来说，一个较好的环境应力筛选，可使整机的平均故障间隔时间提高一个数量级。

12.1.3.1 典型环境应力

环境应力筛选所使用的应力主要用于激发故障，而不是模拟使用环境。根据以往的实践经验，不是所有应力在激发产品内部缺陷方面都特别有效，因此，通常仅用几种典型环境应力进行筛选。

1. 恒定高温

恒定高温筛选又称高温老化，是一种静态工艺。通过施加额外的热应力，激发产品缺陷。恒定高温筛选是析出电子元器件缺陷的有效方法，主要用于元器件的筛选，但不推荐用于组件级（印制电路板、单元或系统）的筛选。恒定高温筛选效果远低于温度循环。

2. 温度循环

温度循环时，产品交替膨胀和收缩，在产品中产生热应力和应变。如果某产品内部有瞬时的热梯度（温度不均匀性），或产品内部邻接材料的热膨胀系数不匹配，这些热应力和应变将加剧。这种应力和应变在缺陷处最大。这种循环加载使缺陷长大，最终可大到能造成结构故障并产生电故障。因此，温度循环应力强度高，筛选效果好，常用于组件（部件）、产品（设备）组装等级的筛选。

3. 温度冲击

温度冲击这一方法能够提供较高的温度变化率，产生的温度应力较大，是筛选元器件特别是集成电路器件的有效方法。这一方法用于其他组装等级时，要注意其可能造成的附加损坏。在缺乏具有足够速率的温度循环试验箱的情况下，温度冲击方法是一种替代方法。

4. 正弦振动

正弦振动包括定频正弦振动和扫频正弦振动。定频正弦振动是以规定的加速度量值在某一频率上振动。如果产品缺陷的固有频率不在该频率点上，将不易使缺陷激发并发展成为故障。扫频正弦振动的频率在给定的频段内变化，因而能依次在每个谐振频率点上对产品进行激励，使激发缺陷的能力有所加强。

5. 随机振动

随机振动是在宽频率范围内对产品同时施加振动，使产品在规定频带内的所有谐振频率在规定时间内同时受到激励，使筛选效果大大增强，筛选所需时间大大缩短。

环境应力、应力类型及应力强度、费用和筛选效果如表 12-2 所示。应力强度高、筛选效果好的是随机振动、快速温变的温度循环及其两者的组合或综合。

表 12-2 环境应力、应力类型及应力强度、费用和筛选效果

环境应力	应力类型		应力强度	费用	筛选效果
温度	恒定高温		低	低	不显著
	温度循环	慢速温变	低	较低	不显著
		快速温变	高	较高	好
	温度冲击		较高	适中	较好
振动	扫频正弦		较低	适中	不显著
	随机振动		高	较高	好
组（综）合	温度循环与随机振动		高	高	好

12.1.3.2 各种应力筛选效果的比较

图 12-2 是国外对 13 种应力的筛选效果进行有限调查统计得出的比较，有一定的代表性。它说明温度循环是最有效的筛选应力，其次是随机振动。但激发的缺陷种类不完全相同，两者不能相互取代。

除了元器件筛选采用高温老炼筛选方法，对电路板或者组（部）件级产品，一般采用常规筛选方法。国外已经采用定量筛选和高加速筛选方法。目前环境应力筛选有 4 种方法，设计师应根据产品特点、研发阶段、费用等选择和使用不同的方法。各种应力筛选方法的对比情况如表 12-3 所示。

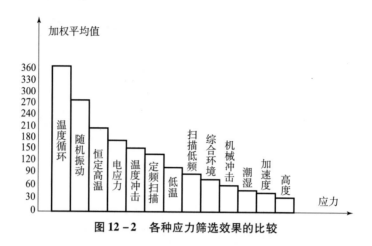

图 12-2 各种应力筛选效果的比较

表 12-3 各种应力筛选方法的对比情况

方法名称	内涵	备注
初始筛选方法	该方法是根据多年来开展环境应力筛选的经验总结出的一个通用性较强的方法。它仅仅是在无法确定常规筛选和定量筛选方法之前，或在研发过程中无法获得产品任何有关信息时可参考或借鉴的一种方法	GJB 1032A-2020
常规筛选方法	该方法是指不要求筛选结果与产品可靠性目标和成本之间建立定量关系的筛选。筛选所用的方法是凭经验确定的，以能筛选出早期故障为目标 常规筛选方法是目前广泛应用的一种方法	GJB 1032A-2020
定量筛选方法	该方法是指要求在筛选效果、成本与产品的可靠性目标、现场故障修理费用之间建立定量关系的方法。产品经定量筛选后应到达浴盆曲线中的故障率恒定阶段 该方法目前在国内实际应用很少，但可能成为环境应力筛选技术发展的一个方向	GJB/Z 34-1993
高加速应力筛选方法	该方法是一种激发试验方法，其理论依据是故障物理学，把产品故障或失效当作研究的主要对象，通过激发、分析和改进产品缺陷达到提高可靠性的目的	无标准

初始筛选方法是根据多年来开展环境应力筛选的经验总结出的一种通用性较强的方法。

在工程实践中，可以按上述各节中提出的设计准则和各类选择原则选择环境应力筛选方法，也可以根据表 12-4 推荐的初始筛选方法，结合产品特点和设备状况等设计产品的筛选方法。

表 12-4 推荐的初始筛选方法

应力类型	应力参数和其他要求	组装等级	
		组件级	单元、设备级
温度循环	温度范围/℃	-55~85	-55~70
	试验箱空气温度变化速率/(℃·min^{-1})	15	5

续表

应力类型	应力参数和其他要求		组装等级	
			组件级	单元、设备级
温度循环	上下限温度保持时间/min		达到温度稳定的时间加 5 min 或性能测试时间（长者为准）	达到温度稳定的时间加 5 min 或性能测试时间（长者为准）
	循环次数		大于等于 25	大于等于 10
	通电/断电工作		不通电	从低温升向高温和高温保温期间，应通电并检测性能，工作时处于最大电源负载状态；高温向低温下降且在低温达到温度稳定以前，应断电。在高低温温度稳定后应通断电源各 3 次
	性能监测		不进行	进行
随机振动	功率谱密度（加速度均方根值）/(g²·Hz⁻¹)		一般不进行振动筛选	0.04
	频率范围/Hz			20～2 000
	振动轴向数（逐次或同时施加）			3
	振动持续时间/min	各轴依次激励		5～10
		各轴同时激励		10
	通电/断电和工作			通电
	性能监测			进行

常规环境应力筛选是指不要求筛选结果与产品可靠性目标和成本之间建立定量关系的筛选。筛选所用的方法是凭经验确定的，仅以能筛选出早期故障为目标。常规筛选方法是目前广泛应用的一种方法。

常规环境应力筛选实施过程一般包括筛选前准备工作、初始性能检测、寻找和排除故障及无故障检验、最终性能检测 4 个阶段。常规环境应力筛选程序如表 12-5 所示。

表 12-5 常规环境应力筛选程序

1	2	3	4
准备工作	初始性能检测	环境应力筛选，施加应力	最后性能检测

续表

1	2	3				4
		3-1		3-2		
		寻找和排除故障		无故障检验		
		3-1A	3-1B	3-2A	3-2B	
检查受筛产品技术状态、试验设备和检测仪器、夹具等	按有关标准和技术文件对受筛产品进行外观、机械及电气性能检测等记录	随机振动	温度循环	温度循环	随机振动	通过无故障筛选产品在规定标准大气条件下运行，按产品技术条件进行性能检测并记录结果
		5 min	10循环/40 h	10循环连续无故障/40 h	5 min 连续无故障	
		〰️	〰️	〰️	〰️	
		—	—	最长不超过20循环/80 h	最长不超过15 min	
		尽最大可能监测性能				性能检测

高加速应力筛选（HASS）技术是20世纪80年代美国学者对环境应力筛选进行大量的深入研究后提出的。高加速应力筛选技术在筛选中为了缩短时间，使用最高的可能应力。因此，高加速应力远大于常规筛选的应力，时间也短得多。高加速应力筛选剖面设计流程如图12-3所示。高加速应力筛选是一种加速环境应力筛选，要求产品必须有足够大的高于标准环境下强度要求的强度余量。高加速应力筛选使用的温度、振动量级、电压和其他激励超过正常的水平，快速地激发出缺陷，从而使筛选更高效更经济。

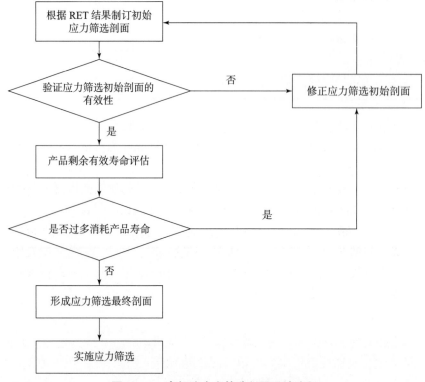

图12-3 高加速应力筛选剖面设计流程

12.1.4 可靠性研制试验与可靠性增长试验

可靠性研制试验与可靠性增长试验同属可靠性工程试验，其目的都是使产品的可靠性得到增长。环境应力筛选的主要作用是排除早期故障，使产品的可靠性接近设计的固有可靠性水平；可靠性研制试验和可靠性增长试验则是通过消除产品中由设计缺陷造成的故障源或降低由设计缺陷造成的故障概率，来提高产品的固有可靠性水平。

可靠性研制试验的目的是通过对产品施加适当的环境应力、工作载荷，寻找产品中的设计缺陷，以改进设计，提高产品的固有可靠性水平。可靠性增长试验的目的是通过对产品施加模拟实际使用环境的综合环境应力，暴露产品中的潜在缺陷并采取纠正措施，使产品的可靠性达到规定的要求。虽然两者的目的都是使产品的可靠性得到增长，但在具体目标、适用时机和环境条件方面又有一定区别，如表12-6所示。

表12-6 可靠性研制试验与可靠性增长试验的区别

项目	可靠性研制试验	可靠性增长试验
具体目标	提高产品的固有可靠性水平	使产品可靠性达到规定的要求
适用时机	研制样机造出之后尽早进行	研制阶段后期，可靠性鉴定试验之前
环境条件	模拟实际的使用环境或加速应力环境	模拟实际的使用环境

12.1.4.1 可靠性研制试验

可靠性研制试验通过对受试产品施加应力将产品中存在的材料、元器件、设计和工艺缺陷激发成为故障，进行故障分析定位后，采取纠正措施加以排除。该试验实际上是一个试验、分析、改进的过程。

根据试验的具体目的和所处的阶段以及施加的应力水平，可靠性研制试验可分为可靠性摸底试验、可靠性强化试验或高加速寿命试验。

1. 可靠性摸底试验

可靠性摸底试验是根据我国国情开展的一种可靠性研制试验。这是一种以可靠性增长为目的，无增长模型，也不确定增长目标值的短时间可靠性增长试验。试验的目的是在模拟实际使用的综合应力条件下，用较短的时间、较少的费用，暴露产品的潜在缺陷，并及时采取纠正措施，使产品的可靠性水平得到增长，保证产品具有一定的可靠性和安全性水平，同时为产品以后的可靠性工作提供信息。

可靠性摸底试验一般在产品有了试验件后就应尽早进行。任何一个武器装备的研制过程都不可能对构成装备的各项产品全部进行可靠性摸底试验，因此，必须考虑武器装备本身的结构特点、重要度、技术特点、复杂程度等因素综合权衡确定试验对象。该试验一般选择较为复杂的、重要度较高的、无继承性的新研或改型电子产品为主要对象。

2. 可靠性强化试验

可靠性强化试验是一种采用加速应力的可靠性研制试验，其目的是使产品设计得更为"健壮"。其基本方法是通过施加步进应力，不断地加速激发产品的潜在缺陷，并进行改进和研制，使产品的可靠性不断提高并使产品耐环境能力达到最高，直到现有材料、工艺技术和费用支撑能力无法做进一步改进为止。

可靠性强化试验是一种激发试验，它将强化环境引入试验中，解决了传统的可靠性模拟试验的试验时间长、效率低及费用大等问题。产品通过可靠性强化试验，可以获得更快的增长速度、更高的固有可靠性水平、更低的使用维护成本、更好的环境适应能力和更短的研制周期。可靠性强化试验具有以下技术特点：

（1）可靠性强化试验不要求模拟环境的真实性，而是强调环境应力的激发效应，从而实现研制阶段产品可靠性的快速增长。

（2）可靠性强化试验是加速应力试验，采用步进应力方法，施加的环境应力不但是变化的，而且是递增的，可以超出规范极限甚至达到破坏极限。

（3）为了试验的有效性，可靠性强化试验必须在能够代表设计、元器件材料和生产中所使用的制造工艺都已基本落实的样件上进行，并且应尽早进行，以便进行改进。

12.1.4.2 可靠性增长试验

可靠性增长试验是指为暴露产品的薄弱环节，有计划、有目标地对产品施加模拟实际环境的综合环境应力及工作应力，以激发故障，分析故障和改进设计与工艺，并验证改进措施有效性而进行的试验。

1. 可靠性增长试验的时机与对象

可靠性增长试验是产品工程研制阶段中单独安排的一个可靠性工作项目，作为工程研制阶段的组成部分。可靠性增长试验属于工程类项目，其任务是通过可靠性增长，保证产品进入批量生产前的可靠性达到预期的目标。

为了有效地完成规定任务，可靠性增长试验通常安排在工程研制基本完成之后和可靠性鉴定试验之前。在这个时机，产品的性能与功能已基本达到设计要求，产品的结构与布局已接近批量生产时的结构与布局，所以故障信息的确实性较高。由于产品尚未进入批量生产，故障信息的时间性尚可，在故障纠正时尚来得及对产品设计进行必要的、较重大的变更。

由于可靠性增长试验要求采用综合环境条件，需要综合试验设备，试验时间较长，需要投入较大的资源，因此，一般只对有定量可靠性要求、新技术含量高且重要、关键的产品进行可靠性增长试验。

2. 可靠性增长模型

可靠性增长试验必须要有可靠性增长模型。可靠性增长模型是一个数学表达式，描述了产品在可靠性增长过程中产品可靠性增长的规律或总趋势。目前，普遍使用的模型是杜安（Duane）模型和 AMSAA 模型。

（1）杜安模型。杜安模型通常采用图解的方法分析可靠性增长规律。根据杜安模型绘制的可靠性参数曲线图，可以反映可靠性水平的变化，并能得到相应的可靠性点估计值。杜安模型适用于不断努力提高可靠性的试验过程，其含义是产品的累积故障率与累积试验时间成函数关系，数学表达式为

$$\ln[N(t)/t] = \ln a - m\ln t \qquad (12-1)$$

式中：$N(t)$ 为到累积试验时间 t 时所观察到的累积故障数；a 为尺度参数，a 的倒数 $1/a$ 是杜安模型累积 MTBF 曲线在双对数坐标纸纵轴上的截距，反映了产品进入可靠性增长试验的

初始平均无故障工作时间（MTBF）水平；m 为杜安曲线的斜率（增长率），m 是累积 MTBF 曲线或瞬时 MTBF 曲线的斜率，表征产品 MTBF 随试验时间逐渐增长的速度。

累积 MTBF 和瞬时 MTBF 分别为

$$M_c(t) = \frac{t^m}{a} \tag{12-2}$$

$$M(t) = \frac{t^m}{a(1-m)} \tag{12-3}$$

杜安模型反映了以下规律：在可靠性增长试验中，前期诱发的故障通常是故障率较高的故障，通过纠正后产品的 MTBF 有较大的提高；而在后期诱发的故障则正好相反，此时，通过纠正后产品 MTBF 的提高量相对比较小一些。

杜安模型在可靠性增长试验中广泛应用，因为它具有很多优点：杜安模型形式简单；模型参数的物理意义容易理解，便于制订增长计划；对增长过程的跟踪和评估较为简便。同时，杜安模型也存在一些不足之处：MTBF 的点估计精度不高；不能给出当前 MTBF 的区间估计。从理论上讲，当 $t \to 0$ 和 $t \to \infty$ 时，产品的瞬时 MTBF 分别趋向 0 和无穷大，与工程实际不符。但是实践表明，这不影响杜安模型在可靠性增长试验中的应用。

（2）AMSAA 模型。

①AMSAA 模型是利用非齐次泊松过程建立的可靠性增长模型。这个模型既可以用于以连续尺度度量其可靠性的产品，也可以用于每个试验阶段内试验次数相当多而且可靠性相当高的一次性使用产品。

②AMSAA 模型仅能用于一个试验阶段，而不能跨阶段对可靠性进行跟踪；它能用于评估试验过程中，因引进了改进措施而得到的可靠性增长，而不能用于评估由于在一个试验阶段结束时，引入改进措施而得到的可靠性增长。其数学表达式为

$$E[N(t)] = at^b \tag{12-4}$$

式中：$N(t)$ 为到累积试验时间 t 时所观察到的累积故障数；a 为尺度参数；b 为增长形状参数；$E[N(t)]$ 为 $N(t)$ 的数学期望。

AMSAA 模型是杜安模型的改进模型，具有以下优点：模型参数的物理意义容易理解，便于制订可靠性增长计划；表示形式简洁，可靠性增长过程的跟踪和评估非常方便；考虑了随机现象，MTBF 的点估计精度较高，并且可以给出当前 MTBF 的区间估计。但是 AMSAA 模型也存在与杜安模型同样的不足，即在理论上，当 $t \to 0$ 和 $t \to \infty$ 时，产品的瞬时 MTBF 分别趋向于 0 和无穷大，与工程实际不符。但实践表明，AMSAA 模型在理论上的不足并不影响在可靠性增长试验中的广泛应用。

应该说明，杜安模型和 AMSAA 模型互为补充。杜安模型直观，简单明了，对增长趋势一目了然。一次拟合优度检验可能会拒绝 AMSAA 模型，却无法指出拒绝理由，而一条由相同数据绘制成的杜安曲线却可能指出拒绝的某种原因。采用 AMSAA 模型进行可靠性估计比杜安模型好。

12.1.5 可靠性鉴定试验与验收试验

可靠性鉴定试验是为验证产品设计是否达到规定的可靠性要求，由订购方认可的单位按选定的抽样方案、抽取有代表性的产品在规定条件下所进行的试验。可靠性鉴定试验的结果

是批准定型的依据，其目的是在产品设计定型阶段验证产品的设计是否达到了规定的可靠性要求。

可靠性验收试验是为验证批量生产品是否达到规定的可靠性要求，在规定条件下所进行的试验，其目的是确定已通过可靠性鉴定试验而转入批量生产的产品在规定条件下是否达到规定的可靠性要求，验证产品的可靠性是否随批量生产期间的工艺、工装、工作流程、零部件质量等因素的变化而降低。

因此，两者尽管同属于统计试验，试验方案的制订依据与方法非常相似，但适用时机却不同，可靠性鉴定试验适用于产品的设计定型阶段，可靠性验收试验则在批量生产产品交付前进行。

12.1.5.1 试验方案的参数与类型

1. 统计试验方案的参数及确定原则

要制订一个完整的可靠性统计试验方案，以下几个参数是必需的：

（1）检验值的上限值（θ_0 或 R_0），这是可接受的 MTBF 值或可接受的成功率。当受试产品的检验值接近 θ_0 或 R_0 时，标准试验方案以高概率接收该产品。

（2）检验值的下限值（θ_1 或 R_1），这是最低可接受的 MTBF 值或不可接受的成功率。当受试产品的检验值接近 θ_1 或 R_1 时，标准试验方案以高概率拒收该产品。

（3）鉴别比 $d = \theta_0/\theta_1$。d 越小，则做出判断：所需的试验时间越长，所获得的试验信息也越多。一般取 1.5、2 或 3。

（4）生产方风险 α。α 是产品的 MTBF 真值等于 θ_0 时被拒收的概率。即本来是合格的产品被判为不合格而拒收，使生产方受损失的概率。

（5）使用方风险 β。β 是产品的 MTBF 真值等于 θ_1 时被接受的概率。即本来是不合格的产品被判为合格而接受，使使用方受损失的概率。

α、β 一般为 0.1~0.3。

统计试验参数量值应根据其验证时机、产品可靠性指标要求、产品可靠性的已知情况、产品的成熟程度、产品的重要程度和所需试验经费、试验进度等方面进行综合权衡后确定。一般应遵循下列确定原则：

（1）检验下限（β 或 R_1）的确定。

根据相关标准要求，规定值是合同和研制任务书中规定的期望装备达到的合同指标，它是承制方进行可靠性、维修性设计的依据。而最低可接受值是合同和研制任务书中规定的、装备必须达到的合同指标，是进行考核的依据。为了验证产品的可靠性能否达到设计定型阶段的最低可接受值，应以产品设计定型阶段的最低可接受值作为统计试验方案中的检验下限。

（2）鉴别比 d 及检验上限（θ_0 或 R_0）的确定。

在检验下限已经确定的情况下，鉴别比与检验上限两个参数只要确定其中一个，另一个也将随之确定。其量值应在同时满足以下两条原则的情况下进行综合权衡后确定。

①检验上限是设计的期望值，一般取 $d = 1.5 \sim 3$。

②鉴别比越大，所需总的试验时间越短，试验做出判决越快，但要求产品实际具有的可靠性量值也越大，才能使产品的可靠性试验得以高概率通过接受。

(3) 使用方风险 β 的确定。

一般情况下，使用方风险由使用方提出，经生产方和使用方协商后确定。但有时使用方为保证接受设备的可靠性水平符合其特定要求，而单独提出固定的使用方风险。在确定 β 时，应综合考虑下列因素：

①产品的重要程度。如果是关键设备，一旦出现故障就会发生重大事故，则 β 值应尽可能取小些；反之，可适当放宽。

②对于成熟程度较高的产品可以选用较高风险的方案；反之，如果所要验证的产品是一项新研产品，且在研制过程中发生故障较多，对这种产品的可靠性验证一般应选用使用方风险低的方案。

③经费的限制。由于风险率 β 越小，试验时间越长，而试验时间又受经费的制约，因此 β 取值大小还应考虑能承受的试验经费情况。

④进度要求。对于需要迅速交付的设备，或因进度紧迫，试验时间有限的设备，β 取值可适当大些。

(4) 生产方风险 α 的确定。

生产方风险由生产方提出，主要考虑经费和进度要求来确定 α 值的大小。α 取值越大，该试验方案的试验结果给生产方带来的风险就越大，但可以缩短总的试验时间，节省试验经费；反之亦然。

一般情况下，在选取试验方案时，应力求使方案的实际风险值接近于确定的风险值。

2. 试验方案类型及适用范围

统计试验方案的类型很多，按照所统计产品的寿命特征，其分类如图 12-4 所示。

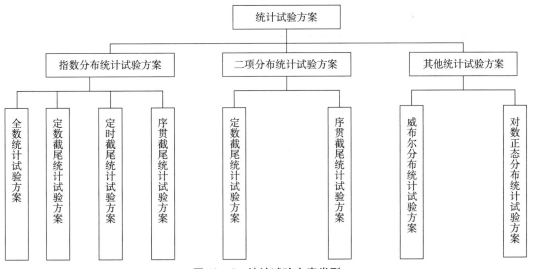

图 12-4 统计试验方案类型

(1) 指数分布统计试验适用于其可靠性指标可以用时间度量的电子产品、部分机电产品及复杂的功能系统。二项分布统计试验方案主要适用于其可靠性指标用可靠度或成功率度量的成败型产品，但采用该试验方案需要足够多的受试样本。只有当指数分布统计试验和二项分布统计试验方案都不适用的情况下（如多数的机械产品），才考虑采用其他统计试验方案,如威布尔分布统计试验方案。

(2) 定时截尾统计试验方案是目前可靠性鉴定试验中用得最多的试验方案,其优点是判决故障数及试验时间、费用在试验前已能确定。其缺点是对于可靠性较差或特好的产品,做出判决所需的试验时间较序贯截尾统计试验方案长。序贯截尾统计试验方案的优点是对可靠性较差或特好的产品能够较快地做出拒绝接受或接受的判决,一般适用于可靠性验收试验,也适用对受试产品的可靠性有充分的信心、能够较快地做出接受判决的产品的可靠性鉴定试验。其缺点是故障数及试验时间、费用在试验前难以确定,不便管理。定数截尾统计试验方案多用于成败型产品。

由于在实际应用中,指数分布统计试验方案应用最多,这里主要介绍当产品寿命服从指数分布时统计试验方案的制订。

12.1.5.2 指数分布统计试验方案

指数分布统计试验方案按照抽样产品的数量及方法可以分为全数统计试验方案、定数截尾统计试验方案、定时截尾统计试验方案、序贯截尾统计试验方案。

(1) 全数统计试验方案是指对生产的每台产品都做试验。仅在极特殊情况(如出于安全或完成任务的需要考虑)时才采用。

(2) 定数截尾统计试验方案是指事先规定试验截尾的故障数,利用试验数据评价产品的可靠性特征量。定数截尾统计试验方案分为有替换或无替换两种方案。由于事先不易估计所需的试验时间,该方案实际应用较少。

(3) 定时截尾统计试验方案是指事先规定试验截尾时间 t_0,利用试验数据评价产品的可靠性特征量。按试验过程中对发生故障的产品所采取的措施,定时截尾统计试验方案可分为无替换和有替换两种方案:前者指产品发生故障就撤去,在整个试验过程中,随着故障产品的增加,样本随之减少;后者则是当试验中某个产品发生故障,立即用一个新产品代替,在整个试验过程中保持样本数不变。

定时截尾试验方案的优点:由于事先已确定了最大的累积试验时间,便于计划管理并能对产品 MTBF 的真值进行估计,所以得到广泛的应用。主要缺点:为了做出判断,质量很好的或很差的产品都要经历很长的累积试验时间。

(4) 序贯截尾统计试验方案是按事先拟定的接受、拒绝接受及截尾时间方案,在试验期间对受试产品进行连续观测,并将累积的相关试验时间和故障数与规定的接受、拒绝接受或继续试验的判据进行比较做出决策的一种试验。这种方案的主要优点:一般情况下做出判断所要求的平均故障数和平均累积试验时间最短,因此常用于可靠性验收试验。缺点:随着产品质量不同,总的试验时间差别很大,尤其对某些产品由于不易做出接受或拒绝接受的判断,因而最大累积试验时间和故障数可能会超过相应的定时截尾试验方案。

1. 定数截尾统计试验方案

从一批产品中任取 n 个样本在事先规定的一个截尾的故障个数 r 下进行试验。当 n 个样品中出现第 r 个故障时,试验停止。前面 r 个故障样品时间为

$$t_1 \leqslant t_2 \leqslant \cdots \leqslant t_r, r \leqslant n \tag{12-5}$$

由这些数据,可求出 MTBF = θ 的极大似然估计为

$$\hat{\theta} = \begin{cases} \dfrac{nt_r}{r} & \text{有替换时} \\ \dfrac{1}{r}\left[\sum_{i=1}^{r} t_i + (n-r)t_r\right] & \text{无替换时} \end{cases} \quad (12-6)$$

检验规则如下:

$\hat{\theta} \geqslant c$, 认为产品合格, 接受这批产品。

$\hat{\theta} < c$, 认为产品不合格, 拒绝接受这批产品。

所以对于定数截尾统计试验方案, 在决定截尾故障个数 r 后, 尚需确定抽验量 n 和合格判定数 c。

对于常用的两类风险 α、β 及鉴别比 d, 定数截尾统计试验方案如表 12-7 所列。

表 12-7 定数截尾统计试验方案表（部分）

鉴别比 $d = \dfrac{\theta_0}{\theta_1}$	$\alpha = 0.05, \beta = 0.05$		$\alpha = 0.05, \beta = 0.10$		$\alpha = 0.10, \beta = 0.05$		$\alpha = 0.10, \beta = 0.10$	
	r	c/θ_1	r	c/θ_1	r	c/θ_1	r	c/θ_1
1.5	67	1.212	55	1.184	52	1.241	41	1.209
2	23	1.366	19	1.310	18	1.424	15	1.374
3	10	1.629	8	1.494	8	1.746	9	1.575
5	5	1.970	4	1.710	4	2.180	3	1.835

2. 定时截尾统计试验方案

随机抽取一个样本量为 n 的样本, 进行可靠性试验。试验进行到累计时间达预定值 T^* 时截止。设在试验过程中共出现 r 次故障。如 $r \leqslant A_c$（接受数）, 认为批产品可靠性合格, 可接受; 如 $r \geqslant R_e$（拒绝接受数）, 认为批产品可靠性不合格, 拒绝接受。

GJB 899A—2009《可靠性鉴定和验收试验》提供了标准型定时试验方案。标准型试验方案采用的 α、β 为 10%~20%。MTBF 的可接受质量水平 θ_0 与最低可接受值 θ_1 之比, 即鉴别比 $d = \theta_0/\theta_1$ 取 1.5、2、3 之一。由于在方案中的接受数 $A_c = c$、拒绝接受数 $R_e = c + 1$ 都只可能是整数, 因此 $P(\theta_0)$ 及 $P(\theta_1)$ 只能尽量接近原定的 $1 - \alpha$ 与 β。原定的 α、β 值称为名义值。α、β 的实际值 α'、β' 如表 12-8 所示。这些方案的试验时间以 θ_1 作为单位。

表 12-8 标准型定时试验方案表（部分）

方案号	决策风险/%				鉴别比 $d = \dfrac{\theta_0}{\theta_1}$	试验时间（θ_1 的倍数）	判决故障数	
	名义值		实际值				拒绝接受数 R_e	接受数 A_c
	α	β	α'	β'				
9	10	10	12.0	9.9	1.5	45.0	$\geqslant 37$	$\leqslant 36$
10	10	20	10.9	21.4	1.5	29.9	$\geqslant 26$	$\leqslant 25$

续表

方案号	决策风险/%				鉴别比 $d=\dfrac{\theta_0}{\theta_1}$	试验时间（θ_1 的倍数）	判决故障数	
	名义值		实际值				拒绝接受数 R_e	接受数 A_c
	α	β	α'	β'				
11	20	20	19.7	19.6	1.5	21.5	≥18	≤17
12	10	10	9.6	10.6	2.0	18.8	≥14	≤13
13	10	20	9.8	20.9	2.0	12.4	≥10	≤9
14	20	20	19.9	21.0	2.0	7.8	≥6	≤5
15	10	10	9.4	9.9	3.0	9.3	≥6	≤5
16	10	20	10.9	21.3	3.0	5.4	≥4	≤3
17	20	20	17.5	19.7	3.0	4.3	≥3	≤2

选用定时截尾统计试验方案的程序如下：

第一步：在合同中规定，而且通常是由订购方提出可靠性指标时就提出检验要求，包括 θ_0、θ_1、α 和 β 值，可得到鉴别比 $d=\theta_0/\theta_1$。

第二步：根据 θ_1、d、α、β 值查表，得到相应的试验时间（θ_1 的倍数）、A_c 及 $R_e = A_c + 1$ 值。

第三步：根据使用方规定的 MTBF 验证区间或置信区间 (θ_L,θ_U) 的置信度 γ（建议 $\gamma = 1 - 2\beta$），由试验数据现场数据估出 (θ_L,θ_U) 和观测值（点估计值）$\hat{\theta}$。当试验结果做出接受判决时（该试验停止前出现的责任故障数一定小于或等于接受判决的故障数 A_c，试验必定是在达到规定的试验时间而停止的），此时根据定时截尾公式进行计算。试验过程中若故障数达到拒绝接受的判决故障数 R_e 即可停止试验，并做出拒绝接受判决（这实质上是根据预定的 R_e 的定数截尾判决），此时根据定数截尾公式进行计算。

3. 序贯截尾统计试验方案

序贯截尾统计试验方案的程序如下：

第一步：使用方及生产方协商确定 θ_0、θ_1、α、β。$d = \theta_0/\theta_1$ 取 1.5、2、3 之一，α、β 取 10%、20%（短时高风险试验方案取 30%）。

第二步：查出相应的方案号及相应的序贯试验判决表。判决表中的时间以 θ_1 为单位，使用时应将判决表中的时间乘以 θ_1，得到实际的判决时间 T_{A_c} 及 T_{R_e}，T_{A_c} 为接受判决时间，T_{R_e} 为拒受判决时间。

第三步：进行序贯截尾统计可靠性试验。如为可靠性验收试验，每批产品至少应有 2 台接受试验。样本量建议为批产品的 10%，但最多不超过 20 台。进行试验时，将受试产品的实际总试验时间 T（台时）及故障数 r 逐次和相应的判决值 T_{A_c}、T_{R_e} 进行比较。

如果 $T \geq T_{A_c}$，判决接受，停止试验。

如果 $T \leq T_{R_e}$，判决拒绝接受，停止试验。

如果 $T_{R_e} < T < T_{A_c}$，继续试验，到下一个判决值时再进行比较，直到可以做出判决、停止试验时为止。

12.1.6 寿命试验与评价

在许多情况下,科研人员不但要通过试验判别产品是否合格,而且希望估计产品寿命。寿命试验的目的:①发现产品中可能过早发生耗损的零部件,以确定影响产品寿命的根本原因和可能采取的纠正措施;②验证产品在规定条件下的使用寿命、储存寿命是否达到规定的要求。

12.1.6.1 寿命点估计与区间估计

1. 平均寿命的点估计

假设:

(1) $t_1, t_2, \cdots, t_n$ 为相互独立同分布的指数分布,即

$$f(t) = \frac{1}{\theta} e^{-\frac{t}{\theta}}$$

(2) 按大小排序为

$$\theta \leqslant \frac{2T^*}{\chi_\alpha^2(2r)}$$

(3) 试验进行到 $t_{(r)}$ 时停止,即进行到第 r 个失效时为止,即

$$t_{(1)} \leqslant t_{(2)} \leqslant \cdots \leqslant t_{(r)} (0 < r \leqslant n)$$

在上述假设下,θ 的极大似然估计量为

$$\hat{\theta} = \frac{T^*}{r} \tag{12-7}$$

其中总试验时间为

$$T^* = \sum_{i=1}^{r} t_{(i)} + (n-r)t_{(r)} \tag{12-8}$$

2. 平均寿命的区间估计

指数分布 $f(t) = \frac{1}{\theta} e^{-\frac{t}{\theta}}$ 的样本大小为 n 的前 r 个观测值 $t_{(1)} \leqslant t_{(2)} \leqslant \cdots \leqslant t_{(r)}$,其总试验时间 $T^* = \sum_{i=1}^{r} t_{(i)} + (n-r)t_{(r)}$,则有

$$\frac{2T^*}{\theta} \sim \chi^2(2r) \tag{12-9}$$

证明 $t_{(i)}, (i=1,2,\cdots,r)$ 的联合密度函数为

$$f(t_{(1)},\cdots,t_{(r)}) = \frac{n!}{(n-r)!} \Big[\prod_{i=1}^{r} \frac{1}{\theta} e^{-\frac{t_{(i)}}{\theta}}\Big] [e^{-\frac{t_{(r)}}{\theta}}]^{n-r} = \frac{n!}{(n-r)!} \frac{1}{\theta^r} e^{-\frac{T^*}{\theta}} \tag{12-10}$$

作变换,即

$$W_1 = nt_{(1)}, W_i = (n-i+1)[t_{(i)} - t_{(i-1)}], i=2,3,\cdots,r \tag{12-11}$$

即 W_i 为第 $i-1$ 次失效与第 i 次失效之间的总试验时间。显然,$T^* = \sum_{i=1}^{r} W_i$,而

$$t_{(i)} = \sum_{j=1}^{i} \frac{W_j}{n-j+1}, i=2,3,\cdots,r \tag{12-12}$$

变换的 Jacobi 行列式为

$$\frac{\partial(t_{(1)},\cdots,t_{(r)})}{\partial(W_1,\cdots,W_r)} = \begin{vmatrix} \frac{1}{n} & & & & \\ \frac{1}{n} & \frac{1}{n-1} & & 0 & \\ \frac{1}{n} & \frac{1}{n-1} & \frac{1}{n-2} & & \\ \cdots & & & & \\ \frac{1}{n} & \frac{1}{n-1} & \frac{1}{n-2} & \cdots & \frac{1}{n-r+1} \end{vmatrix} = \frac{(n-r)!}{n!} \quad (12-13)$$

故 $W_i(i=1,2,\cdots,r)$ 联合密度函数为

$$g(W_1,\cdots,W_r) = f(t_{(1)},\cdots,t_{(n)}) \left| \frac{\partial(t_{(1)},\cdots,t_{(r)})}{\partial(W_1,\cdots,W_r)} \right| = \frac{1}{\theta^r} \exp\left(\frac{1}{\theta}\sum_{i=1}^r W_i\right) \quad (12-14)$$

$W_i \sim \frac{1}{\theta} e^{-\frac{W_i}{\theta}} (i=1,2,\cdots,r)$ 相互独立，即 $2\frac{W_i}{\theta} \sim \chi^2(2)(i=1,2,\cdots,r)$ 相互独立，故

$$\frac{2T^*}{\theta} = 2\frac{1}{\theta}\sum_{i=1}^r W_i \sim \chi^2(2r) \quad (12-15)$$

利用上面结果可以得到以下两点：
（1）θ 以 $1-\alpha$ 为置信度的双边置信区间为

$$\theta \in \left[\frac{2T^*}{\chi^2_{\frac{\alpha}{2}}(2r)}, \frac{2T^*}{\chi^2_{1-\frac{\alpha}{2}}(2r)}\right] \quad (12-16)$$

（2）θ 以 $1-\alpha$ 为置信度的单侧下限为

$$\theta \leq \frac{2T^*}{\chi^2_{\alpha}(2r)} \quad (12-17)$$

12.1.6.2 加速寿命试验

寿命试验（包括截尾寿命试验）方法是基本的可靠性试验方法。在正常工作条件下，常常采用寿命试验方法去估计产品的各种可靠性特征。但是这种方法对寿命特别长的产品就不是一种合适的方法。因为它需要花费很长的试验时间，甚至来不及做完寿命试验，新的产品又设计出来，老产品就被淘汰了，所以这种方法与产品的迅速发展是不相适应的。经过科研人员的不断研究，在寿命试验的基础上，找到了加大应力、缩短时间的加速寿命试验方法。

加速寿命试验是用加大试验应力（如热应力、电应力、机械应力等）的方法，加快产品失效，缩短试验周期。运用加速寿命模型，可以估计出产品在正常工作应力下的可靠性特征。

1. 加速寿命试验的分类

加速寿命试验通常分为以下 3 种。

（1）恒定应力加速寿命试验。该试验是将一定数量的样品分为几组，每组固定在一定的应力水平下进行，要求选取各应力水平都高于正常工作条件下的应力水平。试验做到各组样品均有一定数量的产品发生失效为止，如图 12-5 所示。

(2) 步进应力加速寿命试验。该试验是先选定一组应力水平（如 S_1，S_2，…，S_k），它们都高于正常工作条件下的应力水平 S_0。试验开始时把一定数量的样品在应力水平 S_1 下进行试验。经过一段时间，把应力水平提高到 S_2，未失效的产品在 S_2 应力水平下继续进行试验，如此继续下去，直到一定数量的产品发生失效为止，如图 12-6 所示。

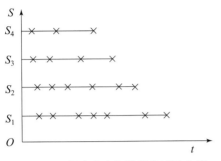

图 12-5　恒定应力加速寿命试验曲线

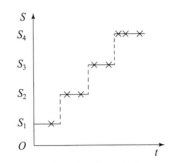

图 12-6　步进应力加速寿命试验曲线

(3) 序进应力加速寿命试验。该试验产品不分组，应力不分档，应力等速升高，直到一定数量的故障发生为止。该试验所施加的应力水平将随时间等速上升，如图 12-7 所示。这种试验一般需要有专门的设备。

在上述 3 种加速寿命试验中，以恒定应力加速寿命试验更为成熟。尽管这种试验所需时间不是最短，但比一般的寿命试验的试验时间还是缩短了不少。恒定应力加速寿命试验也是经常采用的试验方法。目前国内外许多单位已采用恒定应力加速寿命试验方法来估计产品的各种可靠性特征，并有了一批成功的实例。下面主要介绍如何组织恒定应力加速寿命试验及其统计分析方法，包括图估计和数值估计方法。

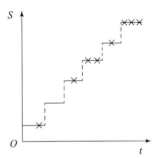

图 12-7　序进应力加速寿命试验曲线

2. 恒定应力加速寿命试验的参数估计

产品不同的寿命分布应有不同的参数估计方法，下面以威布尔寿命分布的产品为例，其他寿命分布的估计问题可参考有关文献。

(1) 基本假定。

在恒定应力加速寿命试验停止后，得到了全部或部分样品的失效时间，接着就要进行统计分析。一个统计分析方法如果可行就必须要有几项基本假定。违反了这几项基本假定统计分析的结果就不可靠，也得不到合理的解释。因为这几项基本假定是从不少产品能够满足的条件中抽象出来的，所以这几项基本假定对大数产品来说不是一种约束，只要在安排恒定应力加速寿命试验时注意到这几项基本假定，它们就可以被满足。

①设产品的正常应力水平为 S_0，加速应力水平确定为 S_1，S_2，…，S_k，则在任何水平 S_i 下，产品的寿命都服从或近似服从威布尔分布，其间差别仅在参数上，这一点可在威布尔概率纸上得到验证。

其分布函数为

$$F_{T_i}(t_i) = 1 - \exp\left(-\frac{t_i}{\eta_i}\right)^{m_i}, t_i \geq 0, i = 0,1,2,\cdots,k \qquad (12-18)$$

②在加速应力 $S_1,S_2,\cdots,S_k$ 下产品的故障机理与正常应力水平 S_0 下的产品故障机理是相同的。

因为威布尔分布的形状参数 m 的变化反映了产品的故障机理的变化，故有 $m_0 = m_1 = m_2 = \cdots = m_k$。这一点可在威布尔概率纸上得到验证。若不同档次的加速应力所得试验数据在威布尔概率纸上基本上是一簇平行直线，则假定②就满足了。

③产品的特征寿命 η 与所加应力 s 有以下关系，即

$$\ln\eta = a + b\varphi(S) \qquad (12-19)$$

式中：a,b 为待估参数；$\varphi(S)$ 为应力 S 的某一已知函数。

式（12-19）通常称为加速寿命方程。

国内外大量试验数据表明，不少产品是可以满足上述 3 项基本假定的；换言之，不少产品可以进行恒定应力加速寿命试验。

（2）图估法。

威布尔分布条件下的图估法步骤如下：

①分别绘制在不同加速应力下的寿命分布所对应的直线。

②利用威布尔概率纸上的每条直线，估计出相应加速应力下的形状参数 m_i 和特征寿命 η_i。

③取 k 个 m_i 的加权平均，作为正常应力 S_0 的形状参数 m_0 的估计值，即

$$\hat{m}_0 = \frac{n_1\hat{m}_1 + n_2\hat{m}_2 + \cdots + n_k\hat{m}_k}{n_1 + n_2 + \cdots + n_k} \qquad (12-20)$$

式中，n_i 为第 i 个分组中投试的样品数。

④在以 $\varphi(S)$ 为横坐标、$\ln\eta$ 为纵坐标的坐标平面上描点，根据 k 个点 $(\varphi(s_1),\ln\eta_1)$，$(\varphi(s_2),\ln\eta_2),\cdots,(\varphi(s_k),\ln\eta_k)$ 配置一条直线，并利用这条直线，读出正常应力 S_0 下所对应的特征寿命的对数值 $\ln\hat{\eta}_0$，取其反对数，即得 η_0 的估计值 $\hat{\eta}_0$。

⑤在威布尔概率纸上作一直线 L_0，其参数分别为 $\hat{m}_0$ 和 $\hat{\eta}_0$。

⑥利用直线 L_0 在威布尔概率纸上对产品的各种可靠性特征量进行估计。

12.2 可靠性数据的收集与分析

12.2.1 概述

可靠性数据是指在各项可靠性工作及活动中所产生的与产品可靠性水平及状况相关的各种数据，这些数据可以是数字、图表、符号、文字、曲线和电子文档等形式。广义的可靠性数据包含可靠性、维修性、保障性、测试性、安全性和环境适应性方面的数据。产品的可靠性数据是进一步开展产品可靠性工作的基础，是提高产品质量、进行产品可靠性设计和分析以及开展产品可靠性试验研究的必要基础。对各种可靠性数据要进行全面的收集、及时的反馈、系统的统计和分析处理。特别是故障数据，它定量地指出产品的薄弱环节，这些薄弱环节具有的量级概率，应采用何种技术措施改善薄弱环节，达到所需求的可靠性指标。可靠性

数据的收集和分析在可靠性工程中具有重要地位。

可靠性数据收集是分析统计的基础和前提，分析统计是可靠性收集的发展和目的，信息反馈是两者之间的纽带和桥梁。目的是找出产品的薄弱环节，进而能确定失效模式以及失效机理，提出改进措施，在提高可靠性水平的同时，对产品的改进和可靠性管理也是至关重要的。

12.2.1.1 可靠性数据的特点

1. 时间性

可靠性数据多以时间来描述，产品的无故障工作时间反映了产品的可靠性。这里的时间概念是广义的，包括周期、距离（里程）、次数等，如汽车的行驶里程、发动机循环次数等。

2. 随机性

产品何时发生故障是随机的，所以，描述故障发生时间的变量是随机变量。

3. 有价性

一方面，数据的收集需花费大量的财力和物力，所以它本身的获取就是有价的；另一方面，经分析和处理后的可靠性数据，对可靠性工作的开展和指导具有很高的价值，其所创造的效益是可观的。

4. 时效性

可靠性数据的产生和利用与产品寿命周期各阶段有密切的关系，各阶段产生的数据反映了该阶段产品的可靠性水平，所以数据的时效性很强。

5. 可追溯性

随着时间的推移，可靠性数据反映了产品可靠性发展的趋势和过程，如经过改进的产品其可靠性得到了增长，当前的数据与过去的数据有关，所以，数据本身还具有可追溯性特点。

12.2.1.2 可靠性数据的来源

产品寿命周期各阶段的一切可靠性活动都是可靠性数据的来源，所以，可靠性数据的来源贯穿产品设计、制造、试验、使用、维护的整个过程，如：研制阶段的可靠性试验、可靠性评审报告；生产阶段的可靠性验收试验、制造、装配、检验记录，元器件、原材料的筛选与验收记录，返修记录；使用中的故障数据，维护、修理记录以及退役、报废记录。

可靠性数据主要从两方面得到：①从实验室进行可靠性试验中得到；②从产品实际使用现场得到。从实验室得到的数据称试验数据，而现场得到的数据称现场数据。

12.2.1.3 可靠性数据的内容

（1）产品资料，包含现场使用产品的信息，产品配置及其组成。

（2）使用数据，包含产品何时投入使用、现场工作情况以及什么时候退役（报废）的信息。

（3）环境数据，包含产品的工作条件信息，通常它们被认为是影响产品可靠性的重要因素。

（4）事件，包含产品寿命期内发生的所有情况信息，包括失效、修理、升级等。

12.2.2 可靠性数据的收集

12.2.2.1 可靠性数据收集的目的

（1）根据可靠性数据改进产品的设计和制造工艺，提高产品的固有可靠度，并为新技术的研究、新产品的研制提供信息。

（2）根据现场使用提供的数据改进产品的维修性，使产品结构合理，维修方便，提高产品的可用度。

（3）根据可靠性数据预测系统的可靠性与维修性，开展系统的可靠性设计和维修性设计。

（4）根据可靠性数据进行产品的可靠性分析及可靠性的评估，实施产品改进，实现产品的可靠性提升。

12.2.2.2 可靠性数据收集的要求及注意事项

科研工作需要开展大量的试验。一般说来，试验的结果总是受当时当地条件的限制，得到的结果总具有一定的随机性，同样的事件，其试验结果可能因时间地点的不同而不尽一致。因此，如何对试验结果进行去伪存真的分析处理，以便更好地指导今后的设计和试验，是科研工作的重要内容。我们所需要的数据，应该是能够反映客观事实的、准确可靠的数据。那些不反映实际情况的数据，将会导致错误的结论。因此，收集可靠性数据需要层层把关，才能保证数据的准确性。影响可靠性数据准确性的因素很多，归纳起来有以下几点：原始数据的真实性；数据来源的信息量；统计分析方法的合理性和连续性。

1. 原始数据的真实性

要保证可靠性数据的准确性，首先要保证原始数据的真实性。可靠性的原始数据一般是从观察现场或通过可靠性试验而获得的。试验的取样方式、试验方案、试验设计能否反映客观实际的真实面貌，对原始数据的真实性有着直接的影响，因此，从试验设计一开始，就要牢牢地把好数据真实性这一关。

数据的真实性与试验设备及其测试仪器的精度有极为密切的关系。试验测试中的随机误差是正常的，但系统性误差应该尽量避免，过失误差更是不能允许的。如果是由于操作原因或粗枝大叶造成了过失误差，必须重新认真操加以消除。如果由于仪器结构不良或周围环境改变造成了系统性误差，必须校正仪器重新进行测量。如果观察的系统性误差小，则称观测的准确度高，此时可使用更精确的仪器来提高观测的准确度。如果观测的随机误差小，则称观测的精密度高，此时可增加观测次数取其平均值来提高观测的精密度。

2. 原始数据的信息量

可靠性指标属于统计指标，只有在进行大量调查研究并取得了丰富的数据资料的基础上，才能对产品的可靠性水平做出正确的评价。随机事件出现的概率，是随机事件在多次独立观测试验中出现的可能性大小的一种估量，但在有限次的试验中，某一事件的出现次数可能与它的概率值相差甚远。在掷骰子的随机事件中，某一点向上的可能性是 1/6，但这并不是说，在 6 次掷骰子的随机事件中，某一点一定要向上一次，很可能在最初的若干次事件中，某一点一次也不出现。因此，要正确评价产品的可靠性水平，必须对产品进行大量的统计试验或长期观测，只有在数据达到一定的信息量后才能得到准确可靠的结论。

3. 统计分析方法的合理性

要想获得准确可靠的数据，必须要有合理的统计分析方法。一般来说，从现场获取的试验观测值只是产品整体中的个别样本值。要想从有限个体的观测值去推断总体的统计特征值，就必须要有合理的数据处理方法及统计分析手段，因此，数据处理的合理性及其统计分析的置信度是关系数据准确性的重要问题。同一产品选取不同的样品进行试验，将会得到不同的数据；同一试验数据，采取不同的分析处理，也会得到不同的结果；同一数据、同一方法，不同的人去处理，也有可能得出不同的结论。如何分析和解决这些数据差异之间所造成的矛盾，这正是统计分析所要研究的问题。总之，可靠性数据处理及其统计分析是一门专门技术，它要求从事这项工作的人员要有清晰的可靠性概念以及较好的概率统计知识。

4. 连续性

可靠性数据有可追溯性的特点，随着时间的推移，它反映了产品可靠性的趋势，因此为了保证数据具有可追溯性，要求连续记录数据。其中最主要的是产品在工作过程中所有事件发生时的时间记录以及经历过程的描述，如产品开始工作、发生故障、中止工作的时间，以及对发生故障时的状况、返厂修理、经过纠正或报废等情况的描述。在对产品实行可靠性监控和信息的闭环管理时，连续性是对数据的基本要求。

综上所述，不难看出数据的真实性与试验的方案设计、技术措施及其设备条件有关，数据的准确性与数据的处理方法及统计分析技术有关，因此，只有试验设计、试验测试以及数据处理人员层层把关，各个部门加强责任感，才能保证数据的准确性。

12.2.2.3 可靠性数据收集的删失性

事件发生的确切时间含有不确定性的现场数据称为删失数据。删失数据的统计处理方法取决于表现出来的删失类型。注意，"删失"一词在一些文献（尤其是早期的文献）中也称为"截尾"。

完整数据是观测或知晓每个产品的寿命时间值。例如，用于寿命数据分析的数据，如果说是"完整的"（这在现场数据收集时并不多见），则应包含现场所有单元的故障前时间。

通常，在分析寿命数据时，所有的单元可能未必都已历经受关注的事件，或者不知道事件发生的时间，这类数据就是删失数据。有 3 种可能的删失方案：右侧删失数据（也称为延迟数据）、区间删失数据和左侧删失数据。

1. 右侧删失数据

右侧删失数据是最普遍的情况，如图 12-8 所示。在现场的 5 个单元中只有 3 个在分析时段历经了故障（用黑色方块表示），对于两个还未历经故障的单元（带箭头的直线）

就是延迟数据（右侧删失数据）。术语"右侧删失"意味着受关注的故障发生在分析点的右侧。

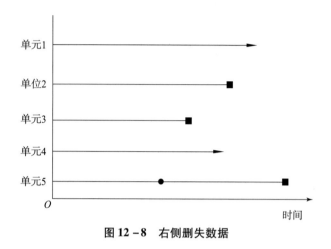

图 12-8　右侧删失数据

2. 区间删失数据

区间删失数据是指故障发生在某一区间内，但其确切发生时间不确定。这可能是对系统的观察不是连续的，而是偶尔观测。例如，启用 5 个单元，每隔 100 h 观测一次，可以得到的唯一信息是：事件发生在某个确定时间区间内，如图 12-9 所示。图 12-6 中圆圈表示发生在某个时间，方块表示故障发生前最后的已知工作状态。

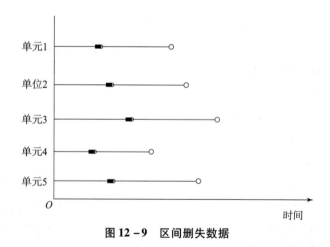

图 12-9　区间删失数据

3. 左侧删失数据

左侧删失数据与区间删失类似，只知道一个故障的发生时间在某特定时间之前，如图 12-10 所示。

在 GB/T 5080.1《设备可靠性试验总要求》中可以找到更多关于数据删失及其对统计分析影响的信息，这里不再赘述。

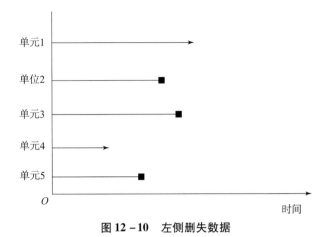

图 12 – 10　左侧删失数据

12.2.2.4　可靠性数据收集的程序和方法

可靠性数据的收集应有周密的计划，但在不可能做到面面俱到的情况下，应根据需求分析选择重点产品和地点作为数据收集点。数据收集的程序如下：

1. 进行需求分析

由于不同的寿命阶段对数据的需求是不同的，因此，在进行数据收集以前必须进行需求分析，明确数据收集的内容及目的。

2. 确定数据收集点

不同的寿命阶段有不同的数据收集点，如在研制、生产阶段，单位内部的试验数据就应选实验室、产品生产检验点、元器件及材料筛选试验点等作为数据收集点；对于现场数据，主要来源是使用部门的质控室或维修部门等。在选择收集点或部门时，以有一定的代表性为好，如使用的产品群体较大，管理较好，使用中代表了典型的环境与使用条件等。对于新投入使用的产品，应尽可能从头开始跟踪记录，以反映其使用的全过程。

3. 制订数据收集表格

数据收集表格是用来系统地收集资料和积累数据，确认事实并对数据进行粗略整理和分析的统计表。制订数据收集表格是进行数据收集前主要的技术工作。要根据需求制订收集数据所需的、规范化的和易于识别的表格，以便于计算机进行处理，也便于在同行业或同部门内流通。制订统一的表格既有利于减少重复工作量，提高效率，也有利于明确认识、统一观点。实践证明，表格的统一、规范化是一项极其重要的工作。

以电子产品为例，常用的可靠性数据收集表格有以下多种：

（1）电子元器件质量认证试验合格产品信息表。

（2）电子产品安全认证试验合格产品信息表。

（3）电子产品集中测试试验信息表。

（4）电子产品国家监督抽查质量检验（复验）信息表。

（5）电子元器件失效率试验数据信息表。

（6）电子元器件累积失效率试验数据表。

（7）电子元器件寿命试验数据表。
（8）电子元器件寿命试验原始数据表。
（9）电子元器件加速寿命试验数据表。
（10）电子元器件加速寿命试验原始数据表。
（11）电子元器件可靠性筛选试验数据表。
（12）电子元器件试验数据统计表。
（13）电子设备信息表。
（14）电子设备可靠性试验数据表。
（15）电子设备现场工作（非工作）可靠性数据统计表：设备部分。
（16）电子设备现场工作（非工作）可靠性数据统计表：故障部分。
（17）电子设备现场工作（非工作）可靠性数据统计表：元器件清单。
（18）电子设备现场工作（非工作）可靠性数据统计表：元器件部分。
（19）电子元器件储存可靠性数据统计表。
（20）电子元器件失效模式及失效机理信息表。
（21）电子产品生产线信息表。

由上述表格组成的电子产品数据收集系统如图 12-11 所示。

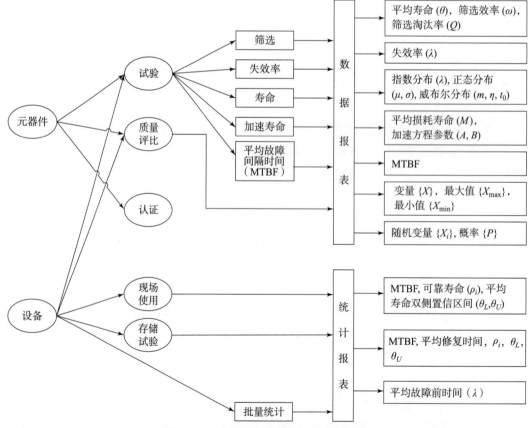

图 12-11　电子产品可靠性数据收集系统

4. 收集数据的方法

在建立了完善的数据收集系统以后，数据可依其传送的途径按正常流通渠道进行。当数据收集系统运行尚不完善时，可用以下两种方式进行：①现场聘请信息员，让其按要求收集的内容逐项填表，定期反馈；②派专人到现场收集，按预先制订好的表格填写。两种方式收集的效果是相同的。

5. 收集数据应注意的问题

虽然现场数据反映了实际使用中产品的可靠性，但相同产品绝不是都在相同条件下使用，因而数据收集时应区分不同条件和地区，如腐蚀，南方、北方差异很大，空中和海上差异很大。同一个仪表在同一产品中由于安装部位不同，所处条件差异也很大，如发动机周围的条件就比仪表舱内恶劣得多，在数据收集时应注意这些区别。

收集现场数据一般是从产品投入使用就开始跟踪记录，直至退役、报废为止。由于产品的可靠性问题，可能需要进行改进，尤其在投入使用的初期，为了评估产品当前的可靠性，在处理数据时应注意区分，不能将改进前后的数据混同处理。以某型号飞机为例，在投入使用时，飞机上的六大系统（自动领航仪、航行雷达等）由于故障多，反馈至工厂后，产品进行了改进，之后这些部分的故障明显减少。如果收集数据时不加说明，分析时不区分各种情况，将其混同处理，那么结果肯定不能代表产品当前的水平。分析产品的可靠性增长，从其可靠性增长过程来看，又需区分产品改进前、改进后的可靠性水平、以评估产品可靠性增长的状况在现场收集数据时，产品编号和批次的记录是不能忽视的。在现场数据的收集中，由于各种因素的影响，数据丢失现象严重，造成数据不完整和不连续，影响了对数据的分析。在收集数据时，应对这些情况进行了解，以便对分析结果的修正提供依据。另外，要识别数据收集中的人为差错。要对收集数据的人员进行培训，加强责任心教育，避免发生差错。

12.2.3 可靠性数据的分析

12.2.3.1 可靠性数据分析的目的和任务

可靠性分析主要是对产品的故障（或失效）进行分析。产品故障既有因其硬件的缺陷和性能恶化所引起的，也有因软件错误引起的，此外，还有人为因素所致。故障分析就是要找出故障（失效）时的故障模式，分析故障原因、失效机理，估计该故障对产品及其所属系统可能造成的影响，以寻求改善措施。可靠性数据分析的基础是可靠性数据，其目的和任务是根据可靠性工作的需要而提出的。在产品寿命周期的各阶段，可靠性数据分析的目的和任务如下：

（1）在研制阶段进行可靠性增长试验时，应根据试验结果对参数进行评估，分析产品的故障（失效）原因，找出薄弱环节，提出改进措施，以求产品可靠性得到逐步增长。

（2）研制阶段结束进入生产前，应根据可靠性鉴定试验的结果，评估其可靠性水平是否达到设计的要求，为生产决策提供管理信息。在投入批生产后又应根据验收试验的数据评估可靠性，检验其生产工艺水平能否保证产品所要求的可靠性。

（3）在投入使用的早期，应特别注意使用现场可靠性数据的收集，及时进行分析与评估,找出产品的早期故障及其主要原因,进行改进或加强质量管理。加强可靠性筛选,可大大降低产品的早期故障率,提高产品的可靠性。使用期中应定期对产品进行可靠性分析和评估,对可靠性低下的产品进行改进,使之达到设计指标。

12.2.3.2 可靠性数据分析的要求和注意事项

在进行可靠性数据分析时,应考虑其主次性。

主次分析是用统计的方法找出对所分析对象影响最大的因素。主次分析可从几个方面进行,如故障频数、故障原因、故障后果、责任、发现时机等。如果分析对象为某产品的故障发生频数,则分析的因素可为组成产品的各系统,将其按主次排列,可找出故障最多的系统;再以系统为对象,仍按故障频数进行主次分析,可找出故障最多的分系统,以此逐级分析,直至找出故障频数最多的设备或单元,即可找到该产品薄弱环节。通过主次分析,也可得到影响产品故障的主要原因等。另外,综合评价产品中的关键系统或设备,除用频数分析外,还可将故障影响后果与发生频数综合在一起,得到主次分析结果。这样得到的关键系统或设备可能故障频数并非最高,但造成的影响却很大,这有利于对关键系统或设备进行针对性的分析和改进。

12.2.3.3 数据分析方法

常采用分布参数估计法来估计参数。对于同一分布来说,分布参数不同,分布的概率密度曲线也就不同,因此在母体分布类型已经知道的情况下,数据分析的主要任务就是根据子样的统计数据来估计母体分布参数。由前述可知,指数分布只有一个参数:失效率 λ;正态分布有两个参数:均值 μ 及标准离差 σ;对数正态分布也有两个参数:对数均值 μ 及对数标准离差 σ;威布尔分布有3个分布参数:形伏参数 m、尺度参数 t_0 或 η 以及位置参数 γ。只有既确定了产品的寿命分布类型,又掌握了产品的寿命分布参数,才能对产品的可靠性指标进行计算。

1. 分布参数的点估计

用一个点值来估计母体分布参数的方法,在统计学中称为参数的点估计法。如前所述,可以采用图估法来对分布参数进行点估计。点估计法的优点是简单易行,但其结果会因人而异,不甚精确。比较精确的点估计法有矩法、最小二乘法(LSQL)、极大似然法(MLE)、最佳线性无偏估计法(BLUE)、简单线性无偏估计法(GLUE)以及最佳线性不变估计法(BLIE)等。

根据矩法的原理,在 n 足够大时,将 n 次试验中事件 A 出现的频率 v_i/n 作为它出现的概率 P_i 的点估计值,将子样观察值的平均值

$$\bar{x} = \frac{1}{n}\sum_{i=1}^{n} x_i \qquad (12-21)$$

作为母体数学期望 μ 的点估计值;将子样观察值的方差作为母体方差 σ^2 的点估计值,即

$$s_n^2 = \frac{1}{n}\sum_{i=1}^{n}(x_i - \bar{x})^2 \qquad (12-22)$$

关于矩法的内容请可参阅有关数理统计方面的书籍。限于篇幅,下面只叙述在寿命试验数据统计分析中常用的最小二乘法、极大似然法,其他的方法读者可参阅相关的资料。

(1) 最小二乘法（LSQL）。

最小二乘法是确定因变量与其自变量之间经验关系的一种估计方法。对于一次线性回归方程 $y = bx + a$，由试验观测值 (x_i, y_i) 可以得到系数 a、b 的点估计式。

$$\begin{cases} \hat{b} = \dfrac{\overline{xy} - \overline{x}\,\overline{y}}{\overline{x^2} - \overline{(x)}^2} \\ \hat{a} = \overline{y} - \hat{b}\overline{x} \end{cases} \qquad (12-23)$$

式中：

$$\overline{x} = \frac{1}{n}\sum_{i=1}^{n} x_i \qquad (12-24)$$

$$\overline{y} = \frac{1}{n}\sum_{i=1}^{n} y_i \qquad (12-25)$$

$$\overline{x^2} = \frac{1}{n}\sum_{i=1}^{n} x_i^2 \qquad (12-26)$$

$$\overline{(x^2)} = \left(\frac{1}{n}\sum_{i=1}^{n} x_i\right)^2 \qquad (12-27)$$

$$\overline{x}\,\overline{y} = \frac{1}{n}\sum_{i=1}^{n} x_i y_i \qquad (12-28)$$

在威布尔分布中，若令 $x = \ln t$，$y = \ln\left(\ln\dfrac{1}{1-F(t)}\right)$，$B = \ln t_0$，并设 $\gamma = 0$，则经过直线化之后，可以化为如下有线方程：

$$y = mx - B \qquad (12-29)$$

因此，若试验观察值为 $[t_i, F(t_i)]$ $(i = 1,2,\cdots,n)$，n 为试样数，分别计算出 $x_i = \ln t_i$，$y_i = \ln\dfrac{1}{1-F(t_i)}$ 以后，由最小二乘法的系数公式可以得出

$$\hat{m} = \dfrac{\overline{xy} - \overline{x}\,\overline{y}}{\overline{x^2} - \overline{(x)}^2} \qquad (12-30)$$
$$\hat{B} = \hat{m}\overline{x} - \overline{y}$$

由于 $B = \ln t_0$，所以 $t_0 = e^B = e^{\hat{m}\overline{x} - \overline{y}}$，故有

$$\hat{\eta} = t_0^{1/\hat{m}} = e^{(\hat{m}\overline{x} - \overline{y})/\hat{m}} = e^{\overline{x}}/e^{\overline{y}/\hat{m}} \qquad (12-31)$$

因此，威布尔分布的形状参数 m 及特征寿命 η 的点估计值为

$$\begin{cases} \hat{m} = \dfrac{\overline{x \cdot y} - \overline{x} \cdot \overline{y}}{\overline{x^2} - \overline{x}^2} \\ \hat{\eta} = e^{\overline{x}}/e^{\overline{y}/\hat{m}} \end{cases} \qquad (12-32)$$

(2) 极大似然法（MLE）。

极大似然法就是要选取使观察结果出现可能性为极大时的数值作为参数估计值的一种方法。其步骤是先构造一个似然函数，而后给出似然函数取极大值的似然方程，似然方程的解即为待估计参数的极大似然估计量。

假设有两个事件，其中一个出现的概率为 0.99，另一个为 0.01。显然，在一次观察中人们趋于相信概率为 0.99 的那个事件。假定母体待估计的参数只有一个，记为 θ。在 θ 的一切值之中，使得观察结果出现的概率最大的一个作为 θ 的估计值 $\hat{\theta}$。

假定母体具有由某一函数 $f(x,\theta)$ 表示的分布，θ 是该母体的一个参数。现在，设观测到的数据为 $x_1,x_2,\cdots\cdots,x_n$，n 次独立观察得到的 n 个数据出现的概率，便是各个数据出现概率的乘积，即

$$f(x_1,x_2,\cdots,x_n,\theta) = f(x_1,\theta) \cdot f(x_2,\theta)\cdots f(x_n,\theta) \qquad (12-33)$$

把参数 θ 看成是子样 $x_1,x_2,\cdots,x_n$ 的函数，则可以构造似然函数，即

$$L(\theta) = f(x_1,\theta) \cdot f(x_2,\theta)\cdots f(x_n,\theta) \qquad (12-34)$$

使得 $L(\theta)$ 为最大的 θ 应满足方程

$$\frac{\mathrm{d}L(\theta)}{\mathrm{d}\theta} = 0 \qquad (12-35)$$

由于 $L(\theta)$ 和 $\ln L(\theta)$ 的最大值是等价的，为了计算方便经常用如下方程来代替似然方程：

$$\frac{\mathrm{d}\ln L(\theta)}{\mathrm{d}\theta} = 0 \qquad (12-36)$$

似然方程 $\frac{\mathrm{d}L(\theta)}{\mathrm{d}\theta} = 0$ 或 $\frac{\mathrm{d}\ln L(\theta)}{\mathrm{d}\theta} = 0$ 的解，就叫作参数 θ 的极大似然估计量。

下面以指数分布和正态分布为例，采用极大似然估计法推导其参数估计公式。

①指数分布的极大似然估计公式。在产品寿命服从指数分布时，由于指数分布的失效率 λ 与 MTBF 或平均寿命 θ 之间有关系式 $\theta = 1/\lambda$，因而可以利用极大似然法计算产品 MTBF 或平均寿命的点估计式。

以无替换定数截尾试验为例。假设试样总数为 n，第 r 个产品失效时间为 t_r，则 r 个产品在单位时间内的失效概率为 $f(t,\theta)(i=1,2,\cdots,t_p)$。对于指数分布则有

$$f(t_i,\theta) = \frac{1}{\theta}\mathrm{e}^{-\frac{t_i}{\theta}} \qquad (12-37)$$

不失效产品在 t_r 时不失效的概率应为 $R(t_r) = \mathrm{e}^{-t_r/\theta}$。由于有 $n-r$ 个不失效，故总的不失效概率应为 $\mathrm{e}^{-t_r(n-r)/\theta}$。因此，可以构造出似然函数为

$$\begin{aligned} L(\theta) &= \frac{n!}{(n-r)!}\prod_{i=1}^{r}\left(\frac{1}{\theta}\mathrm{e}^{-t_i/\theta}\right) \cdot (\mathrm{e}^{-(n-r)t_r/\theta}) \\ &= \frac{n!}{(n-r)!}\left(\frac{1}{\theta}\right)^r \exp\left\{-\left[\sum_{i=1}^{r}t_i + (n-r)t_r\right]/\theta\right\} \\ &= \frac{n!}{(n-r)!}\left(\frac{1}{\theta}\right)^r \mathrm{e}^{-T_{R,n}/\theta} \end{aligned} \qquad (12-38)$$

$$\ln L(\theta) = \ln\left(\frac{n!}{(n-r)!}\right) - r\ln\theta - T_{t,n}/\theta$$

$$\frac{\partial}{\partial\theta}\ln L(\theta) = -\frac{r}{\theta} + \frac{1}{\theta^2}T_{r,n} = 0 \qquad (12-39)$$

由此解得

$$\hat{\theta}_{r,n} = T_{r,n}/r \qquad (12-40)$$

式中，$T_{r,n} = \sum_{i=1}^{r}t_i + (n-r)t_r$。

由此可以证明估计量具有无偏性。

失效率 λ 的极大似然估计量应为

$$\hat{\lambda}_{r,n} = 1/\hat{\theta}_{r,n} = r/T_{r,n} \qquad (12-41)$$

可以证明估计量 $\hat{\lambda}_{r,n}$ 是有偏的，因而进行修正后，其无偏式为

$$\hat{\lambda}_{r,n} = \frac{r-1}{T_{r,n}} \qquad (12-42)$$

无替换定时截尾试验、有替换定数截尾试验、有替换定时截尾试验等同于无替换定数截尾试验，也可以得到类似的点估计公式，不同的是，试验的总元件数 $T_{r,n}$ 的含义不同。在各种不同情况下，

$$T_{r,n} = \begin{cases} \sum_{i=1}^{r} t_i + (n-r)t_r, & n,r \text{ 无替换} \\ \sum_{i=1}^{r} t_i + (n-r)t_0, & n,t_0 \text{ 无替换} \\ nt_0, & n,t_0 \text{ 无替换} \\ nt_r, & n,r \text{ 无替换} \end{cases} \qquad (12-43)$$

② 正态分布极大似然法的估计公式。正态分布有两个分布参数，即均值 μ 和方差 σ^2。利用极大似然法可以求出其均值及方差的点估计式。假定从产品寿命服从正态分布的母体中随机抽取 n 个样品进行试验，假设试验的观测值为 $x_1, x_2, \cdots, x_n$，则可以构造似然函数为

$$L(\mu,\sigma) = \prod_{i=1}^{n} f(x_i,\mu,\sigma) = \prod_{i=1}^{n} \frac{1}{\sqrt{2\pi}\sigma} e^{-\frac{1}{2}\left(\frac{x_i-\mu}{\sigma}\right)^2}$$

$$= \left(\frac{1}{\sqrt{2\pi}\sigma}\right)^n e^{-\frac{1}{2\sigma^2}[\sum_{i=1}^n (x_i-\mu)^2]} \ln L(\mu,\sigma) = n\ln\left(\frac{1}{\sqrt{2\pi}\sigma}\right) - \frac{1}{2\sigma^2}\sum_{i=1}^{n}(x_i-\mu)^2$$

$$= n\ln 1 - n\ln\sqrt{2\pi} - n\ln\sigma - \frac{1}{2\sigma^2}\sum_{i=1}^{n}(x_i-\mu)^2 \qquad (12-44)$$

分别对 μ、σ 求偏导数，则有似然方程：

$$\frac{\partial \ln L(\mu,\sigma)}{\partial \mu} = \frac{1}{\sigma^2}\sum_{i=1}^{n}(x_i-\mu)$$

$$= \frac{1}{\sigma^2}\left[\sum_{i=1}^{n} x_i - n\mu\right] = 0$$

$$\frac{\partial \ln L(\mu,\sigma)}{\partial \mu} = -\frac{n}{\sigma} + \frac{1}{\sigma^3}\sum_{i=1}^{n}(x_i-\mu) = 0 \qquad (12-45)$$

由上式可得到均值的点估计式，即

$$\hat{\mu} = \sum_{i=1}^{n} x_i/n \qquad (12-46)$$

由上式可得到方差的点估计式，即

$$\hat{\sigma}^2 = \frac{1}{n}\sum_{i=1}^{n}(x_i-\hat{\mu})^2 \qquad (12-47)$$

可以证明，$\hat{\mu}$ 是 μ 的无偏估计量，而 $\hat{\sigma}^2$ 不是 σ^2 的无偏估计量，$\hat{\sigma}^2$ 的无偏估计量应该表示为

$$\hat{\sigma}^2 = \frac{1}{n-1}\sum_{i=1}^{n}(x_i-\hat{\mu})^2 \qquad (12-48)$$

③估计量好坏的标准。参数的估计量是一个随机变量,它一般是在母体参数值的附近波动,而不是母体的真实值。不仅采用同一估计式在不同的试验中会得到不同的结果,而且对于同一参数也可以有不同的点估计式。例如,可以用如下公式作为方差的估计式:

$$\begin{cases} \hat{\sigma}^2 = \dfrac{1}{n}\sum_{i=1}^{n}(t_i - \bar{t})^2 \\ \hat{\sigma}^2 = \dfrac{1}{n-1}\sum_{i=1}^{n}(t_i - \bar{t})^2 \end{cases} \quad (12-49)$$

为了判断估计量的好坏,通常对估计量还有无偏性、有效性及一致性等要求。所谓无偏性,即要求估计是量 $\hat{\theta}$ 围绕 θ 摆动而不是偏离在参数真实值的一侧,即要求没有系统性误差;所谓有效性,即要求 $\hat{\theta}$ 在 θ 附近的波动幅度要小,或者说 $\hat{\theta}$ 距离 θ 要小;所谓一致性,即要求随着样品个数 n 的增大,$\hat{\theta}$ 围绕 θ 摆动的幅度要越来越小。

严格来讲,如果估计量 $\hat{\theta}$ 的数学期望值就是参数的真实值,即 $E(\hat{\theta}) = \theta$,则称 $\hat{\theta}$ 是 θ 的无偏估计量。例如,用子样的均值作为母体数学期望值的估计量是具有无偏性的,这是因为:若以 $\bar{t}$ 来表示子样的均值,以 μ 来表示母体的数学期望,则由定义

$$\bar{t} = \dfrac{\sum_{i=1}^{n} t_i}{n} \quad E(t) = \mu \quad (12-50)$$

可以得到

$$E(\bar{t}) = E\left(\dfrac{\sum_{i=1}^{n} t_i}{n}\right) = \dfrac{1}{n}\sum_{i=1}^{n} E(t_i) = \dfrac{1}{n}\sum_{i=1}^{n} \mu \quad (12-51)$$

因此,$\bar{t}$ 是 μ 的无偏估计量。

同样可以证明,以如下公式作为方差的估计量是具有无偏性的。

$$\hat{\sigma}^2 = \dfrac{1}{n-1}\sum_{i=1}^{n}(t_i - \bar{t})^2 \quad (12-52)$$

假设 $\hat{\theta}_1$、$\hat{\theta}_2$ 为参数 θ 的两个估计量。如果 $\hat{\theta}_1$ 在 θ 附近的离差比 $\hat{\theta}_2$ 在 θ 附近的离差要小,也就是说,若有

$$E(\hat{\theta}_1 - \theta)^2 < E(\hat{\theta}_2 - \theta)^2 \quad (12-53)$$

或

$$D[\theta_1] < [\theta_2] \quad (12-54)$$

则称估计量 $\hat{\theta}_1$ 比估计量 $\hat{\theta}_2$ 更为有效。

参数估计量 $\hat{\theta}_n$ 是一个随机变量,若当 $n \to \infty$ 时,$\hat{\theta}_n$ 依概率收敛于母体参数的真值 θ,也就是说,对于任意给定的 ε,总有

$$\lim_{n \to \infty} p(|\theta_n - \theta| < \varepsilon) = 1 \quad (12-55)$$

则称 θ_n 为 θ 的一致性估计量。对于一致性估计量来说,若观测的数据越多,则由此所求的估计值 $\hat{\theta}$ 越接近于母体参数 θ。

④最佳线性无偏估计(BLUE)法。如果 $\hat{\theta}$ 是观测值的线性函数,并且具有无偏性,则称 $\hat{\theta}$ 是 θ 的线性无偏估计量。假如在 θ 的所有线性无偏估计量中 $\hat{\theta}$ 又具有方差最小的性质,则称 $\hat{\theta}$ 是 θ 的最佳线性无偏估计量。求这种估计量的方法,称为最佳线性无偏估计法,简称BLUE法。

⑤简单线性无偏估计（GLUE）法。如果 $\hat{\theta}$ 是观测值的线性函数且具有无偏性，并且是稍次于最佳线性无偏估计量，则称 $\hat{\theta}$ 是 θ 的简单线性无偏估计量。求这种估计量的方法，称为简单线性无偏估计法，简称 GLUE 法。

⑥最佳线性不变估计（BLIE）法。假设随机变量的分布函数具有 $F(t) = G\left(\dfrac{t-\mu}{\sigma}\right)$ 的形式，若以 θ 代表分布参数 μ、σ，如果 θ 的估计量 $\hat{\theta}$ 是观测值的线性函数，并且 $\hat{\theta}$ 的均方误差同方差 σ^2 的比值与参数 μ、σ 无关，即 $E(\hat{\theta}-\theta)^2$ 是一个常数，与 μ、σ 无关，则称 $\hat{\theta}$ 是 θ 的线性不变估计量。如果在 θ 的所有线性不变估计量中，$\hat{\theta}$ 又具有均方误差 $E(\hat{\theta}-\theta)^2$ 最小的性质，则称 $\hat{\theta}$ 是 θ 的最佳线性不变估计量。这种求估计量的方法，称为最佳线性不变估计法，简称 BLIE 法。

可以证明，对数威布尔分布参数 μ 和 σ 的 BLIE 估计公式为

$$\begin{cases} \tilde{\sigma} = 2.3026 \sum_{j=1}^{r} C_I(n,r,j) \ln t_{j,n} \\ \tilde{\mu} = 2.3026 \sum_{j=1}^{r} D_I(n,r,j) \ln t_{j,n} \end{cases} \quad (12-56)$$

式中：$C_I(n,r,j)$ 为 σ 的最好线性不变估计系数；$D_I(n,r,j)$ 为 μ 的最好线性不变估计系数。关于它们的数值可根据 n,r 及次序 j 查专门的数表可得到。

可靠性数据的统计分析方法应视具体情况而定，内容也比较多。上述以寿命试验的数据处理过程为例，其概要内容如图 12-12 所示。

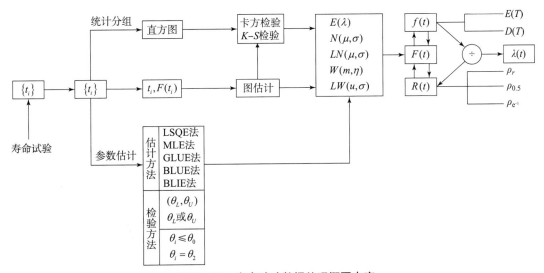

图 12-12　寿命试验数据处理概要内容

上述各种点估计方法的详尽论述和严格证明在概率统计及各种有关的文献资料中可以找到，在此恕不多谈。为了应用的方便，下面将上述的一些结果公式按分布类型分类，归纳整理成表 12-9~表 12-14。

表 12-9　指数分布参数的点估计公式

分布方式	无替换试验	有替换试验	符号说明
定时截尾	$\hat{\theta} = \dfrac{\sum\limits^{r} t_i + (n-r)t_s}{r}$	$\hat{\theta} = \dfrac{nt_s}{r}$	n 为样本观察总数，r 为观察中的失效样品数，t_i 为第号样品的失效时间，t_s 为定时截尾时间
定数截尾	$\hat{\theta} = \dfrac{\sum\limits^{r} t_i + (n-r)t_s}{r}$	$\hat{\theta} = \dfrac{nt_r}{r}$	t_r 为定数截尾时间

表 12-10　双参数指数分布的点估计式

	无替换试验	有替换试验
定时截尾	$\hat{\theta}_{r,n} = \left[\sum\limits_{i=1}^{r}(t_i - t_1) + (n-r)(t_r - t_1)\right]/r, \hat{\gamma} = t_1$	$\hat{\theta}_{r,n} = n(t_r - t_1)/r, \hat{\gamma} = t_1$
定数截尾	$\hat{\theta}_{r,n} = \left[\sum\limits_{i=1}^{r}(t_i - t_1) + (n-r)(t_r - t_1)\right]/r, \hat{\gamma} = t_1$	$\hat{\theta}_{r,n} = n(t_s - t_1)/r, \hat{\gamma} = t_1$

表 12-11　正态分布参数的点估计式

方法	位置参数	尺度参数	备注
MLE 法	$\hat{\mu} = \dfrac{1}{n}\sum\limits_{i=1}^{n}x_i$	$\hat{\sigma}^2 = \dfrac{1}{n-1}\sum\limits_{i=1}^{n}(x_i - \bar{x})^2$	
BLUE 法	$\mu^* = \sum\limits_{j=1}^{r}D(n,r,j)x_j$	$\sigma^* = \sum\limits_{j=1}^{r}C(n,r,j)x_i$	萨尔汗和格林伯格分别给出了 $C(n,r,j)$、$D(n,r,j)$ 表
BLIE 法	$\tilde{\mu} = \mu^* - \dfrac{B_{r,n}}{1 + l_{r,n}}\sigma^*$	$\tilde{\sigma} = \dfrac{\sigma^*}{1 + l_{r,n}}$	$l_{r,n}$ 和 $B_{r,n}$ 可查专用表
GLUE 法	$\mu^{**} = x_r - E(Z_r)\sigma^{**}$	$\sigma^{**} = \dfrac{(r-1)x_r - \sum\limits_{i=1}^{r-1}x_i}{nk_{r,n}}$	$E(Z_r)$、$nk_{r,n}$ 可查专用表，适于 $r \leqslant 0.9n$

表 12-12　对数正态分布的点估计式

方法		位置参数	尺度参数	备注
MLE 法	全子样	$\hat{\mu} = \dfrac{1}{n}\sum\limits_{i=1}^{n}\ln t_i$	$\hat{\sigma}^2 = \dfrac{1}{n-1}\sum\limits_{i=1}^{n}(\ln t_i - \hat{\mu})^2$	
	截尾情况	$\hat{\mu} = \bar{x} + (\hat{\sigma}^2 - s^2)/d$	$\hat{\sigma} = d/g(Z_S)$	$g(Z_S)$ 根据 $\dfrac{r}{n}$ 与 D 查表得到　$x_i = \ln t_i$　$\bar{x} = (1/r)\sum\limits^{r}x_i$　$d = xs - \bar{x}$　$s^2 = (1/r)\sum\limits^{r}(x_i - \bar{x})^2$　$D = \dfrac{d^2}{d^2 + s^2}$

续表

方法	位置参数	尺度参数	备注
BLUE 法	$\mu^* = \sum_{j=1}^{r} D(n,r,j)\ln t_j$	$\sigma^* = \sum_{j=1}^{r} C(n,r,j)\ln t_j$ $\tilde{\mu} = \mu^* - \dfrac{B_{r,n}}{1+l_{r,n}}\sigma^*$	$C(n,r,j)$、$D(n,r,j)$ 可查专用表
BLIE 法	$\tilde{\tilde{\mu}} = \mu^* - \dfrac{B_{r,n}}{1+l_{r,n}}\sigma^*$	$\tilde{\tilde{\sigma}} = \dfrac{\sigma^*}{1+l_{r,n}}$	$B_{r,n}$ 和 $l_{r,n}$ 可查专用表
GLUE 法	$\mu^{**} = \ln t_r - E(Z_r)\sigma^{**}$	$\sigma^{**} = \dfrac{(r-1)\ln t_r - \sum_{i=1}^{r-1}\ln t_i}{nk_{r,n}}$	$E(Z_r)$、$nk_{r,n}$ 可查专用表

表 12–13 威布尔分布的点估计式

方法		形状参数	尺度参数
LSQL 法		$\hat{m} = \dfrac{\overline{xy} - \bar{x}\,\bar{y}}{\overline{x^2} - \bar{x}^2}$	$\bar{\eta} = \mathrm{e}^{\bar{x}}/\mathrm{e}^{\overline{y}/\hat{m}}$
MLE 法	全子样	$\hat{m} = \eta^m/(\overline{t^m x} - \eta^m t\cdot\bar{x})$	$\hat{\eta} = \overline{(t^m)^{1/m}}$
	截尾情况	$\hat{n} = \dfrac{\eta^m \cdot r}{\sum_{i=1}^{r} t_i^m \ln t_i + (n-r)t_r^m \ln t_r - \eta^m \sum_{i=1}^{r}\ln t_i}$	$\hat{\eta} = \left\{\dfrac{1}{r}\left[\sum_{t=1}^{r} t_t^m + (n-r)tm_t^m\right]\right\}^{1/m}$

表 12–14 极值分布与威布尔分布的点估计式

方法	尺度参数	位置参数	形状参数
BLUE 法	$\hat{\sigma} = \sum_{j=1}^{r} C(n,r,j)\ln t_j$	$\hat{\mu} = \sum_{j=1}^{r} D(n,r,j)\ln t_j$	$\hat{m} = g_{r,n}/\hat{\sigma}$
BLIE 法	$\tilde{\hat{\sigma}} = \sum_{j=1}^{r} C_I(n,r,f)\ln t_j$	$\tilde{\hat{\mu}} = \sum D_I(n,r,j)\ln t_j$	$\hat{m} = g_{r,n}/\tilde{\hat{\sigma}}$
GLUE 法	$\hat{\sigma} = \dfrac{(r-1)\ln t_r - \sum_{i=1}^{r-1}\ln t_j}{nk_{t,n}}$	$\hat{\mu} = \ln t_r - \hat{\sigma}E(Z_r)$	$\hat{m} = g_{r,n}/\hat{\sigma}$

注:$C(n,r,j)$、$D(n,r,j)$、$D_I(n,r,j)$、$C_I(n,r,j)$、$E(Z_{r,n})$、$nk_{r,n}$、$g_{r,n}$ 可查专用表。

2. 分布参数的区间估计

分布参数的估计除了点估计以外,为了准确地说明估计量在 θ 附近的变化范围,还可进行区间估计。若子样的函数 θ_L 和 θ_U,使得未知参数 θ 落在区间 $[\theta_L,\theta_U]$ 内的概率为 $(1-\alpha)$,即

$$P(\theta_L \leq \theta \leq \theta_U) = 1 - \alpha \qquad (12-57)$$

式中,$\theta < \alpha < 1$,$1-\alpha$ 称为置信度,α 称为显著水平,则称区间 $[\theta_L,\theta_U]$ 为置信度为 $1-\alpha$ 的

置信区间，θ_L 为置信下限，θ_U 为置信上限。

置信区间的构造原理涉及较多的数理统计知识。构造置信区间的基本方法一般有两种：

（1）第一种方法：找出子样 $x_1, x_2, \cdots, x_n$ 和参数 θ 的函数 y，如果 y 的概率分布已知，而且与 θ 无关，那么就可以得到两个常数 a, b，使得 $P(\theta_L \leq \theta \leq \theta_U) = 1 - \alpha$；再把事件 $a \leq y \leq b$ 换成与之相等的事件 $\theta_L \leq \theta \leq \theta_U$，就得到 $P(\theta_L \leq \theta \leq \theta_U) = 1 - \alpha$，从而得到 θ 的置信水平为 $1 - \alpha$ 的置信区间。

例如母体服从正态分布 $N(\mu, \sigma)$，当 σ 已知时，可以构造一个统计量 $y = \dfrac{\sum_{i=1}^n x_i}{n} - \mu$，显然它是子样 $x_1, x_2, \cdots, x_n$ 和待估参数 μ 的函数。由概率统计学的中心极限定理可知，$\dfrac{\bar{x} - \mu}{\sigma / \sqrt{n}}$ 是渐近于标准正态分布 $N(0,1)$ 的，而 $N(0,1)$ 是与待估参数无关的，因此有 $P\left(\left|\dfrac{\bar{x} - \mu}{\sigma / \sqrt{n}}\right| \leq U_\alpha\right) = 1 - \alpha$，其中 U_α 是正态分布的双侧 α 分位点。由此可见，有

$$P\left(-U_\alpha \leq \dfrac{\bar{x} - \mu}{\sigma / \sqrt{n}} \leq U_\alpha\right) = 1 - \alpha \tag{12-58}$$

$$P\left(\bar{x} - U_\alpha \dfrac{\sigma}{\sqrt{n}} \leq \mu \leq \bar{x} + U_\alpha \dfrac{\sigma}{\sqrt{n}}\right) = 1 - \alpha \tag{12-59}$$

最后得到

$$\mu_L = \bar{x} - \dfrac{\sigma}{\sqrt{n}} U_\alpha, \quad \mu_U = \bar{x} + \dfrac{\sigma}{\sqrt{n}} U_\alpha \tag{12-60}$$

这就是正态分布参数的区间估计公式。

又如对于指数分布的定数截尾试验，可以构造统计量 $y = 2\lambda T_{r,n} = \dfrac{2r\hat{\theta}}{\theta}$，可以证明，$2\lambda T_{r,n}$ 是服从 $\chi_\alpha^2(2r)$ 分布的，因此有关系式

$$\chi_{\frac{\alpha}{2}}^2(2r) \leq 2\lambda T_{r,n} \leq \chi_{1-\frac{\alpha}{2}}^2(2r) \tag{12-61}$$

最后得到定数截尾试验的区间估计式为

$$P\left(\dfrac{\chi_\alpha^2}{2T_{r,n}} \leq \lambda < \dfrac{\chi_{1-\alpha/2}^2(2r)}{2T_{r,n}}\right) = 1 - \alpha \tag{12-62}$$

（2）第二种方法：设待估计参数 θ 的估计量为 $\hat{\theta} = t(x_1, x_2, \cdots, x_n)$。这是一个随机量，通常可取极大似然估计量，假设它的密度函数为 $g(t', \theta)$，t' 是 $t(x_1, x_2, \cdots, x_n)$ 的一个观察值，即从母体抽得一个子样 $x_1, x_2, \cdots, x_n$ 后函数 $t(x_1, x_2, \cdots, x_n)$ 的值。把 θ 作为未知数，解方程组，即

$$\begin{cases} \int_{t'}^{\infty} g(t', \theta) \mathrm{d}t = \dfrac{\alpha}{2} \\ \int_{-\infty}^{t'} g(t', \theta) \mathrm{d}t = \dfrac{\alpha}{2} \end{cases} \tag{12-63}$$

便可得到信置区间的下限 θ_L 和上限 θ_U。

总之，参数的区间估计是对未知数参数 θ 给出一个估计范围 (θ_L,θ_U)，其中 θ_L 和 θ_U 是通过子样观察值由数理统计方法推算出来的。

常见的双边区间估计公式如表 12-15 所示。

表 12-15 双边区间估计公式

分布		区间估计公式	备注
指数分布	定数	$P\left(\dfrac{\chi_{a/2}^2(2r)}{2T} \leqslant \lambda < \dfrac{\chi_{1-a/2}^2(2r)}{2T}\right) = 1-a$	$r=1,2,\cdots,n$ $\chi_y^2(n)$ 为下侧分位数表
	定时	$P\left(\dfrac{\chi_{a/2}^2(2r)}{2T} \leqslant \lambda < \dfrac{\chi_{1-a/2}^2(2r+2)}{2T}\right) = 1-a$ $P\left(\dfrac{\chi_{a/2}^2(2n)}{2T} \leqslant \lambda \leqslant \dfrac{\chi_{1-a/2}^2(2n)}{2T}\right) = 1-a$	$r=1,2,\cdots,n-1$ 时 $r=n$ 时
	只知失效时	$P\left\{\ln\left[1+\left(\dfrac{r}{n-r+1}\right)F_{a/2}(2r,2n-2r+2)\right]/t_s \leqslant \lambda \leqslant \right.$ $\left.\ln\left[1+\left(\dfrac{r+1}{n-r}\right)F_{1-a/2}(2r+2,2n-2r)\right]/t_s\right\} = 1-a$	$F_\gamma(n_1,n_2)$ 为 F 分布的下侧分位数表
正态分布	μ 的估计	$P\left[\hat{\mu}+\dfrac{\sigma}{\sqrt{n}}u_{a/2} \leqslant \mu \leqslant \hat{\mu}+\dfrac{\sigma}{\sqrt{n}}u_{1-a/2}\right] = 1-a$ $P\left[\hat{\mu}+\dfrac{\sigma}{\sqrt{n}}t_a(n-1) \leqslant \mu \leqslant \hat{\mu}+\dfrac{\sigma}{\sqrt{n}}t_a(n-1)\right] = 1-a$	σ 已知时，u_γ 为正态分位数表；σ 未知时，$t_y(n)$ 为 t 分位数表
	σ 的估计	$P\left[\dfrac{(n-1)\hat{\sigma}^2}{\chi_{1-a/2}^2(n-1)} \leqslant \sigma^2 \leqslant \dfrac{(n-1)\hat{\sigma}^2}{\chi_{a/2}^2(n-1)}\right] = 1-a$	
对数正态分布	MLE 法	$P\left[\hat{\mu}-\dfrac{\sqrt{n-1}}{}t_a(n-1) \leqslant \mu \leqslant \hat{\mu}+\dfrac{\sqrt{n-1}}{}t_a(n-1)\right] = 1-a$ $P\left[\dfrac{n\hat{\sigma}^2}{\chi_{1-a/2}^2(n-1)} \leqslant \sigma^2 \leqslant \dfrac{n\sigma^2}{\chi_{a/2}^2(n-1)}\right] = 1-a$	
	BLUE 法	$P\left[\hat{\mu}-\dfrac{\sqrt{n}}{}t_a(n-1) \leqslant \mu \leqslant \hat{\mu}+\dfrac{\sqrt{n}}{}t_a(n-1)\right] = 1-a$ $P\left[\dfrac{(n-1)\hat{\sigma}^2}{\chi_{1-a/2}^2(n-1)} \leqslant \sigma^2 \leqslant \dfrac{(n-1)\hat{\sigma}^2}{\chi_{a/2}^2(n-1)}\right] = 1-a$	
	MLE 法	$P\left(\dfrac{\hat{m}}{z_{1-a/2}} < m < \dfrac{\hat{m}}{z_{a/2}}\right) = 1-a$ $P(\hat{\eta}\mathrm{e}^{\hat{m}\overline{v}_{1-a/2}} < \mu < \hat{\eta}\mathrm{e}^{\hat{m}\overline{v}_{1-a/2}}) = 1-a$ $P(\hat{m}-u_{a/2}\hat{\sigma}_m < m < \hat{m}+u_{a/2}\sigma_m) = 1-a$ $P(\hat{\eta}\mathrm{e}^{-u_{a/2}\hat{\sigma}_\mu} < \eta < \hat{m}+\hat{\eta}\mathrm{e}^{u_{a/2}\sigma_\mu}) = 1-a$	Z_y、V_y 可查专用数表，适用于全子样 u_y 可查标准正态分布表，适用于截尾试验

续表

分布		区间估计式	备注
威布尔分布	BLUE 法	$P\left[\dfrac{(1+I_{r,n})w_{a/2}}{\sigma^*} \leqslant m \leqslant \dfrac{(1+I_{r,n})w_{1-a/2}}{\sigma^*}\right] = 1-a$ $P\left(\mu^* - \dfrac{B_{r,n}\sigma^*}{1+I_{r,n}} - \dfrac{\sigma^*}{1+I_{r,n}}V_{0.368,a/2} \leqslant \eta \leqslant \mu^* - \dfrac{B_{r,n}\sigma^*}{1+I_{r,n}} - \dfrac{\sigma^*}{1+I_{r,n}}v_{0.368,1-a/2}\right) = 1-a$	w_a、$B_{r,n}$、$I_{r,n}$ 查专用数表，$v_{0.368}=\dfrac{\tilde{\mu}-\mu}{\tilde{\sigma}}$ 查专用数表，适用于定数截尾 $n>25$ 的情况
	BLIE 法	$P(w_{a/2}/\tilde{\sigma} \leqslant m \leqslant w_{1-a/2}/\tilde{\sigma}) = 1-a$ $P(\tilde{\mu} - \tilde{\sigma}V_{0.368,1-a/2} \leqslant \ln\eta \leqslant \tilde{\mu} - \tilde{\sigma}V_{0.368,a/2}) = 1-a$ $P\left[\dfrac{I_{r,n}\chi^2_{a/2}(2/I_{r,n})}{2\sigma^{**}} \leqslant m \leqslant \dfrac{I_{r,n}\chi^2_{1-a/2}(2/I_{r,n})}{2\sigma^{**}}\right] = 1-a$ $P\left[\ln t_s - \sigma^{**}\ln\ln\dfrac{1}{\beta_{a/2}(n-s+1,s)} \leqslant \ln\eta \leqslant \ln t_s - \sigma^{**}\ln\ln\dfrac{1}{\beta_{1-a/2}(n-s+1,s)}\right] = 1-a$	适用于 $n \geqslant 15$、$\dfrac{r}{n} \geqslant 0.4$ 的情况
	GLUE 法	$P\left\{\mu^{**} + \dfrac{B_{r,n}}{1_{r,n}}[F_{1-a/2}(f_1,f_2)-1]\sigma^{**} \leqslant \ln\eta \leqslant \mu^{**} + \dfrac{B_{r,n}}{1_{r,n}}[F_{a/2}(f_1,f_2)-1]\sigma^{**}\right\} = 1-a$ 式中：$f_1 = 2B_{r,n}/I_{r,n}(A_{r,n}I_{r,n}-B^2_{r,n})$ 　　　$f_2 = 2/I_{r,n}$	适用于 $n \leqslant 25$、$\dfrac{r}{n} \leqslant 0.5$ 的情况

3. 分布参数的检验

在试验结果的分析中，有时需要比较两批产品之间是否有变化，或者需要判断一批产品能否满足原定的标准，这时可以先对所要研究的问题给出假设。例如，假设两批产品之间无显著变化，假定一批新产品能满足某一标准，然后选取适当的统计量对原定的假设进行判断，这就是分布参数的假设检验问题。

假设检验的基本思想：先对所要研究的问题进行一原假设。根据具体情况构成一个合适的统计量，同时还必须了解这一统计量在原假设正确时的精确分布或渐近分布，然后按照一定的置信度确定拒绝或接受的标准，这样就构成了检验法。

对正态分布参数进行假设检验时，通常有 u 检验法、t 检验法、F 检验法和 χ^2 法。u 检验法是构造一个服从正态分布或渐近于正态分布的 u 统计量，在母体方差已知的情况下，可用 u 检验法比较母体的 μ 或比较母体的 μ。t 检验法是构造一个趋于 t 分布的 t 统计量，在方差未知但能知道 $\sigma_1^2 = \sigma_2^2$ 的情况下可用 t 检验法来比较两母体的 μ。F 检验法是构造一个趋于 F 分布的 F 统计量，在方差未知的情况下，可用 F 检验法来比较母体 σ^2。在母体 μ 已知或未知的情况下，可用 χ^2 检验法来检验母体的方差是否满足某一给定方差的要求。

关于正态分布参数检验方法的应用条件及统计量表达形式如表 12 - 16、表 12 - 17 表示。

表 12-16 判断均值方差是否满足原定标准的检验

条件	已知 σ^2	未知 σ^2	已知 μ	未知 μ
假设 H_0	$\mu = \mu_0$	$\mu = \mu_0$	$\sigma^2 \leq \sigma_0^2$	$\sigma^2 \leq \sigma_0^2$
统计量 u	$\dfrac{\bar{x} - \mu_0}{\sigma/\sqrt{n}}$	$\dfrac{\bar{x} - \mu_0}{S/\sqrt{n}}$	$\dfrac{1}{\sigma_0^2}\sum_{i=1}^{n}(x_i - \mu)^2$	$\dfrac{1}{\sigma_0^2}\sum_{i=1}^{n}(x_i - \bar{x})^2$
u 的分布	$N(0,1)$	$t(n-1)$	$\chi^2(n)$	$\chi^2(n-1)$
否定域	$|u| \geq u_\alpha$	$|u| \geq t_{n-1,\alpha}$	$u \geq \chi^2_{n,1-\alpha}$	$u \geq \chi^2_{n-1,1-\alpha}$
查表	查正态分布 α 的双侧分位数表	查 T 分布 α 的双侧分位数表	查 χ^2 分布 α 的下侧分位数表	查 χ^2 分布的下侧分位数表

表 12-17 判断两母体参数是否有显著性差异的检验

条件	已知 σ_1^2、σ_2^2	已知 $\sigma_1^2 = \sigma_2^2$（但其值未知）	无
假设 H_0	$\mu_1 = \mu_2$	$\mu_1 = \mu_2$	$\sigma_1^2 = \sigma_2^2$
统计量 u	$\dfrac{x_1 - x_2}{\sqrt{\dfrac{\sigma_1^2}{n_1} + \dfrac{\sigma_2^2}{n_2}}}$	$\dfrac{(\bar{x}_1 + \bar{x}_2)\sqrt{n_1 + n_2 - 2}}{\sqrt{(n_1-1)S_1^2 + (n_2-1)S_2^2} + \sqrt{\dfrac{1}{n_1} + \dfrac{1}{n_2}}}$	$\dfrac{S_1^2}{S_2^2}$
u 的分布	$N(0,1)$	$t(n_1 + n_2 - 2)$	$F(n_1-1, n_2-1)$
否定域	$|u| \geq u_\alpha$	$|u| \geq t_a(n_1 + n_2 - 2)$	$u \geq F_{\alpha/2}(n_1-1, n_2-1)$ $u \leq [F_{\alpha/2}(n_1-1, n_2-1)]^{-1}$
查表	查正态分布 α 的双侧分位数表	查 T 分布 α 的双侧分位数表	查 F 分布的上侧分位数表

注：$\bar{x} = \dfrac{1}{n}\sum_{i=1}^{n} x_i$；$S^2 = \dfrac{1}{n-1}\sum_{i=1}^{n}(x_i - \bar{x})^2$。

关于威布尔分布参数检验方法的应用条件及统计量如表 12-18 所示。关于指数分布参数的检验方法如表 12-19 所示。

表 12-18 威布尔分布的参数检验

条件	$n_1 = n_2 = \cdots = n_k$ $r_1 = r_2 = \cdots = r_k$	$n_1 = n_2 = \cdots = n_k$ $r_1 = r_2 = \cdots = r_k$	GLUE 法或 BLUE 法
假设 H_0	$m_1 = m_2 = \cdots = m_k$	$\chi_{p1} = \chi_{p2} = \cdots = \chi_{pk}$	$m_1 = m_2 = \cdots = m_k$ 或 $\sigma_1 = \cdots = \sigma_k$
统计量	$W(r,n,k) = \dfrac{\hat{m}_k}{\hat{m}_1}$	$t(r,n,k,p) = \bar{\hat{m}} \ln \dfrac{\hat{\chi}_p(k)}{\hat{\chi}_p(1)}$	B^2/C
否定域	$W(r,n,k) \geq W_{0.9}(r,n,k)$	$t(r,n,k,p) \geq t_{0.9}(r,n,k,p)$	$B^2/C \geq \chi^2_{1-a}(k-1)$
备注	$W_{0.9}(r,n,k)$ 查专用表	$t_{0.9}(r,n,k,p)$ 查专用表	巴特利特检验 见相关资料

表 12-19 指数分布的参数检验

假设 H_0	统计量	否定域	备注
$r_1 = r_2$	$T = \dfrac{(r_1 + r_2 - 2)\mid x_1 - y_1 \mid}{(r_1-1)\theta_1^* + (r_2-1)\theta_2^*}$	$T > C$	C 查专用表，C 与 n_1 及 d 有关，$d = r_1 + r_2 - 2$
$\theta_1 = \theta_2$	$F = \dfrac{T_1 r_2}{T_2 r_1}$	$F \geqslant F_{1-\alpha}(k-1)$	查 F 分布表
$\theta_1 = \theta_2 = \cdots \theta_k$	$\dfrac{B_2}{C}$	$\dfrac{B_2}{C} \geqslant \chi^2_{1-\alpha}(K-1)$	巴特利特检验
来自同分布	$U = \dfrac{\max\{T_1, T_2, \cdots, T_K\}}{\min\{T_1, T_2, \cdots, T_K\}}$	$U \geqslant U_{0.5}(k, 2r)$	$U_{0.5}(k, 2r)$ 查专用表

除了表中列出的各种检验方法之外，还有巴特利特检验法等。关于这些检验法的详细内容请参阅数量统计方面的有关资料。

参 考 文 献

[1] 李良巧．可靠性工程师手册［M］．北京：中国人民大学出版社，2017．
[2] 康建设，宋文渊，白永生，等．装备可靠性工程［M］．北京：国防工业出版社，2019．
[3] 潘勇，黄进永，胡宁．可靠性概论［M］．北京：电子工业出版社，2015．
[4] 陆廷孝，郑鹏洲．可靠性设计与分析［M］．北京：国防工业出版社，1995．
[5] GJB 450B－2021，装备可靠性工作通用要求［S］．2022．
[6] 刘品，刘岚岚．可靠性工程基础［M］．北京：中国计量出版社，2009．
[7] 张相炎．火炮可靠性设计［M］．北京：兵器工业出版社，2010．
[8] GJB 451B－2022，装备通用质量特性术语［S］．2022．
[9] GJB 1909A－2009，装备可靠性维修性保障性要求论证［S］．2009．
[10] 王金武．可靠性工程基础［M］．北京：科学出版社，2013．
[11] 刘松．武器系统可靠性工程手册［M］．北京：国防工业出版社，1992．
[12] GJB 3899A，大型复杂装备军事代表质量监督［S］．2006．
[13] 谈乐斌．火炮概论［M］．北京：北京理工大学出版社，2005．
[14] GJB 813－90，可靠性模型的建立和可靠性预计［S］．1990．
[15] 胡湘洪，高军，李劲．可靠性试验［M］．北京：电子工业出版社，2015．
[16] 马小兵，杨军．可靠性统计分析［M］．北京：北京航空航天大学出版社．2020．
[17] 秦大同，谢里阳．现代机械设计手册［M］．北京：化学工业出版社，2011．
[18] 刘文珽．结构可靠性设计手册［M］．北京：国防工业出版社，2008．
[19] 陈云霞，曾志国．贝叶斯可靠性［M］．北京：国防工业出版社，2014．
[20] 赵宇，杨军，马小兵．可靠性数据分析教程［M］．北京：北京航空航天大学出版社，2009．
[21] 刘春和，陆祖建．武器装备可靠性评定方法［M］．北京：中国宇航出版社，2009．
[22] 邱有成．可靠性试验技术［M］．北京：国防工业出版社，2003．
[23] 李良巧．兵器可靠性技术与管理［M］．北京：兵器工业出版社，1991．
[24] 姚一平，李沛琼．可靠性及余度技术［M］．北京：航空工业出版社，1991．
[25] 姜兴渭，宋政吉，王晓晨．可靠性工程技术［M］．哈尔滨：哈尔滨工业大学出版社，2005．
[26] 金光．基于退化的可靠性技术［M］．北京：国防工业出版社，2014．
[27] 赛义德．可靠性工程［M］．杨舟，译．北京：电子工业出版社，2013．
[28] 王超．机械可靠性工程［M］．北京：冶金工业出版社，1992．

[29] GJB 841-1990, 故障报告、分析和纠正措施系统［S］. 1990.

[30] 龚庆祥. 型号可靠性工程手册［M］. 北京：国防工业出版社，2007.

[31] 孙志礼，姬广振，闫玉涛. 机构运动可靠性设计与分析技术［M］. 北京：国防工业出版社，2015.

[32] 张进秋，贾进峰. 装备健康监测与故障分析［M］. 北京：国防工业出版社，2022.

[33] 芮延年，傅戈雁. 现代可靠性设计［M］. 北京：国防工业出版社，2007.

[34] 张志华. 可靠性理论及工程应用［M］. 北京：科学出版社，2012.

[35] 张相炎. 兵器系统可靠性与维修性［M］. 北京：国防工业出版社，2016.

[36] GJB/Z 1391-2006, 故障模式、影响及危害性分析指南［S］. 2006.

[37] 王少萍. 工程可靠性［M］. 北京：北京航空航天大学出版社，2000.

[38] GJB/Z 299C-2006, 电子设备可靠性预计手册［S］. 2007

[39] GJB 813-90, 可靠性模型的建立和可靠性预计［S］. 1990.

[40] 刘混举，赵河明，王春燕. 机械可靠性设计［M］. 北京：国防工业出版社，2009.

[41] 柴振海，乔梁，史宪铭. 自行火炮可靠性增长理论与技术［M］. 北京：国防工业出版社，2017.

[42] GJB 3872-1999, 装备综合保障通用要求［S］. 1999.

[43] GJB 1407-1992, 可靠性增长试验［S］. 1992.

[44] 曾声奎. 系统可靠性设计分析教程［M］. 北京：北京航空航天大学出版社，2000.

[45] GJB 899A-1990, 可靠性鉴定和验收试验［S］. 2009.

[46] 杨为民，阮镰，等. 可靠性维修性保障性总论［M］. 北京：国防工业出版社，1997.

[47] GJB 1686-1993, 装备质量与可靠性信息管理要求［S］. 1993.

[48] 周正伐. 可靠性工程基础［M］. 北京：中国宇航出版社，2009.

[49] 蒋平，邢云燕，郭波. 机械制造的工艺可靠性［M］. 北京：国防工业出版社，2014.

[50] 李舜酩. 机械疲劳与可靠性设计［M］. 北京：科学出版社，2006.

[51] 董玉革. 机械模糊可靠性设计［M］. 北京：机械工业出版社，2000.

[52] GJB 1032-1990, 电子产品环境应力筛选方法［S］. 1991.

[53] 曾声奎. 可靠性设计与分析［M］. 北京：国防工业出版社，2011.

[54] 杜平安. 有限元法——原理，建模及应用［M］. 北京：国防工业出版社，2006.

[55] GJB 150A-2009, 军用装备实验室环境试验方法［S］. 2009.

[56] 王勖成. 有限单元法［M］. 北京：清华大学出版社，2003.